湖北省"十二五"软科学重点课题研究成果

GUOJIA ZIZHU CHUANGXIN SHIFANQU JIANSHE
ZHENGCE YU LIFA YANJIU

国家自主创新示范区建设政策与立法研究

周洪宇 等◎著

人民出版社

责任编辑:郭　倩
封面设计:徐　晖
责任校对:张杰利

图书在版编目(CIP)数据

国家自主创新示范区建设政策与立法研究/周洪宇 等　著.
　—北京:人民出版社,2014.11
ISBN 978-7-01-014148-0

Ⅰ.①国　Ⅱ.①周…　Ⅲ.①高技术开发区-经济政策-研究-中国②高技术
　开发区-经济法-立法-研究-中国　Ⅳ.①F127②D922.290.4

中国版本图书馆 CIP 数据核字(2014)第 259609 号

国家自主创新示范区建设政策与立法研究
GUOJIA ZIZHU CHUANGXIN SHIFANQU JIANSHE ZHENGCE YU LIFA YANJIU

周洪宇 等　著

人民出版社 出版发行
(100706　北京市东城区隆福寺街 99 号)

北京汇林印务有限公司印刷　新华书店经销

2014 年 11 月第 1 版　2014 年 11 月北京第 1 次印刷
开本:710 毫米×1000 毫米 1/16　印张:20.25
字数:285 千字

ISBN 978-7-01-014148-0　定价:43.00 元

邮购地址 100706　北京市东城区隆福寺街 99 号
人民东方图书销售中心　电话 (010)65250042　65289539

目　　录

前　言

　　"大力实施自主创新、建设创新型国家"是中国的国家战略，国家自主创新示范区是这一国家战略得以实施和实现的重要支撑，是实现国家富强、民族复兴、人民幸福和社会和谐"中国梦"的有效载体和动力之源。2013 年 7 月 21 日，习近平在视察武汉国家自主创新示范区时，强调指出"一个国家只是经济体量大，还不能代表强。国家富强靠什么？靠自主创新，靠技术，靠人才，科技是国家强盛之基"，明确说明了自主创新、技术、人才与国家强盛的关系，说明了大力实施自主创新、建设创新型国家的必要性、重要性和紧迫性。

　　国家自主创新示范区是现阶段区域经济发展、产业调整升级的重要空间集聚形式，是区域自主创新的重要载体，担负着集聚创新要素、促进高新技术产业发展、培育创新型企业、推动高新技术企业国际化等重要使命。国家自主创新示范区要在国家层面发挥其对科技创新、产业发展的示范、引领和带动作用，需要在组织机构、制度设计、财政金融、产业组织、商业模式等方面进行全新的实践探索。目前，国务院已经正式批准在北京中关村、武汉东湖、上海张江、深圳和长株潭五个高新技术产业开发区的基础上建设国家自主创新示范区。同时，批准安徽合芜蚌试验区参照中关村自主创新示范区开展企业股权和分红激励试点，适用与之相关的政策，并将安徽合芜蚌试验区与北京中关村、武汉东湖、上海张江、深圳和长株潭示范区作为"5+1"试验示范区序列，列入国家"十二五"科技发展规划和国家自主创新能力建设规划，实践探索正在逐步展开。

国家自主创新示范区的建立，从"科技园区、高新区"到"自主创新示范区"的转变，要求突破高新区重在技术和专利的限制，从更广阔的视角探索如何创新、创新什么、怎样自主的问题。从名称来看，高新区以技术创新和专利创造为重点、以高新技术产业为主导，自主创新示范区则在"自主创新"的主体范围和客体对象上寻求质的变化。创新的主体不再局限于科技型企业，而包括能够创造出各类创新性成果的所有企业；创新的对象不再局限于高新技术，且包括能够促进人类社会在各个方面进步、发展并能产生经济效益的所有创新性知识产品。

随着国家自主创新示范区的建立，从政策与立法角度研究国家自主创新示范区的建设成为目前学术界的一项迫切任务。笔者不揣浅陋，结合工作需要，在相关研究的基础上，完成了这本——《国家自主创新示范区建设政策和立法研究》。全书共分五章，从国家自主创新示范区建设的理论基础入手，运用科技园区、创新体系、区域发展等理论，分别对世界先进高科技园区及国内几个主要国家自主创新示范区的建设发展进行比较、研究，分析了国家自主创新示范区建设政策和立法现状，结合各国各地区创新政策和立法活动的经验，提出了我国国家自主创新示范区建设政策建议和立法建议，以期为创新型国家建设提供政策和立法保障，促进区域创新跨越式发展，助力伟大"中国梦"的实现。

我过去长期在部属高校工作，主要从事教育文化历史和政策研究。2001年到湖北武汉工作以后，先后分管过科技和教育工作，有机会经常到国内外科技园区和高新技术企业，特别是一线基层考察调研，并写过一些科技创新政策方面的调研报告和专题论文，也将其中一些想法作为全国人大代表的政策建议和立法议案向国家有关部门提交（这些调研报告、专题论文、政策建议和立法议案等已大多纳入本书中）。2006年我到省里，特别是 2008 年到省人大工作后，作为高校出来的学者从事行政工作，根据老领导俞正声、罗清泉和现任省委书记李鸿忠、省长王国生的指示，要避免当现代赵括，会说不会做，只会纸上谈兵，不解决实际问题；要注意理论与实践相结合，围绕工作开展调查研究，找出工作规律，解决实际问题，也就是要努力做到"工作研究化、研究理论化、理论实践化"，遂继续结合省人大常委会安排分管的教科文工作，思考和研究教育、科技和文化问题。近年已经利用工余休息时间整理出版了《中部教育论》、《教育公平论》和《文化是一种力量》，这本《国家自主创新示范区建设政策和立法研究》则是对过去科技问题思考和研究的系统总结，是教科文系列"三部曲"之一。这样，十年下来，我对教育、科技、文化这三个具有内在逻辑关系、彼此相辅相成的问题，总算形成了自己的系统认识，说话有了点底气。当然，这样说，并不意味着思考和研究的结束，而是新的思考和研究的开始。

本书是湖北"十二五"软科学重点课题研究成果，在写作过程中得到了湖北省科技信息研究院研究员黄科舫博士、助理研究员何施以及武汉大学几位教授的热情协助，书中观点凝聚了大家的智慧，也可视为合作探讨的结晶。省人大教科文卫委员会以及武汉市人大教科文卫委员会提供了不少相关政策研究与立法资料。原湖北省科技厅厅长刘传铁教授、现任省政协副主席兼科技厅厅长郭跃进教授、副厅长杜耘研究员也在研究过程中给予了关心，科技厅李述武同志在项目立项和成果发表方面提供了支持，在此一并表示衷心感谢。

国家自主创新示范区的建立起步不久，尚在发展变化之中，对它的研究也是一项缺少依傍、难度极大的工作，分析框架和研究结论都有待历史的检验。俗话说"草鞋无样，边打边像"，这种新兴事物的研究必然也只能在摸爬中前进和探索中总结。《庄子》曰："始生之物，其形必丑。"由于本书毕竟是国内第一部专门研究国家自主创新示范区建设政策与立法的专著，自然存在诸多不成熟之处，尚希读者不吝赐正。也希望本书的出版，能够推动学术界对此问题的深入研究，推动政府有关部门政策的出台，推动国家立法机构相应的立法，从而使国家自主创新示范区建设"竞进提质"，在加快经济发展方式转变、实施自主创新、建设创新型国家中发挥重要的作用。

周洪宇

2013 年 5 月初稿，

2014 年 9 月三改定稿于武汉东湖之滨

第一章　国家自主创新示范区
建设的理论基础

本部分将梳理国内外学者对科技园区、创新体系、区域经济、企业成长等相关理论的研究探索，研讨自主创新体系的系统结构，为把握国家自主创新示范区的演进提供借鉴。

一、科技园区相关理论

（一）科技园区的内涵

科技园区是一种高技术研发、高技术企业孵化和高技术产业化的特定地域及组织形式。自 20 世纪 50 年代初美国斯坦福研究园成立以来，世界许多国家和地区纷纷建设科技园区以发展高新技术产业。国内外关于科技园区的名称众多，英文如 Research Park（研究园区）、Science Park（科学园）、Technology Park（技术园区）、High-Tech Park（高技术园区）、Technology Innovation Center（技术创新园区）等，中文如科学园区、技术园区、科技园区、研究园区、高科技园区、高新区、科学城等，可谓众说纷纭。国际科学园区协会（IASP）给出的定义是："科学园区是由专业人士管理的一个组织，其主要目标是通过科学园区创新文化建设，提升所属企业和知识型机构的竞争力，以增加科学园区的财富。为达到此目标，科学园区激励和管理大学、研发机构、企业、市场之间的知识与技术流动；经孵化与衍生过程加速创建和培育创新型企业；提供高质量空间和设施等其他附加值服务。"[1]

国际科学园区协会秘书长路易斯·桑斯（Luis Sanz）认为，"科技园区是一个实体或虚拟空间，由提供增值服务的专门化的职业团队管理，其主要目标是增强区域的竞争力和影响范围。采用的主要手段是激发科技园区内企业和知识型机构的品质和创新文化；组织知识和技术由源头向企业和市场转移；通过孵化和衍生过程积极培育新的和可持续发展的创新型企业。"[2]

美国大学研究园区协会（AURP）认为，"大学研究园区是以资产为基础的企业，包括：规划主要用于个人和公共研究开发设施的土地及建筑物、高科技企业和支撑服务；与一所或多所大学科研机构形成一种正式或操作性的契约关系；通过产学研合作促进研究开发，促进创业和经济发展；支持技术和商业技能在大学和企业之间转移；推进技术先导的区域经济发展"[3]。

英国科学园协会（UKSPA）认为，"科学园是一个商务支持行动计划，其主要目标是鼓励和支持创新型、高成长型、科技型企业的创建和孵化，通过提供基础设施和支撑服务，比如与经济发展机构合作的联系，与大学、其他高等教育机构和研究机构等卓越中心的正式或业务联系从而积极从事对中小型企业的技术转移和商业技能等管理支持"[4]。

事实上，国际上关于科技园区的概念定义很多，侧重点各不相同，至今没有形成一个主流的定义。国际科学园区协会与路易斯·桑斯的解释较

---

① 参见国际科学园协会（IASP）网站资料，见 http://www.iasp.ws。
② 参见国际科学园协会（IASP）网站资料，见 http://www.iasp.ws。
③ 参见国际科学园协会（IASP）网站资料，见 http://www.iasp.ws。
④ 参见国际科学园协会（IASP）网站资料，见 http://www.iasp.ws。

为相似，明确管理组织和科技园区目标，指出实现目标的手段；美国大学研究园区协会的定义包含内容更为具体；英国科学园协会缺少管理组织上的说明。科技园区既指特定区域，也指特定地域的组织形式，相关解释都包括了科技园区的目标和功能、管理机构、实现目标手段等方面，强调产学研合作、技术转移等重要内容。

综合国内外研究，本书认为科技园区是一种"科学—工业"综合体。它以实现高技术成果商品化、产业化为基本功能，并且具有良好创业文化制度环境，创新要素集聚、基础设施完善、创新服务体系健全，拥有特定地域范围内的高技术产业群落。

科技园区至少具有八个特征：

第一，以实现高技术成果商品化、产业化为基本功能。通过培养工业与大学、科研机构的联系，以科学研究和技术开发促进高技术成果成为商品，进而形成一定的生产规模，获得规模经济效益。

第二，一般由政府主导。为促进企业与大学、科研机构的紧密合作，形成科学工业综合体，政府的协调与组织是不可缺少的条件。

第三，创新要素集聚。以高智力密集区为依托，集聚一批大学、科研机构、创新型企业和职业化专业管理团队及企业家，风险资本充足，集聚全球创新人才能力强。

第四，基础设施完善。有良好的科研及工业技术基础和交通设施支撑，临近大学和科研机构，工作、生活服务设施完善，信息网络环境良好。

第五，创新服务体系健全。有完善的财会、法律、风投、技术转移等构成的中介服务体系。

第六，创新创业能力强。组织知识和技术由大学、科研机构向企业和市场转移，加速孵化和衍生出一大批创新型、高成长型高技术企业。

第七，高技术产业竞争力强。主导产业明确，产业集群和创新集群发展良好、充满活力。

第八，创新创业文化制度环境良好。勇于冒险、支持创新、宽容失败的创新创业文化，协同创新效应明显。激励创新创业的政策体系完善并有效落实。

（二）科技园区分类

从世界科技园区发展建设历程看，由于不同国家和地区的国情不同，呈现出不同的发展态势，可根据不同标准将其划分为不同类型。

根据科技园区定位与职责的不同，可将其从整体上分为：一是研究园区（Research park），如美国三角研究园区（Research Triangle）等，园区多不从事大量生产，规模通常不大；二是科学园区（Science park），如英国剑桥科学园区等，园区通常与大学和研究机构邻近，园区内外集结为创新产业带；三是技术园区（Technology park），如德国海德堡园区、韩国大德研究开发特区等，通过设置专业孵化中心或技术转移中心，为初创企业提供技术支持；四是科学城（Science City），具有行政区域或城市特点的基础研究园区，如前苏联西伯利亚科学城，日本筑波科学城、关西科学城等；五是技术城（Technophiles），如法国的索菲亚·安蒂波利斯（Sophia Antipolis）国际智慧、科学与技术城和日本的"高技术城"，是由政府在特定区域建立的具有组织及协调职能的园区。此外，还有高技术产品加工区（Hi-Tech Products Processing Zone）及高技术产业地带（High-Technology Industrial Belt）等提法。

依据科技园区功能导向的不同，又可将其分为：一是研究发展导向型园区（R&D-Oriented Park），如研究园区、科学城、知识城；二是创新培育导向型园区（Innovation/Incubator-Oriented Park），如高新技术产业开发区、技术城；三是产业发展导向型园区（Production-Oriented Park），如经济技术开发区。以上功能类型可视地方需求及资源环境条件不同发展成复合型的多功能科技园区。

依据科技园区的演化机制与建设主体的不同，可将其分为：一是以美国科技园区为代表的市场驱动型。美国是科技园区的发源地，科技园区基本由市场驱动自发形成，政府没有专门的园区管理组织，例如硅谷和128号公路区。二是以亚洲国家科技园区为代表的政府主导型。亚洲国家的科技园区多是政府积极建设的结果，通过政府行为来引导、推动科技园区的形成和发展，例如日本筑波科技城、韩国大德科技园、马来西亚超级多媒体走廊、新加坡裕廊工业园等。三是以欧洲国家科技园区为代表的混合型。欧洲国家的科技园区多为政府主导和市场驱动混合型科学园区，在1983年以前，仅有英、法建立起少数几个科技园区，之后科技园区数目明显增加，例如英国阿伯丁科技园、法国索菲亚科技城。

依据科技园区技术选择的不同，可将其分为：一是内生技术型，利用智力、技术密集的优势，迅速发展一批高科技企业，再逐步扩展以形成高技术产业群；二是引进技术型，利用外资、引进技术，发展高技术产业后形成科技园区；三是技术改造型，在老工业基地基础上，通过技术改造，利用原有研发力量，嫁接发展高技术产业；四是军转民型，利用军事工业力量发展高技术产业以形成高技术产业群；五是综合发展型，这一类型综合了以上四种类型的特点以发展科技园区。

此外，还有综合性科技园区与专业科技园区等分类视角。科技园区的类型不是一成不变的，明确分类是为了更好地把握科技园区的发展。如新加坡科学园区原由新加坡政府设立，后转为民营，由腾飞置地（Ascendas Land）集团接手，并自诩为亚洲最大研发中心。中国台湾1980年在新竹地区设立产业园区，后转型为新竹科学园区，目前有新竹、台南与台中三大科学园区，计划扩大成为科技走廊。

（三）科技园区评价

科技园区的评价是监测科技园区发展状况，便于园区动态管理的重要手段。由于科技园区的主要特征包括创新，产业和集群，以及完善的区域创新体系，目标是引领创新发展，因此科技园区评价的主要内容是评价其创新能力。

20 世纪 60—80 年代，科技评价理论与指标体系研究进入标准化与国际化阶段。90 年代以来，随着创新理论的不断发展，产生了许多关于创新和创新能力的评价指标体系，如欧盟创新调查（Community Innovation Survey，自 1991 年开始）、欧洲创新记分牌（European Innovation Scoreboard，自 2000 年开始）、英国《经济学家》杂志下属的"经济学家智库（EIU）"创新指数、日本的科学技术综合指标和区域科技创新指标等。国际上创新评价的实践与各种创新指数的研究为科技园区评价及研究提供了很好的借鉴，科技园区评价的兴起也带动了相关创新评价研究。

"硅谷网联"（Joint Venture：Silicon Valley Network）成立于 1993 年，该组织通过汇集企业、学术界、政府和社区的代表来探讨硅谷发展的焦点问题，并努力创新解决方案。1998 年，该公司在《硅谷 2010：共同繁荣的区域体制》① 中提出了一系列衡量硅谷经济、社会、文化、环境发展状况的指标，此后每年推出《硅谷指数》报告，评价硅谷的综合发展状况，评述硅谷的发展趋势。虽然具体指标会根据年度主题有所调整，但近年来，人口、经济、社会、空间和治理是"硅谷指数"持续关注的五个方面。2009 年硅谷指数包括：人才流动和多样性；就业、收入和创新；为经济腾飞做准备、早期教育、文化艺术、健康质量、安全；环境、交通、土地利用、住房、商业地产；市民参与、市政收入。

2001 年，美国著名的《连线》杂志公布了全球 46 个国际技术创新中心名单，选取的四个指标是：地区高等院校和研究机构培训熟练工作人员或创造新技术的能力——可以代表创新的资源；能带来专门知识和经济稳定的老牌公司和跨国公司的影响——可以代表创新的载体；人们创办新企业的积极性——可以代表创新的动机；获得风险资本以确保好点子成功进入市场的可能性——可以代表创新的环境。

---

① *Silicon Valley 2010：A Regional Framework for Growing Together* ［*EB*］，http://www.jointventure.org/PDF/SV2010.pdf.

综合国际技术创新中心的特点，可以看出并不是所有著名城市都具备成为技术创新中心的条件。首先，高技术产业的发展要求在经济和科学技术水平高的地区配置资源，便于获得所需要的材料、设备、智力资源及大量的技术工人和高水平工程技术人员，便于获得创新协作条件。其次，技术创新中心一般位于大区域内乃至国际间交通、通信极为便利的地理位置，与外部市场、金融和商业中心联系密切。最后，技术创新中心有较好的气候和生态环境条件，远离污染源。如法国，在巴黎南部距市中心25公里的地方建立了法兰西岛科学城，该城面积有300公顷，有高速公路和完善的通信设施。班加罗尔是印度南部著名的花园城市，以风光秀丽、气候宜人而出名。

我国科技园区的评价主要由政府主导。北京市统计局于2005年年初首次向社会公开发布了"中关村指数"，由经济增长、经济效益、技术创新、人力资本、企业发展五个分类指数共15个指标构成，其中，技术创新指数和经济效益指数占到总指数的50%，成为对高新技术企业评价的关键。上海市统计局于2005年年末正式推出代表上海市科技创新水平的"张江创新指数"，主要考虑从创新环境、创新主体、创新人才、创新投入、创新成果和创新水平六个方面共22个指标来综合反映张江高科技园区的创新能力和水平。2007年杭州首次发布"滨江创新指数"，由创新环境、创新投入、创新主体、创新人才、创新成果、创新辐射六个分类指数30个指标构成，旨在反映高新技术产业发展情况和变动趋势。大学和研究院所也加强了对创新指数的研究，如中国人民大学2007年开始发布中国创新指数。对科技园区的评价不仅有助于对科技园区建设的潜力和存在的问题进行科学、公正、客观地分析，以监测科技园区创新发展的进程，而且有助于改进后续的规划与实施工作，为科技园区的动态管理奠定基础。

二、创新体系相关理论

(一) 创新的含义

创新主要包括科学发现和技术创新，有时特指技术创新，是指人类在认识和改造客观世界和主观世界的实践中获得新知识、新方法的过程与结果。它包含了科学发现和创造、技术发明和商业化或社会价值实现的一系列活动。

1911 年，熊彼特 (J. A. Schumpeter) 在《经济发展理论》中正式提出了创新这一概念[①]。他认为，创新是建立一种"新的生产函数"，即把一种从未有过的生产要素和生产条件的"新组合"持续引入生产体系。此后，他在 1939 年的《商业周期》和 1942 年的《资本主义、社会主义与民主》两部著作中比较全面地阐述了创新理论。

熊彼特的创新理论提出之后，一批经济学家从不同视角对创新概念进行了界定和研究。索罗 (Solo) 首次提出技术创新的两个条件，即新思想来源和以后阶段的实现发展。"两步论"被认为是技术创新在概念界定上的里程碑。简言之，创新就是把有创意的科技成果和设计思想"商业化"，实质是知识与经济的互动。曼斯菲尔德 (Mansfield) 认为："技术创新是一种新产品或新工艺被首次引进市场或为社会所使用的活动，并将产品创新视为从企业对新产品的构思开始，以新产品销售和交货为终结的探索性活动。"他指出技术创新就是一项发明，当发明被首次应用时，就可以称为技术创新。弗里曼 (Freeman) 明确指出"技术创新是指第一次引进某项新产品、新工艺过程所包含的技术、设计、生产、管理和市场活动的诸多步骤"，并指出技术创新成功主要有两个标志：一是实现商业盈利，二是

---

① Joseph Schumpeter, *Theorie der wirtschaftlichen Entwicklung*, Berlin, 1911.

建立市场或在市场中渗透，获取或扩大市场份额。简言之，技术创新就是新产品、新过程、新系统和新服务的首次商业性转化。斯通曼（Stoneman）则认为，技术创新是首次将科学发明输入生产系统并通过研究开发努力形成商业交易的完整过程①。

经济合作与发展组织（OECD）在 1992 年的《技术创新统计手册》（Oslo Manual）中指出："技术创新包括新产品和新工艺，以及产品和工艺的显著的技术变化。创新包括了科学、技术、组织、金融和商业的一系列活动。"1997 年修订版将技术创新的定义和测度从制造业扩大到服务业。显然，创新与技术创新是两个不同概念，创新是不同主体和机构间复杂的相互作用，包括技术创新和科学、技术、组织、金融和商业的一系列活动。技术创新则主要包括产品创新、工艺创新、产品和工艺的显著技术改变。

1996 年，中共中央、国务院在《关于加强技术创新，发展高科技，实现产业化的决定》（中发〔1999〕14 号）中对技术创新进行了较为规范的定义："技术创新是指企业应用创新的知识和新技术、新工艺，采用新的生产方式和经营管理模式，提高产品质量，开发生产新的产品，提供新的服务，占据市场并实现市场价值。"

综合相关研究可知，创新活动要素至少包括以下方面：创新的动机、创新的资源、创新的载体、创新的环境。任何技术创新都是从研究开发开始的，即使通过技术引进，要把它们变成本企业自己能实现的商品，也需要做开发工作。至于一些重大技术创新的市场实现，则更需要有研究开发工作的支持。

（二）自主创新

近年来，我国将自主创新提高到前所未有的战略高度，自主创新已成

---

① 斯通曼：《技术变革的经济分析》，北京技术经济和管理现代化研究会技术经济学组译，机械工业出版社 1989 年版。

为我国新时期国家发展战略的核心。特别是 2006 年年初我国颁布的《国家中长期科学和技术发展规划纲要（2006—2020）》及配套政策，提出了"自主创新、重点突破、支撑发展、引领未来"的科技工作指导方针，对自主创新的研究成为创新理论的一个研究热点。傅家骥从企业的角度对自主创新的内涵进行了定义，认为自主创新主要指企业的自主创新，是"企业通过自身努力和探索产生技术突破，攻破技术难关，并在此基础上依靠自身的能力推动创新的后续环节，完成技术的商品化，获取商业利益，达到预期目标的活动"[①]。

有些学者认为自主创新应从国家层面来加以审视。例如郭昌欣认为，自主创新是指"以获取自主知识产权、掌握核心技术为宗旨，以我为主发展与整合创新资源，进行创新活动，提高创新能力的科技战略方针"[②]；万君康认为，"通过本国自身的学习与 R&D 活动，探索技术前沿，突破技术难关，研究开发具有自主知识产权的技术，形成自主开发的能力"[③]；洪蔚认为"是寻求本土化发展路径"[④]。有些学者从与技术引进对比的角度定义自主创新。例如丁湘城和罗勤辉认为，自主创新是与技术引进相对立的概念[⑤]；而路风则认为自主创新与技术引进并不对立[⑥]；江小涓认为自主创新与利用外部技术资源之间是一种良性互动关系[⑦]；张景安认为自主创新是

---

① 傅家骥:《技术创新学》，清华大学出版社 1998 年版，第 96 页。

② 郭昌欣:《新形势下提升自主创新能力的若干思考》，2005 年 11 月 7 日，见科报网。

③ 万君康:《论技术引进与自主创新的关联与差异》，《武汉汽车工业大学学报》2000 年第 4 期，第 44 页。

④ 洪蔚:《自主创新是寻求本土化发展路径》，《科学时报》2005 年 4 月 28 日。

⑤ 丁湘城、罗勤辉:《试论我国的技术引进与自主创新的关系》，《科技与经济》2006 年第 1 期，第 53 页。

⑥ 路风、封凯栋:《为什么自主开发是学习外国技术的最佳途径？——以日韩两国汽车工业发展经验为例》，《中国软科学》2004 年第 4 期，第 6 页。

⑦ 江小涓:《全球化中的科技资源重组与中国产业技术竞争力提升》，中国社会科学出版社 2005 年版。

技术创新的高级阶段①。

宋河发等系统分析了自主创新及其能力的内涵、特征和模式，认为自主创新最重要的特征是自主性，不仅包括通过努力主动获取创新产权和创新收益的主动性，还包括控制创新收益的主导性。自主创新是主动付出创造性努力的创新，是掌握主导权的创新，是以自主知识产权为制度保障的创新，是有效率的创新，是与自身发展需要相适应的创新②。他们还提出了自主创新能力测度的主要原则，并以高技术产业为例进行了实证研究，认为自主创新能力是掌握股权和知识产权控制权的能力③。

本书认为，自主创新强调的是创新"自主"，即创新所需的核心技术主要来源于内部的技术突破，才能摆脱技术引进、技术模仿、对外部技术的依赖，其本质就是牢牢把握创新核心环节的主动权，掌握关键核心技术的自主权。

（三）国家创新体系与区域创新体系

弗里曼最早给出了国家创新体系的概念，他将国家创新体系定义为"公共和私人部门中的机构网络，其活动和相互作用激发、引入、改变和扩散着新技术"，并且指出国家创新体系的功能是提高国家竞争力。爱德奎斯等认为国家创新体系是"一国为了产生、扩散和应用科技知识的一系列组织制度和联系"。经合组织对国家创新体系的定义是，国家创新体系是一组独特的机构，它们分别地和联合地推进新技术的发展和扩散，提供政府形成和执行关于创新政策的框架，是创造、储存和转移知识、技能和新技术的相互联系的机构体系。

---

① 张景安：《实现由技术引进为主向自主创新为主转变的战略思考》，《中国软科学》2003年第11期，第1页。

② 宋河发、穆荣平、任中保：《自主创新及创新自主性测度研究》，《中国软科学》2006年第6期，第60—66页。

③ 宋河发、穆荣平：《自主创新能力及其测度方法与实证研究——以我国高技术产业为例》，《科学与科学技术管理》2009年第3期，第73—80页。

因此，可以认为国家创新体系是一个国家内部的各种要素和关系的集合，它们相互作用于新的、有用的知识产生、扩散和使用中。创新体系本质上是社会性、动态性体系，其核心行为就是互动性学习，体系中各要素在学习、创新过程中得到相互强化。

国家创新体系的基本内涵包括：一是一套机构和制度；二是促进知识产生、扩散和应用的各种活动和相互关系；三是技术交易、法律、社会和金融等支持体系。作为一个国家，尤其是一个大国，其国家创新体系应包括知识的生产、传播和应用的全部环节，应对基础研究、应用研究与开发研究的工作作出整体部署，通过对知识生产的加强，推动国家的经济发展。

随着全球化的发展，区域成为真正的经济利益体，经济意义上的"国家状态"逐渐让位于"区域状态"。研究发现，实践中创新网络的成效似乎与创新主体的空间分布有很大关系，尤其是地理上邻近带来了维持并强化技术创新所需的重要支撑因素，如文化的认同和相互信任等。

20世纪90年代以后，来源于国家创新体系理论的区域创新体系（Regional Innovation System，简称"RIS"）得到了发展。英国的库克教授将区域创新体系定义为：由在地理上相互分工与关联的生产企业、研究机构和高等教育机构等构成的区域性组织体系，在这个体系内企业和其他组织通过根植性的制度环境相互学习并产生创新。他认为，区域创新体系从某种程度上可以说是为了对区域产业集群进行研究分析而提出的理论，也是支撑区域范围内企业竞争和创新体系的政策工具。区域是由以合作和竞争为规则的企业网络构成的，并且通过区域创新体系和更高层次的国家创新体系或国际创新体系相连接，从而具有国际竞争力。

另外，区域创新体系理论研究与产业集群研究的结合也越来越紧密，产业集群理论同样成为区域创新体系理论的一个重要理论基础。如罗斯菲尔德（Rosenfeld，1997）认为，区域创新体系可以首先通过区域集群定义来界定，也就是地理上相对集中的相互独立的企业群。

自 20 世纪 90 年代后期以来，全球竞争日益呈现出网络化态势，竞争不仅存在公司之间，更体现于网络与网络之间。而且，在知识经济时代，知识生产的模式发生了根本转换，要求由不同的制度和组织形式与之适应，创新网络正是这样一种适应新知识生产模式的组织形式。因此，区域创新网络（Regional Innovation Network，简称"RIN"）概念逐步成为区域创新体系（RIS）的重要内涵，这实际上反映出创新的内在要求和特点，因为区域创新网络更强调行为主体之间的相互作用机制，并突出了网络这个非线性因素，以及区域创新体系环境中的文化作用。尽管区域创新体系理论仍在不断发展和完善之中，但大多数学者都认为区域创新体系应该包括以下内容：一是在地理上临近且相互关联的进行创新产品生产的企业，进行知识与技术创新以及创新人才培育的研究机构和教育机构、政府机构以及金融、商业等创新服务机构等；二是良好的制度安排以及创新环境，特别是鼓励创新活动的政策法规体系与创新文化氛围等；三是各种创新主体互动作用形成的有利于创新的创新网络。综合国内外学者的观点，可以对区域创新体系作如下定义：区域创新体系是由技术创新相关行为主体，为实现技术创新和转移，支撑区域经济社会可持续发展，结成的联系及其运行机制和制度组成的网络系统。该定义包括以下基本内涵①：一是具有一定的地域空间范围和开放的边界；二是以生产企业、研究与开发机构、高等院校、地方政府机构和中介服务机构为主要创新行为主体；三是不同创新行为主体之间通过关联，构成创新体系组织结构和空间结构；四是创新行为主体通过创新结构（组织和空间）及其与环境的相互作用而实现创新功能，包括技术创新、知识创新、制度创新、管理创新、服务创新和扩散等方面，并对区域社会、经济、生态产生影响；五是通过与环境的作用和系统自组织作用维持创新的运行和实现创新的持续发展。

区域创新体系至少具有如下特点：一是系统性：如同国家创新体系的

---

① 参见吴贵生等：《区域科技论》，清华大学出版社 2007 年版。

系统性一样，区域创新体系也是一个系统，通过系统的协同而创新；二是经济性：区域创新体系的重点在于促进经济社会发展，而且以技术创新服务于经济发展为主要任务，把知识创新、技术创新内化为区域经济增长的内生变量，促进区域产业结构的高级化，提高区域综合竞争力；三是根植性（区域性）：库克认为，在区域创新体系内，企业及其他机构经由以根植性为特征的制度环境系统地从事交互学习（Cooke 等，1998）。因此，根植性是区域创新体系区别于国家创新体系的重要特点。区域创新体系主要针对本区域特色和实际情况，培育技术开发、转移、应用、扩散能力和相应的经济社会支撑体系；四是开放性：对多数区域来说，单靠区域自身的能力和要素难以实现高水平的技术创新，需要根据技术创新的需求和目标来调动、组织和吸收外界的创新资源，把区域的内在资源和外部环境有机结合起来。

区域创新体系是国家创新体系的重要组成部分，也是国家创新体系建设的重要内容，但不是国家创新体系的缩影。区域创新体系体现了国家创新体系的层次性特征和创新的区域化特征，其多样性是国家创新体系的活力所在。培育成熟的区域创新体系，可以为国家创新体系建设打下坚实基础。

近年来，我国大力推动区域创新体系建设，不断加强地方科技基础设施建设，优化区域创新政策体系与环境，我国各地区建设与培育的区域创新体系日趋势完善。但是，完全套用国家创新体系的形式和功能来形成区域创新体系也存在许多问题。这是因为，区域条件的限制决定了区域创新体系必须有所侧重。不同区域应依据自身的自然条件、社会历史条件、经济发展水平和技术积累水平等形成自己的特色。由于不同地区有着不同的创新制约因素，如不同的价值观念、制度框架、消费习惯、产业专有因素，不同区域的创新体系也就不同。创新制约因素是区域创新体系的内核，也是地区经济获得核心竞争力的关键。因此，区域创新体系将比国家创新呈现更多的特色制度安排，更强的产业，更专业化的技术，或者更多的知识创新。各区域创新体系的功能定位可能不同，但区域创新体系要纳入国家创新体系框架之中，其目标应从属于、服务于国家创新体系的整体目标。

按照系统论的观点，如果把国家创新体系作为一个大系统，区域创新体系则是子系统，国家创新体系与区域创新体系相互支撑，融合发展。国家创新体系主要由开放的各个区域创新体系连接而成，区域创新体系是国家创新体系运行的前提和组成部分，没有区域创新体系的内外协调，就不会有国家创新体系的质量和效率。区域创新能力是构筑国家创新能力的重要支柱，国家层次上的创新必须依靠区域层次上的创新来支撑。建设完善的区域创新体系，将为国家创新体系的建设夯实基础。因此，新时期区域创新体系建设必须站在国家战略的高度，在遵从国家创新体系的整体设计的同时，必须以区域的资源特色、战略目标为着眼点，建立具有各地特色的区域创新体系，并把增强区域创新能力作为建设国家创新体系的重要内容，通过创建区域创新体系来逐步健全和完善国家创新体系。

(四) 产业模块化理论

"模块化"（Modular）在诸多高技术领域文献中已成为出现频率最高的词汇之一，被很多人认为是新产业结构的本质。所谓产业模块化，是指将产业链中的每个工序分别按一定的模块进行调整和分割。其广义上包含三个层次的内涵，即产品的模块化、制造生产的模块化、组织系统的模块化。模块化是工业时代产品标准化概念的延伸和发展。它既强调产品的统一性和各部分的标准化，既确保"零部件"的可替代性，又强调产品整体最优化，以此加强"部件"间的竞争替代，从而促进产品整体和各部分的创新。也就是说，在统一的接口标准条件下，产品的最优化是建立在其各部分的性能与技术不断优化、创新的基础之上的。

在产业模块形成基础上，产业开始融合、空间转移和集聚。当产业模块化形成后，在市场机制和世界各国政府的推动下，总部基地、制造基地、贸易中心等产业集聚区域纷纷形成，全球形成了许多著名的产业集聚区域。产业模块形成之后，主要在市场价格机制的作用下，各产业模块就如生物迁徙一样寻找最适宜的生存空间，产业转移成为经济全球化的最重要经济现象之一。

在产业模块化发展的背景下，面对新的市场需求，高技术大公司以自身的研发体系为主体，开始对各细分产业领域技术模块（单元技术）有效整合，并通过完成技术融合完成了技术的集成创新；技术融合完成之后，技术向生产力的转化过程顺理成章地完成了产品与业务的融合；在市场接纳新产品之后，市场融合得以完成。因此，产业融合经过技术融合、产品与业务融合、市场融合三个阶段而最终完成。

产业模块化加速了产业集聚、产业转移和产业融合，不仅推动了市场充分竞争，而且还充分发挥了高技术大公司的产业引导作用。这种引导作用主要体现在：一是通过主导技术并形成产业链的共同标准，将产品制造及研发模块化；二是引导产业链条的局部创新不断产生，由新技术催生的新型企业不断与大企业达成合作，并融入产业链的上层模块；三是通过组织产业链条，引导产业局部集聚，市场结构逐渐转变为产业集群式而不是垄断式，市场得以充分竞争；四是通过不断的购买和兼并获得最尖端的技术，并从全球范围众多模块供应商中挑选最具创新和市场竞争力的优质模块来保证系统模块的动态竞争优势。

（五）商业模式创新

商业模式创新（business model innovation）引起广泛的重视，与20世纪90年代中期互联网给全球经济和生活造成的巨大影响分不开。互联网优秀企业雅虎（Yahoo）、亚马逊（Amazon）及易贝（eBay）等在短时间取得的巨大成功，激励很多企业和创业者从根本上重新思考企业赚钱的方式，思考自己企业的商业模式，商业模式创新开始受到重视。在全球化浪潮冲击、技术变革加快及商业环境变得更加不确定的时代，商业模式创新被认为能带来战略性的竞争优势，是新时期企业应该具备的关键能力。

熊彼特认为，经济由创新而得以发展，一项根本性的创新成功实施，将使现有市场和生产结构发生改变。而商业模式创新的核心就是通过把新的创造需求（为买方）和利润（为卖方）的商业理念引入生产体系，建立一种全新的买卖关系和盈利模式，从而改变现有市场和生产结构。

商业模式创新是新经济条件下高技术企业迅速成长的关键因素。新的商业模式可以从根本上创造一个新的市场、新的产业和新的盈利逻辑。对于高技术大公司来说，创新的本质就是通过对新技术的探索和应用，挖掘新的商业模式，以最快的方式改变世界面貌。英特尔、微软、苹果、雅虎、谷歌这些知名的高技术公司，就是用领先的核心技术加上开创性的商业模式，成为改变世界的公司。

在新经济条件下，商业模式与技术创新有着非比寻常的关系。在商业模式的引导下，可以保证自主创新的顺利实现，而技术也只有找到满足市场需求的结合点，才能发挥最大价值。成功的商业模式往往具有三大特点：新颖性、不易模仿性和独特性。

第一，新颖性。在新经济条件下，商业模式创新往往不是从实践开始，而是从一个好的想法开始，逐渐形成一个有情节的"故事"，并且在与相关人员不断碰撞中逐步完善，达到激动自己、激动他人的效果，形成商业计划书。随着对新模式认识程度的加深，创业者也开始创建企业，将商业计划付诸实施。

第二，不易模仿性。在发展过程中，能够保证企业商业模式不易被模仿的有力武器之一就是技术门槛。好的商业模式需要通过一定的技术保证其实现并且不被其他企业模仿。这需要对新技术与经营策略、经营方式的整合性探索等。这一阶段，创业企业往往需要投入大量资金，而且很可能短时间看不到效果，此时风险投资介入，帮助企业渡过创业期。

第三，独特性。经过互联网的洗礼，人们认识到，好的商业模式和好的想法只能吸引对创意的投资，而商业模式的最终成功是在市场。商业模式的创新者依据其新颖和不易模仿的特性，一旦在市场上取得成功，就会导致强烈的"马太效应"，出现只有第一、没有第二的"赢者通吃"局面，其取得的成就足以令世人瞩目。

三、区域发展相关理论

针对国家自主创新示范区建设的复杂性和系统性，必须运用制度经济学、发展经济学、区域经济学和产业经济学等相关理论对其发展进行分析论证，深入探究其发展中面临的深层次制度问题。

（一）市场经济中的政府作用与市场机制

在现代市场经济中，政府与市场是两种基本的制度安排，是任何国家和地区都无法回避的一对基本矛盾。从亚当·斯密的"守夜人"关系，到凯恩斯的国家与市场的干预关系，再到以布坎南为代表的公共选择理论所追求的通过制度约束在政府与市场之间寻找一种新的平衡关系，都是在探讨政府与市场的关系。政府实际上就是按照一定的规则建立起来的执掌社会公共权力的组织机构体系。政府对社会资源作出权威性分配，同时可以根据法律对社会公共事务作出权威性决定。市场实际上是进行买卖的场所，其核心的内容在于竞争。市场机制是经济内在的本体机制，通过供求、价格、竞争、风险等要素之间互相联系，互相影响，对资源的配置和经济运行起着调节作用。政府和市场是促进经济发展的两股重要力量，并非"此消彼长"的关系，更多的时候政府的力量和市场的力量互为补充。目前，我国市场体制发育尚不成熟和市场失灵问题同时并存。因此，政府既要在市场失灵条件下发挥调节作用，也要在市场培育和促进方面发挥引导作用。

第一，市场失灵呼唤政府加强对经济的引导和调节。市场失灵是因为市场机制的调节存在着局限性，源于市场机制本身的某些缺陷和外部条件的某种限制，而使得单纯的市场机制无法把资源配置到最优的状态。市场失灵的主要表现为：一是垄断的存在。为了获取规模经济效益，市场主体往往通过联合、合并、兼并的手段，形成对市场的垄断，使市场失去自发有效的调控功能。二是外部性失灵。外在效应独立于市场机制之外客观存在，单靠市场机制无法减弱或消除。三是信息不对称。市场完全竞争的一个重要假设是买卖双方"信息对称"，而实际上，由于经济活动的参与人具有的信息是不同的，掌握信息比较充分的人员，往往处于比较有利的地位，而信息相对贫乏的人员，则处于比较不利的地位。这种信息不对称将导致市场资源配置功能的失灵。四是公共物品失灵。公共物品是能够同时供许多人共同享用的产品和劳务，如公共设施、环境保护、公共教育、公共文化、公共医疗、公共卫生等。正因为公共物品具有消费的非排他性和非竞争性特征，人人都希望别人来提供公共物品而自己坐享其成，仅靠市场自身作用无法提供公共物品的生产，不能满足社会经济发展的客观需要。

在市场失灵的条件下，科学地认识政府，在机制体制创新方面发挥作用是制定并实施正确的地方政府发展策略与政策的重要前提。政府的显著特征即具有全体的社会成员和强制力，使得政府在纠正市场失灵方面具有明显的优势，市场失灵的领域也即是需要政府发挥作用的领域。结合地方市场失灵的表现，地方政府在体制机制创新中需要发挥的作用主要体现在：首先，针对个体局限性失灵，地方政府应发挥最主要的经济职能，即作为宏观管理者发展产业，制定主导产业发展机制和部分新型产业的培育机制。针对高新技术产业壁垒高，创业者难以进入、中小企业发展困难的现象，应该完善创业服务机制用以扶持中小企业和创业者发展，并积极打破高技术产业的进入壁垒为产业发展创造条件。其次，针对正外部效应、企业研发积极性不高的现象，地方政府一方面要建立起完整的产学研合作机制，利用大学、科研院所的力量进行合作研发；另一方面要建立起知识产权的创造和保护机制，保证企业研发和创新成果不被外在化，以保护企业的既得利益，提高企业研发的和积极性。针对地方政府存在的负外部效应、企业存在的三废排放现象，则需要地方政府建立起环境保护机制，采取各种措施鼓励企业减少能耗和排放。再次，针对信息不对称、企业引进转化技术困难的现象，政府需要建立较为完善的科技成果转化和技术转移机制，制定政策鼓励成果转化。此外，要通过组建或引进中介机构打破信息不对称的现象，形成技术、资本、市场的良性循环。最后，针对公共物品失灵的现象，需要地方政府建立起园区开发建设制度，并通过政府主动投资供给和积极引导民间资本来强化园区公共服务机制，此外还需要政府积极引导建立区域公共文化的培育机制。

政府在市场失灵调节中的做法不可违背市场经济基本规律。在市场失灵条件下地方政府应该发挥重要的作用，但同时由于公共产品、公共服务具有非营利性和非竞争性，导致政府机构运转缺乏效率，加上政府官员"经济人"的属性，政府干预不一定具有公正性和正确性，导致地方政府也存在失灵的现象。政府失灵一方面表现为政府的无效干预，即政府宏观调控的范围和力度不足或方式选择失当，需要政府发挥作用去创新的机制体制没有建立，不能够弥补市场失灵维持市场机制正常运行；另一方面，则表现为高新技术园区政府的过度干预，即政府干预的范围和力度超过了弥补市场失灵和维持市场机制正常运行的合理需要，结果非但不能纠正市场失灵，反而抑制了市场机制的正常运作。因此，必须有针对性地建立一个矫正体系，才能将政府失灵限制在最低程度：一是需要增强地方政府能力，提升工作人员的素质；二是需要优化管理体制提升工作效率，以转变政府的职能定位为关键，力争构建服务型政府；三是要加强对政府的监督和约束。

第二，市场发展不成熟要求政府介入对市场环境的培育。改革开放推动我国以史上罕见的速度持续稳定地发展起来，我国经济从一度濒于崩溃的边缘发展到总量跃居世界第二位，目前仍处于稳步发展过程中。改革开放三十多年，是市场经济秩序逐步建立的三十多年。目前，我国市场本身仍处于一个从不完善到完善的过渡阶段，包括企业、中介机构等在内的各类市场主体不断规范市场交易行为，政府部门不断学习监管市场发展，通过市场本身的发展推进改革进程。在这个特定历史阶段，对政府来说，非常重要的一个职能就是要培育和促进市场发展。因此，我国政府不仅要像发达国家政府一样承担起解决市场失灵的宏观经济调节职能，而且还要承担起发展中国家特有的市场培育职能。

在市场经济环境不成熟的情况下，充分发挥政府培育市场的作用，是有效促进市场经济发展的重要手段。由于地方政府更加贴近和了解市场，同时掌握着大量经济发展必需的资源和要素，因此在市场经济启动和发展阶段，政府必须发挥应有的培育和引导作用。结合市场环境发展不成熟的现状，地方政府在培育市场方面需要发挥的作用主要体现在：首先，针对创新产品市场拓展较难，应大力发展政府采购和首购政策。新产品特别是成长初期产业的新产品被市场认可本身需要一定过程，实力弱小的成长初期企业往往面临巨大的财务风险。政府采购不仅本身可以拉动一部分市场以缓解提供新产品的企业的财务危机，而且通过对新产品使用的示范和带动作用，会加速市场对新产品的认知速度，是成长初期产业价值实现的重要拉动力。其次，针对中小企业融资难的问题，政府可以大力发展创业投资基金，通过政府的资金和信用吸引和放大民间资本，达到缓解企业融资难的问题。此外，也能营造健康的融资环境，促进天使资本、创业投资的发展。最后，针对中介组织发展不成熟的难题，政府应大力支持中介组织发展，间接促进企业的进步和成长。中介组织是为高技术产业配置服务要素的重要产业组织，技术中介服务和金融中介服务对高技术产业尤其具有重要作用。

政府在市场培育方面应该坚持"有所为、有所不为"的原则。在市场经济中，企业具有其他各类创新机构无法替代的地位和作用，是自主创新的决策主体、投入主体、利益主体和风险承担主体。政府培育市场的方式、手段要符合市场经济体制的规律规则，不能过分干扰企业等市场主体的经济行为，否则就会遭到"政府过度干预"的经典式理论批评。此外，政府还需要根据经济的发展阶段和地方经济的发育程度调整相关政策。在经济落后且市场经济不发达区域，政府需要发挥更多的作用；在经济发展较好且市场经济欠发达区域，市场需要发挥更多作用，政府可以发挥引导和扶持作用；在经济发达且市场经济发展成熟区域，应充分发挥市场调节经济的能力，政府发挥提供公共服务的作用。

（二）区域发展中的创新与区域竞争力

近二十余年，新技术革命和知识经济的推动，使经济全球化趋势凸现，资本、技术、人才等要素流动加剧，各国、各地区均面临国际化竞争的严峻考验。同时，资源占有的区域性特征愈发明显，区域多元化和独特性突出，区域化成为与全球化并行的一大特征。区域化最大的特征，就是在区域范围内形成了能有效激发创新活动发生的"区域创新网络"。所谓"区域创新网络"是指在一定区域内，企业与科研机构之间、企业与企业之间通过长期合作形成的，以增强创新能力为主要目的的稳定的联系网络。高新技术产业的区域创新网络，可以实现技术知识的再结合，使新技术渗透到社会当中去，实现高新技术的商品化。

全球科技中心的兴起带动了世界经济中心的建立。某一国家或地区在科学技术上的最新成就往往能成就其在技术革命中的先导地位，科技的发展能够推动国家或地区的经济发展，进而成为世界经济中心，拥有这样能力的国家或地区就成为了"全球科技中心"。生产力水平的提高、经济的发展是建设全球科技中心的物质基础，人们思想观念的解放、对外来先进科技的积极引进也是成就全球科技中心的必备要素。伴随全球科技中心转移而来的是全球经济中心的转移，并与经济中心和科技中心的形成相互促进。回顾历史，人类社会经历了18世纪的工业革命、19世纪的电气革命、20世纪的新技术革命三次科技革命，先后出现了英国、德国、美国三个世界经济中心和科技中心，这些科技中心在一定时间内引领了全球的发展。在这一历程当中，既有领先国家对其他区域的辐射带动，也有后起国家在一定条件下形成的超越。

现如今全球科技中心正在由"单极化"向"多极化"方向发展，促进了高技术聚集区的崛起。20 世纪 80 年代以来，全球经济发展逐步走向多极化，国际分工不断加深，单极的"全球科技中心"已经无法满足全球经济发展需求，全球化使得价值链不同环节之间快速分解，相同或相关的环节在某一区域范围内形成集聚，形成各种"模块化产业"以及产业特色或功能特色明显的经济区域，发展成为"集聚区"。目前，世界各地已经形成了大量的集聚区，覆盖了农业、传统制造业、现代服务业、高新技术产业等各类领域。可以看出，与经济全球化进程伴生的是经济区域化和个性化。同时，这类集聚区往往具备较强的创新能力，它们的兴起使得传统区域经济理论的根基发生了动摇，以创新要素集聚为核心的区域创新理论成为区域经济发展的主要指导。众多集聚区之间往往会通过各种渠道发生多样化的有机联系，这种由多中心、多节点组成的表现形式，就是"全球创新网络"。

"全球创新网络"逐渐取代了原来的"全球科技中心"。这些集聚区可以被看作全球创新网络当中的一个个"节点"。而其中一些节点，由于集聚了大量的资金、技术、人才、信息等创新资源，创新能力十分突出，在全球创新网络中处于关键位置。这些具有强大影响力的节点就可以被称为"创新中心"——它们就是"平坦"世界中的"尖峰"。这些"尖峰"的创新活力蕴藏在其区域创新网络当中。"区域创新网络"是市场发育的创新要素生态系统，市场化程度越高，区域创新网络就越发达、复杂和多样化，区域创新能力就越强。区域创新体系包括了各类创新主体，如企业、大学和研究机构、中介服务组织和政府；包括创新要素的积聚，如人才、资本、技术、信息等；包括创新机制的培育，如各主体之间的合作关系、资源要素的配置方式；包括创新环境的建设，如科技基础设施等硬环境以及市场、文化、制度等软环境。创新的最大成本并不是来自土地、资源等有形实体，而是各类创新资源不断碰撞、直至产生创新所需要的机会成本。在区域创新网络中，当一种新的思想、新的技术、新的信息产生后，就会在网络内部迅速流动开来，并且在网络中快速传递、频繁反馈，在反复的碰撞和振荡中，孕育着一项创新的诞生。

重视区域创新的基础性作用，需要更主要地发挥地方政府的作用。"自上而下"构建全方位的国家创新体系是非常困难的，不仅因为工作的复杂性，更因为这样有悖于创新的基本规律。创新，无论是国家的，还是地区的、企业的，其本质都是基于人的自下而上的行为和过程，创新体系模式从本质上讲是独特的。区域创新是国家创新体系的基础和重要组成部分，它体现国家创新体系的层次性特征。国家总体层次上的创新如果没有区域层次的创新网络发育，国家创新无异于空中楼阁。因而，在国土面积大、地区发展不平衡的中国，尤其需要通过培育区域创新网络来健全与完善国家创新体系。创新要求信息的高速顺畅流动，越接近市场的政府，越能够获取足够的信息，越有可能与市场中的创新行为主体建立良性的互动机制，因而在创新中的作用越显著。创新的本质要求减少组织的层次，增加组织中要素的网络化联系，正如企业创新要求企业组织结构扁平化一样，区域创新要求更主要地发挥贴近市场的次级政府的作用，上级政府机构切不可越俎代庖。正因为如此，国家的创新政策应该区域化，国家的产业政策亦应该区域化。

(三) 产业主导权与高新技术产业发展

在经济全球化发展的新阶段，产业发展的驱动要素发生着深刻的变化，从以土地、劳动力、资源等要素为主的比较优势，到以知识、技术、标准和规则指定权等为主的竞争优势，这些优势相互交错发挥作用，使得国家产业主导权之争更加复杂化。根据市场经济的基本观念，虽然是"市场"这只"无形的手"通过供求、价格、竞争之间的相互作用与影响，推动资源的合理流动与分配，从而促进社会经济的发展，但全球经济南北差距扩大和"拉美化"现象充分表明，以发达国家为主所形成的跨国公司已经成为影响全球经济的一支比民族国家更难以琢磨的一种"有形"的组织力量。在这种看似无形却有形的手的作用下，跨国公司控制了全球产业分工体系的技术核心，在产业链的上游赚取了大量利润，而我国众多的制造企业则处于产业链的低端。这种发展方式带来的后果就是我们经济增长付出的代价太大，虽然生产出大量的产品，但是资源能源利用率不高、且环境污染严重，获取的回报相对上游明显过低。要扭转这种局面，就必须增强我国企业对竞争优势要素的掌控能力，努力提升产业主导权，转变经济增长方式，实现高科技产业链的可持续发展。

产业主导权集中体现为对产业发展和运行具有强大的影响力、控制力和应变力。产业主导权不仅表现为产业内企业能够参与基础价格形成定价、影响基准价格变化，也表现为产业内企业能够主动地、灵活地应对市场变化，获得企业的稳定发展。产业主导权包括市场主导权、资本主导权、技术主导权三方面内容。其中市场主导权包括工业产品的价格主导权与消费品的品牌主导权；资本主导权包括货币主导权、资本运作主导权；技术主导权包括自主创新能力、知识产权转移、技术联盟等方面的内容。产业主导权体现为技术控制力、市场控制力、资本控制力，三类控制力之间的关系是由不同的核心要素作用大小的转换而形成。

围绕产业主导权的争夺将是中国经济未来数十年发展必须面对而日益严峻复杂的战略问题。真正的产业主导权，需要诸多产业、众多企业的合力突围，需要大力通过产业组织创新和有效调配资本、智力资源，构筑技术推动和市场拉动相结合的产业生态系统，需要依托一批具备全球调配资源能力、对市场有足够影响力、在重大技术创新中有决定性作用的大企业。因为在全球化发展的市场经济体系中，跨国大公司日益成为整合各类资源，引导产业发展，实现集成创新，参与跨国竞争和塑造品牌形象的中坚力量。

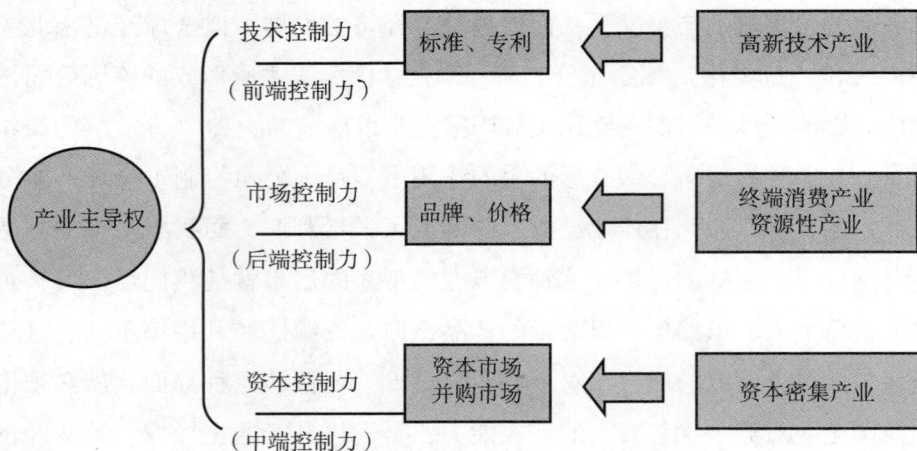

图 1-1 产业主导权的核心要素

　　对高新技术企业而言，要拥有产业主导权，就必须掌握技术主导权。取得技术主导权，主要是掌握核心技术和标准。只有掌握了先进的技术，才能形成国际领先的技术标准，从而引领世界相关产业的发展，这对我国自主创新示范区下一步抢占国际产业技术制高点而言至关重要。目前，我国拥有一个比较优势，就是制造业相对比较发达，如果再掌握了一定的技术主导权，那么相关产业领域的话语权将极大加强，从而在国际产业分工中占据较好的位置。

　　对政府而言，要努力营造良好的创新创业环境，为高新技术企业取得产业主导权奠定基础。一是要努力培育一批具备前瞻性技术远见、国际化经营能力和技术整合能力的高技术大公司，增强调配整合单元技术的能力，发挥中小企业原始创新和大企业集成创新的协同作用，抢占高技术产业竞争高端，增强参与国际规则制定的话语权。二是要努力发展形成一批国际品牌型企业，有效利用国内市场需求日益增长的积淀作用，促进一批中国名牌产品走向世界，努力塑造国际化的企业品牌形象，增强国际影响力。三是要消除政策性壁垒，实施更广泛范围的"走出去"战略，努力支持高新技术企业通过贸易、投资等手段参与国际资源的调配，充分利用国际国内两种资源，拓宽对能源、资源产品获取的途径，提升参与国际市场的定价权。

四、企业发展相关理论

（一）企业成长理论

亚当·斯密的古典经济学是用分工的规模经济来解释企业成长问题。企业存在的理由就是为了获取规模经济的利益，分工使更高的产量能以更低的成本获得。斯密以后，马歇尔引入外部经济、企业家生命有限性和居于垄断的企业避免竞争的困难性这三个分析因素。

新古典经济学的兴起与机器大工业同属于一个时代。这一时期所谓的企业成长，仍是基于企业利润、销售额的规模增长，没有涉及企业内部的要素配置与结构变化。熊彼特认为，无论经济的发展还是企业的成长都是一种非连续性的、突发的动态过程。在动态论的研究框架下，熊彼特的核心思想在于企业家与创新理论。

现代企业成长理论包括潘罗斯、钱德勒、马里斯和科斯等人的相关理论，演化经济学和现代组织生态学。

潘罗斯1959年出版的《企业成长理论》标志着现代企业成长理论的诞生。潘罗斯关心的是企业成长的过程，以及限制成长速度的因素。潘罗斯从一个全新的角度对企业的本质进行了界定。在钱德勒看来，真正的企业成长是现代工商企业出现之后的事情，而现代工商企业的出现是与两项重大的企业制度变迁相联系的：一是所有权与管理权的分离，二是企业内部层级制管理结构的形成和发展。马里斯的企业成长论是一种内在成长论：在计划期内，所有变量以不变的速度增长，并且把经理追求的目标作为企业目标，经理的目标是使企业的增长率最大化，只有当企业需求增长率和供给增长率相等时的最大企业增长率才是稳定的。科斯等人创立了交易费用经济学，认为企业扩张的动力是为了减少交易费用。企业之所以存在是因为市场的价格机制的使用是有成本的。当市场交易费用的节约与企业内交易费用的上升相等时，企业规模的扩大就停止，企业与市场的边界就确定了。现代演化经济学的一个重要特征是倾向于人口动力学，倾向于将人口水平和人口成员异质观念作为推动演化过程的力量。凡勃伦用达尔文主义来研究生存在竞争世界中的企业，认为环境因素将决定企业的生存、成长或死亡。穆尔认为公司必须成为培育以发展为导向的协作性经济群体——即建立"商业生态系统"。

（二）企业生命周期

标准的企业生命周期分析认为企业发展需要经历初创、成长、成熟、衰退四个阶段。国外许多学者从不同视角对企业生命周期进行了考察和探究，不同观点之间存在的差异较大，划分的阶段数、划分依据以及所用术语都有所不同。划分阶段从三个到十个阶段不等，划分的依据则主要是企业年龄、规模、成长速度、关键管理新问题等，所用术语有生命周期阶段、发展阶段、成长阶段等。其中比较闻名的有阿迪兹（Adize）的十阶段理论、格雷纳（Greiner）的五阶段理论以及奎因（Quinn）和卡梅伦（Cameron）的四阶段理论等。真实的情况要复杂得多，还会包括孕育、重生、死亡等阶段，还可分为四种类型。

按照周期特征还可将企业周期分为普通型、起落型和晦暗型。针对不同的周期应采取不同的战略，从而使企业的总体战略更具前瞻性、目标性和可操作性。依照企业偏离战略起点的程度，可将企业的总体战略划分为如下三种：一是发展型战略，又称进攻型战略。其使企业在战略基础水平上向更高一级的目标发展，该战略宜选择在企业生命周期变化阶段的上升期和高峰期来实施。二是稳定型战略，又称防御型战略。其使企业在战略期内所期望达到的经营状况基本保持在战略起点的范围和水平，宜选择在企业生命周期变化阶段的平稳期实施该战略。三是紧缩型战略，又称退却

销售

风格型

时间

销售　时尚流行型

时间

销售　时髦热潮型

时间

销售

扇贝型

时间

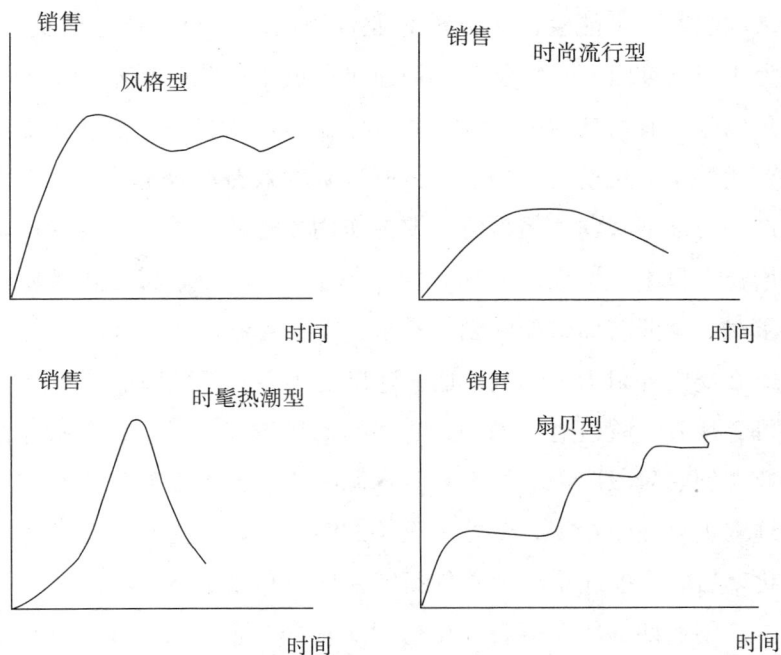

图 1-2　几种企业生命周期类型

型战略。其指企业从战略基础水平往后收缩和撤退，且偏离战略起点较大的战略。采取紧缩型战略宜选择在企业生命周期变化阶段的低潮期。

企业处于生命周期不同的阶段，表现出不同的成长特征。国内外有关企业生命周期与企业创新行为的研究主要集中在两方面：一是生命周期不同阶段技术创新的成本投入和收益的变化；二是处于不同阶段的企业对技术创新战略选择的不同。

厄特巴克（Utterback）和艾伯纳西（Abernathy）认为在企业发展的早期阶段，产品的技术创新占主要地位，进入成长阶段和成熟阶段后，企业应致力于降低技术创新成本来维持竞争优势。科贝格（Koberg）从组织结构的角度分析了企业对创新服务需求的动态性，认为科技型企业在生命周期的不同阶段需要不同的创新服务。全怀周从技术创新对企业成长的影响入手进行分析：当企业处于初创期时，企业的技术创新投入要远远大于创新所带来的收益，可能会由于分散企业资源而对企业成长造成负面影响；当企业处于成长期时，技术创新会加速企业成长，此时技术创新带来的效益已经足以弥补其所耗费的资源，并且效益呈增长势头，推动企业不断成长；当企业处于老化期时，技术创新所带来的效益增长势头逐渐减缓，对企业的推动力逐渐减弱，但是由于惯性作用，企业仍然会在未来一段时间内保持增长，只不过增长的"加速度"越来越小，当产品已经不适应新的环境需求时，企业将面临新的创新需求，要么寻找新的推动力，企业继续成长，要么受内外阻力的影响，成长速度变为零甚至负值。

李丹等从各个阶段对技术创新战略的选择不同对技术创新战略进行细分：企业在创始阶段应采取技术创新资源战略、技术创新依附战略和技术创新夹缝求生存战略；当企业处于成长期时，应以自主创新为主；在企业进入老化期后，企业应采取技术创新转变战略和撤退型战略。

第一，创业期的创新策略。在初创期阶段，企业人员少，规模小，管理制度不健全，缺乏必要的资金，市场占有率小，市场形象还没有树立起来，技术创新是中小企业创业期工作的重点，技术创新战略主要有自主创新、模拟创新、合作创新三种模式。

中小企业创业初期，资金、人才都比较缺乏，承受失败风险的能力也较弱，所以一般认为应选择模拟创新策略和合作创新策略，这时的优势是资金投入少，人才要求不高，创新周期短，市场风险和失败时的损失也都较小，但相对来说获得的收益也较少，市场份额一般也较小。对于技术力量比较强，或有一定资金实力的科技型中小企业来说，还是选择自主创新对企业的快速发展比较有利，模拟创新和合作创新会受到被模拟者或合作者的制约，自主创新则没有这个新问题。

第二，成长期的竞争策略。成长期的策略选择对中小企业的发展最为关键，这一时期应选择适当的竞争策略，以求得进一步发展。可选择的竞争策略主要有产品差异化策略、"小而专、小而精"策略、优势互补联合竞争策略、寻找市场空白策略等。

产品差异化策略是指企业提供的产品和服务在市场上具有与众不同的特色。"小而专、小而精"策略是指中小企业集中有限资源，通过选择能使企业发挥自身优势的细分市场来进行专业化经营，并在细分市场中树立起自己的竞争优势。优势互补联合竞争策略既包括中小企业和大型企业之间的分工协作，也包括中小企业之间的战略联盟。中小企业和大型企业之间可以通过分包、特许经营等形式实现互惠共生。寻找市场空白策略是根据中小企业机动灵活、市场适应性强的特征而制定的一种经营战略。

第三，成熟期的扩张策略。当企业具有一定的市场占有率和知名度，销售规模达到一定水平，企业利润比较稳定，初步完成资本原始积累时，企业就进入了成熟期。成熟期的战略重点在于聚集资源，扩大市场，增加业务范围，所以这一时期应主要采用扩张策略。科技型企业常用的扩张策略有募股扩张策略、合资联营策略、多元化策略、兼并收购策略、国际化经营策略等。

第四，衰退期的收割转型策略。衰退期的主要特征是企业规模过大，管理层次、幅度增加，组织成本上升，官僚化现象出现，这时一般来讲会出现创新意识减弱，企业决策效率降低，人才开始外流等新问题，直到后期可能会出现人心涣散，无法正常经营而倒闭。收割策略实质是有控制地撤退投资，从优势中获利。

（三）现代企业融资

在早期资本结构理论中，杜兰特把当时的资本结构理论分为三种：净收益理论、净营业收益理论和传统折中理论。净收益理论认为，企业总价值或者企业股票市场价格会随着财务杠杆比率的提高而增加。而净营业收益理论认为，不存在最优资本结构问题。传统折中理论认为，企业存在最优资本结构。莫迪利亚尼和米勒（Modig lian and Mille）对早期净营业收益理论作了进一步的发展，通过数学推导，证明了在完善的市场条件下，企业的价值与所选择的融资方式无关。这被称为 MM 定理。MM 定理随后又提出了一个修正命题,即考虑现实中企业所得税因素对企业融资的影响情况下,负债杠杆对企业价值和融资成本具有影响。

20世纪70年代以来,许多学者开始从不对称信息角度对企业融资问题进行研究。代理理论认为,融资结构会影响经营者的工作努力水平和其他行为选择,从而影响企业未来现金收入和市场价值。信号传递理论认为,当企业证券市场价格较高时,经理人将受益,而当企业破产时,经理人将受到惩罚。因此,投资者将高负债当作高质量企业的一个信号。新优序融资理论(又称啄食顺序融资理论)认为,各种融资方式的信息约束条件和向投资者传递的信号是不同的,由此产生的融资成本及其对企业市场价值的影响也存在差异。控制权理论认为,对一个对企业控制权有偏好的经营者来说,企业融资结构的先后顺序是内部融资、发行股票、发行债券和银行贷款,但从有利于企业治理结构和建立约束监督机制来说,其融资结构的先后顺序正好相反。

(四) 企业金融成长周期

已经比较成熟的现代企业融资理论主要针对比较稳定发展的企业,对中小企业融资特点考虑不足。企业金融成长周期理论部分地弥补了这一缺陷。早期的企业金融成长周期理论以20世纪70年代韦斯顿(Weston)和布里格姆(Brigham)的企业金融生命周期假说为代表(见表1-1)。

表1-1　企业金融生命周期与融资来源

企业发展阶段	融资来源	潜在问题
创立期	创业者自有资金	低资本化
成长阶段 I	自有资金+留存利润、商业信贷、银行短期贷款及透支、租赁	存货过多,流动性危机
成长阶段 II	以上来源+来自金融机构的长期融资	金融缺口
成长阶段 III	以上来源+证券发行市场	控制权分散
成熟期	以上全部来源	保守的投资回报
衰退期	金融资源撤出、企业并购、股票回购、清盘	下降的投资回报

伯杰（Berger）和乌戴（Udell）（1998）发展和确立了金融成长周期理论。该理论认为，在企业成长的不同阶段，随着信息、资产规模等约束条件的变化，企业的融资渠道和融资结构将随之发生变化。其基本的变化规律是，越是处于早期成长阶段的企业，外部融资的约束越紧，渠道也越窄；反之亦然。

五、自主创新体系的系统结构

自主创新体系的系统结构如图1-3所示。

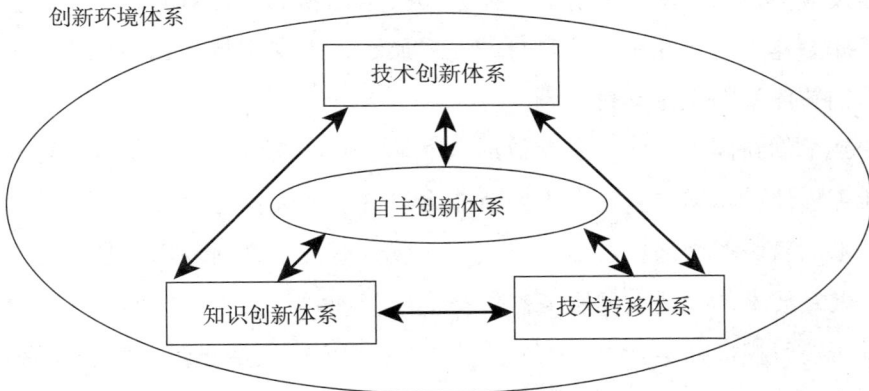

图1-3　自主创新体系结构

（一）技术创新体系

技术创新体系（技术开发系统）是自主创新体系的核心子系统，是创新体系中科技与经济的结合点，是经济社会发展的依托。该系统的主要功能是借鉴国内外基础性研究成果，进行试验发展和研发（R&D）成果应用活动，形成新技术、新工艺、新方法、新产品等，为科技创新成果产业化、规模化做准备，也是形成发明专利、产生主流设计和主流产品、提升区域乃至国家竞争力的重要环节。

技术创新体系是在一定范围内，通过有机结合各种技术创新资源和要素，使得与技术创新有关联的经济、科技和社会等各个部门子系统间相互作用、密切合作，形成一种以技术创新倍乘式整体效应为特征的体系。

该系统主要特点为：在政府的有效参与下，依托企业、大学和科研机构，产学研结合紧密；产品开发及其工程化技术人员需求大、试验条件与基础设施要求高；主要产出新技术、新工艺、新方法、新产品以及专利；由政府引导、社会参与、企业（市场）主导来获得创新投入。

在技术创新体系构建上要注意如下几个方面的问题：首先，技术创新体系建设应该将技术关联关系作为运行的依据和指南；其次，技术创新体系建设应该遵从需求，符合需求体系对技术创新的作用规律；最后，技术创新体系建设需要注重企业自身的发展质量，提高其技术创新能力，夯实技术创新体系的直接支持基础。

技术创新体系的建设主要包括以下几方面的内容：一是积极推进企业创新工程建设，增强企业自主创新能力；二是加强信息服务机构建设，形成技术创新服务网络；三是需要政府积极营造技术创新环境，加强宏观指导，做好技术创新活动的服务工作，优化管理并加大支持；四是需要高校及科研院所积极探索形式多样的创新方式；五是需要合理配置创新资源，缓解技术创新体系建设中的瓶颈制约。

（二）知识创新体系

知识创新体系（科学研究系统）是知识创新和技术创新的源泉。在自主创新体系中，知识创新体系的功能主要是通过开展基础研究和应用研究，为经济与社会发展提供知识增量储备，同时，在明显具有竞争力水平的优势领域为区域科技战略和区域创新体系服务。知识创新体系主要依托研究型大学和科研机构，人力资源素质要求高，创新实验条件与基础设施要求好。

（三）　技术转移体系

技术转移体系包括知识技术传播系统及知识技术应用和转化系统。

知识技术传播系统主要为科技成果转移、转化和产业化提供中介服务，如开展教育培训是为了传承知识技术、培养科技人才队伍等。该系统特点是：主要依托科技创新创业服务机构；主要获取知识型服务收入；系统效率受政府创新战略、政策导向和区域服务市场成熟度影响；产出主要是符合市场特定需求的订制型知识服务产品。

知识技术应用和转化系统主要开展知识与技术的应用和转化活动，为产业发展和经济建设提供有力的支撑。该系统是自主创新体系与经济建设的主要结合环节，是提升区域竞争力的关键。其以企业主体的技术创新能力为抓手，通过产学研结合的方式，促进科技成果向现实生产力的转化，主要体现在高新技术产业的增长和创新企业的成长，产出主要是企业的新产品销售收入以及高新技术产业的产值等。

（四）　创新环境体系

自主创新发展离不开创新环境建设，环境因素的差异往往导致区域发展不平衡。创新环境体系（制度与环境支持系统）是指在一定时空范围内影响区域经济发展的各种物质、非物质因素和力量的总和，其中与物质条件有关的基础设施、地理区位、产业配套能力等称为"硬环境"，物质条件以外的社会、法律、市场、文化和人力资源等称为"软环境"，见图1-4。有效的自主创新体系既需要基础设施、生态环境等硬环境的支撑，更需要政策法律、社会人文等软环境的支持。

制度创新是创新环境体系中不可或缺的环节，包括政府维护区域创新体系正常的高效运行，制定实施相关政策、法规、计划，解决科技创新的系统失灵、政府失灵和市场失灵问题，提高科技创新在区域经济增长中的显示度等。制度创新的特点是：依托政府及其相关职能部门；对政府资源进行强制性优化配置；引导科技创新资源优化配置；系统效率受政府对创新体系认识水平及其相应职能转变程度的影响。

服务创新是创新环境体系中越来越重要的环节,主要包括中介服务体系、投融资系统、人力资源服务体系等。中介服务体系在政府与科技、科技与经济、科技与社会之间,在不同利益主体之间发挥纽带、桥梁、传递者的作用,优化资源配置,促进技术创新。投融资系统的主要功能是通过政府、银行、风险投资机构、技术产权交易所、企业和社会等主体的资金投入,加快创新成果的产业化进程,促进科技竞争力向经济竞争力的转化。人才是区域创新最基本的因素,是知识经济时代区域竞争力的重要标志。

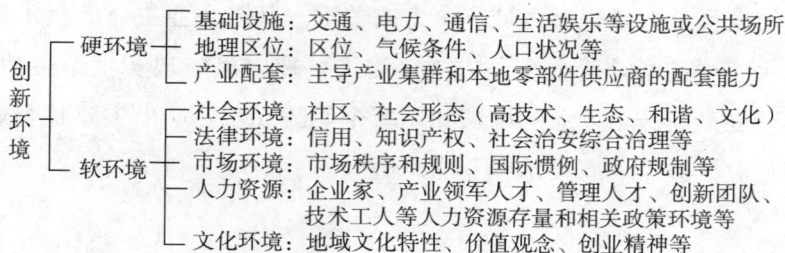

图 1-4 创新环境的构成要素

在区域发展的初期,人们比较重视硬环境建设。随着发展水平的提升,软环境建设日益成为影响区域发展的关键因素。区域发展以及大量企业在地域空间上的集聚,与其所在区域内的社会人文环境密切相关,区域发展和产业集群越来越多地依赖创新软环境的改善。美国硅谷的成功,就与其区域内大大小小的企业、大学、研究机构、商业协会等形成的区域创新网络密切相关。而区域创新网路根植于创新软环境中,二者有机互动、相互促进,并且共同推动区域发展。

在一定意义上,区域发展速度越快,发展水平越高,对软环境的依赖性就越大。因此,随着经济发展达到一定阶段和水平,优化软环境就成为各地关注的重点。不发达地区要赶超或者缩小与发达地区的差距,如果单纯或偏重于从硬环境建设入手,不在软环境建设上多做文章,不仅难以取得相对优势，而且可能陷入事倍功半的境地。区域竞争的加剧，思想观念的更新，内生发展的要求，已经成为促进软环境不断优化的强大动力。

众所周知，资本、技术、人才等要素都倾向于往投资环境好的地方聚集。投资者和要素供给者对于区域投资环境十分挑剔，不仅看它的现代化程度如何，更要看重它是否有创业投资的最佳氛围，是否具备良好稳定的法治、市场和社会环境。良好的软环境，是资金聚集的洼地、人才向往的高地、商务成本降低的盆地和经济效益提高的福地。

高新技术从发明到产业化是一个复杂的过程，一般要经过技术发明、小试、中试、产品开发、规模生产和销售等阶段，具有高投入、高风险、高收益的典型特征。加速从发明到产业化的过程，需要营造特殊的软环境，如种子期的孵化器、初创期的创业基金、发展和扩张期的加速器等。在知识经济时代，创新过程日益复杂化、规模化，开放式创新、集成式创新和网络式创新渐渐成为主流。因此，营造有利于创新网络发展的软环境，连接更多的外部资源进行知识生产和技术创新，也越发重要。

创新软环境一般具有以下特征：一是系统性与整体性。软环境是与硬环境相对的独立系统，是一个有机的整体，无论其中哪一侧面、哪一环节、哪一部位出了问题，都可能给软环境整体造成影响。二是补给性与依附性。软环境和硬环境共同构成区域发展的整体环境，相互依附、相互促进。软环境不能脱离硬环境而独立发挥作用，只有依托和利用好硬环境，才能使软环境发挥出应有作用。三是长期性与共赢性。在市场经济条件下，一方面，要为投资者和要素供给者创设一个既稳定、安全、舒适又"有利可图"的软环境；另一方面，建设软环境的每一项措施都要有利于促进区域经济的长远发展。四是动态性与相对一致性。随着发展和认识水平的不断提高，软环境的内涵和外延不断扩展，人们对软环境的要求也越来越高，要求舒适的工作环境、良好的发展环境、便利的生活环境和优美的居住环境等，软环境建设需要不断与时俱进。

国家自主创新示范区在建设创新型国家的过程中承担着重大使命，要通过自主研发突破发达国家对战略技术和核心技术的垄断。营造优良的软环境，不仅能够引导创新要素集聚，提高服务能力与服务效率，而且能够通过体制机制创新，接轨国际规则，借鉴国际经验，最大限度地发挥国家高新区在自主创新中的核心基地作用。

第二章　世界先进高科技园区建设的成功经验

20世纪50年代，以美国硅谷为代表的高科技园区在欧美等发达国家兴起。随后，形形色色的科技园区建设运动在世界各国各地区蓬勃展开。经过六十多年的发展，高科技园区已经成为世界各国公认的推动科技创新、促进经济社会发展的重要载体和核心动力。

经过半个多世纪的探索和实践，一些园区得到迅猛发展，一些园区被证明过时，急需调整思路，还有一些园区在激烈的竞争中惨遭淘汰。卡斯特尔和霍尔（M. Castells & P. Hall）认为世界各国发展高科技园区最终应达到以下目标：再工业化，创造新的产业；区域发展、调节区域的差距；营造区域创新氛围，创造研发的协同作用（synergy）。据此标准，我国大多数高科技园区并没有实现上述目标，平均而言"成功率非常低"。世界一流园区如美国硅谷、英国剑桥、瑞典西斯塔、芬兰因诺波利、印度班加罗尔、以色列海法、中国台湾新竹等已然迈向更高的阶段。它们背景迥异，创新的基础、文化及资源各有不同，然而它们的成功有一个共同的秘诀——拥有在全球处于领先地位的产业领域，关注技术创新和产业升级，建立了适合园区自身发展的模式，并通过不断创新，实现了国家及地区竞争力的大幅提升。这对正处于创新型国家建设初级阶段的中国而言，具有十分重要的参考价值。

一、世界高科技园区发展概述

科学园区是指从事企业支持和技术转化行为的区域，这些行为包括：鼓励和支持创新导向的、高增长性的和基于知识的企业在其中创办、孵化和成长；提供环境使大型的跨国企业通过它与某个知识创新中心建立起紧密的互动，以达到双赢的目的；与大学或其他高等研究机构具有正式的和运作上的联系①。

（一）世界高科技园区发展历程

世界高科技园区的发展，经历了从 20 世纪 50 年代自发形成到 80 年代蓬勃发展的历程。概览世界高科技园的发展历程，大致可以区分为以下四个阶段：

第一阶段：诞生。高科技园区作为科学、教育与工业相结合的一种经济、社会现象，发端于 20 世纪 50 年代。1951 年，美国斯坦福大学在其校园内创办斯坦福研究公园，后发展成为闻名世界的"硅谷"，堪称当今世界高科技园区的典范。随后，马萨诸塞州沿波士顿 128 公路两侧也出现了高技术企业密集的现象。1957 年，苏联开始筹建原国家科学院西伯利亚总分院，并开始建设新西伯利亚科学城②——世界上最早冠以"科学城"名称的高科技园区。这一阶段，科技园区作为一种经济现象并未引起美国和世界其他国家和地区政府与企业界的足够重视。

第二阶段：缓慢发展。20 世纪 50 年代后期，美国科学工业园区有较大发展，到 1980 年已设立有 24 个科学工业园区。1968 年，日本着手实施筑波科学城计划。1972 年，英国在赫利奥·瓦特大学建立科学园，1975

---

① 英国科学园区协会：《2002 年年报》。
② 钟坚：《世界科学工业园区发展经验与深圳国家自主创新型城市建设研究》课题成果简介，2011 年 8 月 17 日，见 http://www.szass.com/newsinfo_ 402_ 11831.html。

年建立剑桥科学园，此后相继建立众多科学园。1969 年，法国建设索菲亚·安蒂波利斯科学城。1961 年，苏联在莫斯科南郊建立生物科学城普希诺生物科学研究中心。1968 年，罗马尼亚建设皮佩拉电子城。1957 年，阿根廷兴建格莱特科技公园。1965 年，巴西建设坎皮纳斯科学城。1974 年，韩国效仿日本筑波模式，开始建设大德科学园①。这一阶段，世界高科技园区在主要分布在发达工业国家，除了硅谷等少数高科技园区取得显著成效，大多发展相对较缓。

　　第三阶段：迅猛发展。20 世纪 80 年代之后，高科技园区在世界范围内获得蓬勃发展。美国到 1989 年年底已设立 141 个科学工业园区。加拿大兴建 9 个科学工业园区。日本到 1990 年在 18 个地方兴建技术城。法国在波尔多、马赛、斯特拉斯堡、里昂、图卢兹等地建立科学园区。1983 年，德国建设西柏林革新与创业中心，到 1990 年已建立七十多个科学园。意大利、西班牙、荷兰、比利时、爱尔兰、瑞典、苏格兰，以及大洋洲的澳大利亚等国都建立了不同形式的高科技园区。这一阶段，高科技园区在各国各地区科技和经济发展中扮演了十分重要的角色，极大地促进了地区和世界经济发展。（见表 2-1）

表 2-1　世界主要国家和地区首建科技园区的时间

国家/地区	时间（年）	国家/地区	时间（年）
美国	1951	加拿大	1977
苏联	1957	荷兰	1980
日本	1963	意大利	1982
丹麦	1965	瑞典	1983
澳大利亚	1965	德国	1983
法国	1969	芬兰	1982
以色列	1970	爱尔兰	1980
英国	1972	新加坡	1980
比利时	1972	中国大陆	1980
韩国	1974	中国台湾	1980

---

①　钟坚：《世界科学工业园区发展经验与深圳国家自主创新型城市建设研究》课题成果简介，2011 年 8 月 17 日，见 http://www.szass.com/newsinfo_ 402_ 11831.html。

第四阶段：稳步发展。20 世纪 90 年代以来，高科技园区在发展中国家和地区蓬勃发展，中国大陆先后设立 88 个国家级高新区和众多地方高新技术产业开发区和大学科技园区。1984 年，国际科学园区协会（IASP）成立。1986 年，大学研究园协会（AURRP）成立。1986 年，北美孵化器协会成立。这一阶段，发展中国家高科技园的建设和发展引起了世界关注，如印度班加罗尔、中国北京中关村等高科技园区。

（二）世界高科技园区创新载体

企业孵化器，是指专为企业技术创新优化环境，培育创新型、技术密集型小企业，使其风险降到最小的组织形式。它规模小，一般由孵化场地、多种服务设施以及行政、经营管理人员构成。企业孵化器，又称企业苗圃、技术创新中心、技术服务中心、创业中心等，如美国创业中心、加拿大创业中心、澳大利亚创业中心、中国创业中心等。孵化器需要依托的环境和条件主要有：一是要有大批潜在的创业者；二是要有大批可供转化的科技成果；三是要有创业的良好环境；四是要有资金支持。

科学园（研究园），是一般以大学为核心，通过校园土地出租等多种方式吸引企业进入从事研究开发和中间试验，促进企业与大学、研究机构的结合和科技成果的转化，集科学研究、技术开发和科学知识普及于一体的区域，是高科技园区的基本形式，如美国斯坦福研究园、英国剑桥科学园和艾思顿科学园等。

科学工业园，是开发者将已经完成基础设施的地盘租售给进入园区的科研机构和高技术公司，使园区产出科研成果和高技术产品。它集科学性、文化性和艺术性于一体，通过提供良好的基础设施、优美的环境和高质量的服务来吸引企业和科研机构，从而进行工业生产的基地。如台湾新竹科学工业园。一般规模较大，占地一般从几平方公里到几十平方公里，整个园区研究开发与生产一体化发展，产出科研成果和高技术产品。

技术城，是将产、学、研、住结合在一起的以原有地方城市为母城，充分利用母城的各种有利条件，按全新设想建设的环境优美的，与母城形成整体城市生活圈的新兴城市，如日本熊本技术城、法国里尔技术城和意大利瓦兰扎诺技术城等。技术城与科学园的最大差异，它不单纯以追求高技术公司和研究机构的集中为目的，而是追求在未来社会中高技术机构与根植于高技术的文化和谐发展的一种理想状态。

科学城，是一个国家和地区为提高本国或地区的科技水平而营建的以高技术产业为主体，将科研、教学、生产、管理、社会服务和居住设施有机结合为一体的新型城市，是科研机构、大学、人才的集结地和多学科的综合性科学中心。科学城比技术城在规划规模、知识的密集度和人才储备上要求更高，同时科学城的人为意识比较明显，它往往通过国家意志将科研机构集结在一起，如前苏联新西伯利亚科学城、日本的筑波科学城、法国的索菲亚·安蒂波利斯科学城、意大利的诺·奥尔蒂尤斯技术城和西班牙的卡图贾科学城、新加坡科学城等。

高技术产品出口加工区，是在出口加工区的基础上，提供优良投资环境和研究环境，以吸引外资、引进先进技术和智力为主，将国外的先进技术转化为本国技术，带动传统产业向高技术产业转化的基地，其高技术产品主要供出口。一般不进行研究开发，主要进行高技术出口加工，产品主要面向国外市场。

高技术产业带，是指自发或半自发形成的高技术产业及科研机构的大规模集结地，地域较广，具有高技术研究、开发、生产、销售、服务全功能，集科研、服务、销售机构于一体的地带。它可能是一个较大规模的科学工业园区与其周围高技术企业、科研机构、大学组成的集合体，也可能是若干科学工业园共同组合的集合体，如美国的硅谷、128 号公路，英国的 M4 号公路和加拿大的北硅谷。

(三) 世界高科技园区管理模式

世界高科技园区的管理体制类型主要有自然发展模式、政府管理模式、民间组织（如基金会、协会）管理模式、公司管理模式、大学管理模式以及政府、大学、企业的联合机构管理（即"官、学、产"共管）等形式①：一是自然发展模式。完全由市场推动而成，没有专门的管理机构，如美国硅谷、128公路。二是政府管理模式。由政府设立专门的园区管理机构直接来进行全权管理，实行"单一窗口"的一站式管理和一条龙服务。比如，台湾新竹科学工业园区由台湾"国家科学委员会"科学工业园区指导委员会和管理局共同负责园区的行政管理，办理园区的运营工作，提供园区各项服务。三是大学管理模式。由大学或研究机构设立专门机构和人员对大学校园内的科学园或孵化器来进行管理。比如，英国剑桥科学园由剑桥大学圣三一学院领导，设两名专职人员进行管理。四是公司管理模式。由各方组成的董事会领导下的经理负责企业管理，即以非盈利性的公司作为科学工业园区的开发者和管理者，负责区内的基础设施开发建设，经营区内的各项业务，管理区内的经济活动和提供区内企业各种所需要的服务。比如，英国的科学园、美国的孵化器、德国的技术创业者中心、澳大利亚的科学园、印度的科学园都采用公司管理型。五是基金会（协会、管理局）管理模式。政府、企业、银行、大学和其他机构分担义务，共同承担管理职能，是一种综合性管理体制。比如，美国北卡罗来纳三角研究园由三角研究基金会管理，日本熊本技术城由熊本高技术密集区技术开发基金会管理，法国法兰西岛科学城由科学城协会管理，等等。

二、先进高科技园区典型案例

（一）美国硅谷科技园

现阶段，闻名世界最具实力的高科技园区当属美国硅谷。它是世界上

---

① 钟坚：《世界科学工业园区发展经验与深圳国家自主创新型城市建设研究》课题成果简介，2011年8月17日，见http://www.szass.com/newsinfo_402_11831.html。

第一个高科技园区，也是当今世界最具创新能力和活力的区域，它汇聚了大批世界知名高科技跨国公司，集聚了世界各地不同文化不同背景的优秀人才，吸引了大量创新资源为其服务，成为推动世界高科技发展的强大引擎。

六十多年前，那里还是旧金山湾南部的一片耕地，人们只知道圣克拉拉峡谷出产优质的李子和橘子。20世纪50年代初，斯坦福大学出租0.2平方公里土地用于建立斯坦福研究基地，此为硅谷之前身。之后，一些高科技企业在此聚集，逐渐演变成美国国防科技的研究基地。60年代，从仙童公司中分化出英特尔、超微半导体公司（AMD）等半导体企业，使得该地区成为电子计算机集成电路生产研发中心，而"硅谷"的名号也从70年代开始享誉世界。70年代晚期到80年代，出现了苹果、硅图公司（SGI）和升阳等众多研发生产个人计算机、工作站的公司，它们逐步成为该领域的领导者。90年代，硅谷经过二次产业革命，建立了市场化网络技术平台。伴随着新兴产业雨后春笋般的诞生，高科技企业规模不断扩大，人口数量级数增加，硅谷的地域范围也发生了巨大改变。到2009年，美国硅谷地域范围包括了加州的4个郡40个城镇，面积约为4802平方公里，相当于2个深圳，1/3个北京，3/4个上海。

创新是硅谷的生命线，创新文化价值观则是硅谷高新科技迅猛发展的思想基础。硅谷的创新体制、创新支持系统、创新文化价值体系，为构建灵活高效的创新机制，聚集创新的科技团队，促进高新技术的迅速发展，营造了良好的社会生态环境。

在硅谷发展过程中，市场始终发挥着基础性作用，国家政府并没有预先制定政策规划，提出发展目标，也没有进行投资扶持，采取行政规范管理措施，硅谷正是在这样的宽松环境中迅速壮大的。然而这并不意味着美国政府不重视硅谷发展，政府作用主要体现在：加强企业文化制度建设，提供良好的创新思想环境，激发人们创业热情；从法律上保障创业自由权利，如放松创业条件限制，清晰划分产权，鼓励发展技术股份，为企业上市提供政策优惠等；营造自由开放的市场氛围，鼓励开展良性竞争，完善社会服务体系，优化产业结构和市场环境，促进企业健康发展。这为硅谷发展提供了良好的外部条件。

硅谷非常注重产学研结合，大学紧密结合产业发展和企业需求进行技术创新和人才培养。硅谷除了拥有斯坦福大学、加州大学伯克利分校等著名研究型大学外，还有多所专科学校和技工学校，以及一百多所私立专业学校。这些学校特别注重新理论、新结构、新工艺的研究与开发，而且与企业共同建立研究所，共同研究新技术、开发新产品，彼此之间的联系非常紧密。它们之间的合作，不仅有助于科研成果的迅速转化，而且也有利于为企业培训技术和管理人才，从而达到双赢的结果。更为重要的是，许多大学和科研机构人员直接投资兴办企业。据估计，硅谷之中由斯坦福的教师和学生创办的公司达1200多家，占硅谷企业的60%—70%。硅谷目前一半的销售收入来自斯坦福大学的衍生公司。此外，斯坦福大学还通过制订产业联盟计划，来促进研究人员、院系之间以及大学与外部企业的合作，进一步发挥大学在地区发展中的作用。硅谷长期坚持大学、科研机构与企业之间紧密联系、高度结合，是其开发高科技与发展高科技产业的重要途径。

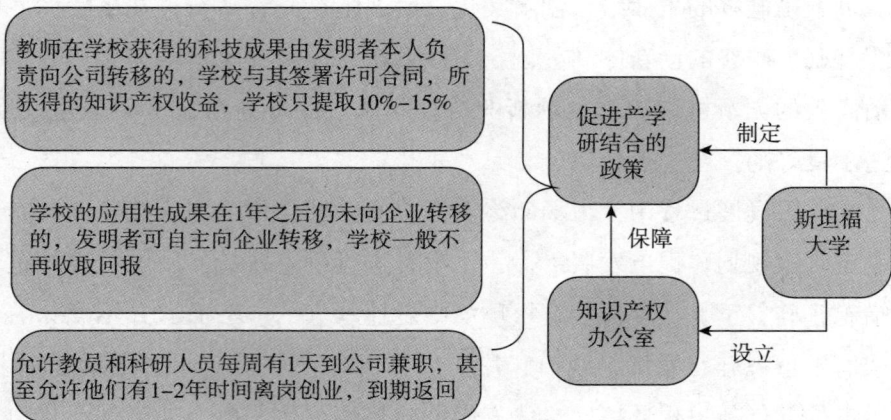

图2-1　斯坦福大学的产学研结合创新体系

硅谷的中介服务主要包括人力资源机构、技术转让机构、会计与税务机构、法律服务机构、咨询服务机构、猎头公司以及物业管理公司、保安公司等其他服务机构。比如，硅谷的技术转让服务机构由大学的技术转让办公室和技术咨询、评估、交易机构组成，主要工作是将大学的研究成果转移给合适的企业，同时把社会和产业界的需求信息反馈到学校，推动学校研究与企业的合作，为整合各种创新要素、提高技术创新能力等起到关键作用。

此外，硅谷的行业协会也发挥了重要作用，比如：硅谷生产协会积极与州政府配合为地区发展解决环境、土地使用和运输问题；西部电子产品生产商协会为产业界提供管理讨论班和其他教育活动，并鼓励中小规模公司之间的合作；半导体设备和原材料协会为半导体芯片技术标准的统一作出了重要贡献。

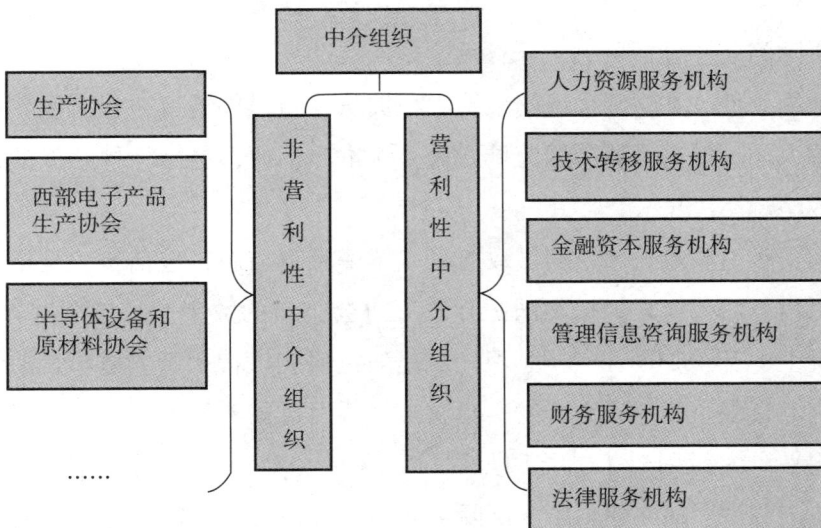

图 2-2　硅谷的中介组织

风险投资是高技术产业发展的催化剂。美国风险投资规模占世界风险投资一半以上，而硅谷地区吸引了全美约35%的风险资本，美国大约50%

的风险投资基金都设在硅谷。风险投资和硅谷地区的发展形成了一种相互促进的良性循环机制，对高技术产业的发展起到了重要的推动作用。著名的英特尔公司、罗姆公司、苹果公司等都是靠风险投资发展起来的。

硅谷起步阶段主要依靠军方投资，风险投资相对薄弱。从20世纪60年代开始，风险投资在硅谷逐步占据了主导地位。据相关资料统计，1977年硅谷的风险资本投资额为5.24亿美元，1983年猛增到36.56亿美元，2000年达到峰值345亿美元。之后，风险资本投资有所下降，到2004年又开始增长。2007年硅谷的风险投资额达到294亿美元。

在硅谷发展过程中，人才资源具有根本性作用，他们是硅谷区域经济发展和高标准生活实现的重要保证。但是，世界上任何一个国家和地区，人才资源始终是有限的，通常都会受到地缘条件限制，同时在区域外引人才方面表现出特定的巨大缺口。美国硅谷也同样受到地缘条件限制，虽然雄厚的资金实力换取了巨大的资源聚集优势，但无法彻底解决人才资源短缺的实际问题。分析可见，硅谷无论是发展初期，还是在今天，都在努力摆脱地缘条件、文化和民族的束缚，积极从硅谷以外地区，甚至世界范围内挖掘人才，促进产业园区跨域发展。从本质上说，这是一种开放的人才发展战略。

为了吸引高端人才，美国政府采取了一系列措施，包括：一是招收留学生以培养后备人才。据美国国际教育协会公布的数字，每年全世界150万留学生中有48.1%在美国学习。二是通过研究机构招聘人才。目前，美国共有七百多个联邦研究开发实验室招聘或引进国外著名科学家。三是企业利用平台大量引进人才。四是联合攻关或企业外迁借用人才，如与日本、欧洲和俄罗斯共建阿尔法国际空间站。五是实施特殊专业员临时工签证（H-1B）短期签证计划，放宽对移民的限制以吸引留住人才，特别是大力放宽对高技术人才及其家属移民的限制。六是为有突出贡献和成就的科技精英提供优厚的物质和生活待遇，创造良好的研究开发、创新的条件和环境，吸引大量国外优秀人才。

在硅谷，众多高技术公司都采用股票期权（Stock Option）的形式，即员工有权在一定时期内（如两年或三年）用事先约定的价格购买公司一定数量的新股。而期末股价之高低变化所体现的员工利益及风险与员工在这段时间内的创新努力是紧密相连的，它使公司高级经营管理人才、研究与开发人才的利益与企业的长远利益紧密结合起来。此外，硅谷还有技术配股、职务发明收益分享等灵活多样的人才激励机制。

硅谷作为高科技产业的集聚中心，具有勇于创业、宽容失败、崇尚竞争、讲究合作、容忍跳槽、鼓励裂变（spin off）的独特文化。硅谷文化是在高科技产业发展的特殊环境中逐步形成的，并且对高科技产业的进一步发展壮大产生了巨大的影响。勇于创业，宽容失败激发了员工大胆尝试、勇于探索的创新热情；崇尚竞争使人们既着力于自身能力和水平的不断提高，又注重在竞争中向对手学习；讲究合作使硅谷形成一种拿与给的双向知识交流氛围；容忍跳槽、鼓励裂变则有益于技术扩散和培养经验丰富的企业家。

（二）英国剑桥科技园

英国剑桥科技园位于英国东南部剑桥郡，交通便利、风景优美，被视为全球核心技术中心之一。它以高科技为核心的创新增长方式，促进了该地区和英国的经济发展，并成为英国新经济中枢的重要组成部分。2004年该地区的 GDP 占全英国比重的 15.8%，研发开支占该区 GDP 比重的 3.4%，久负盛名的剑桥大学也坐落于此，是该地区研究活动的核心。[1]

剑桥科技园以其在技术创新中的突出表现赢得"硅沼"的声誉，大量高科技公司聚集在剑桥地区被称为"剑桥现象"。20 世纪 60 年代初，剑桥大学领先的技术创新力量，吸引了一批高科技公司在剑桥周围衍生。但由于剑桥市政府对工业的消极态度，高科技产业在剑桥未能得到充分发展。

---

[1] 马兰、郭胜伟：《英国硅沼——剑桥科技园的发展与启示》，《科技进步与对策》2004 年第 4 期。

直到 60 年代后期，硅谷发展的成功范例引起了大学实验室和研究机构负责人的注意。1970 年，剑桥科学园成立，促进了整个剑桥地区的高科技产业发展。不久后，剑桥大学成立了专门的产业联络办公室，协调和服务各院系、研究机构和人员与产业界的联系与合作，促进了科技公司的设立和衍生，形成了科技园区的创业浪潮。

剑桥科学园的宗旨是[①]：一是将科学研究与工业生产相结合；二是同租户公司的研究人员或当地的研究机构磋商确定轻、小、薄的工业产品生产；三是开展专利代理人和风险资本家认为适合科学园的一些从属性活动。

如今剑桥科技园区仍是一个充满创新活力和生机的高科技产业发展区域，并形成了信息技术、生命科学、新材料等高新技术产业集群，其中生物技术、信息技术和纳米技术的发展及融合为剑桥科技园带来新的发展动力。剑桥科技园成功的因素有很多，如剑桥大学雄厚的科研实力、初期由巴克莱银行提供的创业资金，剑桥大学宽松的知识产权转让政策，更有其社会文化以及人际网络带来的绑定效应。

第一，极具吸引力的地理环境。剑桥科技园毗邻欧洲商业经济中心伦敦，以此为中转，建立了与欧洲世界广泛的联系。园区内拥有便捷的交通网络，优越的通信条件以及完善的电力基础设施，整个园区美丽清洁，生活便利，文化、教育、娱乐设施齐备，具有良好的生产、居住条件。其中，灵活的租赁合同、与其他企业交流或结网的机会、相互信任的咨询服务、设施分享以及与大学的联系等优势，都促进了园区企业的发展，对员工和经营管理人员极具吸引力。

第二，完善的市场经济服务体系。剑桥科技园在企业服务方面形成了较为完善的体系，主要有中介服务、风险投资、运输服务等。剑桥地区是全英国除伦敦外种子资本和风险资本最密集的地区，共吸收了全英国 25%

---

① 丁晓鸿、余桂兰：《欧美高科技园区发展的成功范例》，《开发区》2007 年第 5 期。

的风险投资和全欧洲 8% 的风险投资。当地政府积极建立健全市场风险投资制度，提供园内企业风险投资服务，帮助承担风险，并进行风险损失补偿，同时基于发展传统金融业务，加强金融体制改革，建立系统完善的证券资本市场体系，从资金上为高新技术企业提供有针对性的强大支持，建立多层次、立体化的开放市场经济体系，包括传统金融组织、风险资本市场以及证券市场，营造良好的创业环境，最大程度发挥风险投资在发展高新技术产业中的重要作用。

第三，高质量和稳定的人才保证。剑桥是国际企业 R&D 基地和科技咨询、专业技术服务园区，它以可靠的前景、具有诱惑力的挑战和高薪，吸引了欧洲大量专业人才。英国人口虽不足世界总人口的 1%，但却担负着全球 5.5% 的研发工作。剑桥大学作为世界一流的大学，为园区输送了一流的人才，每年都有大量毕业生就职于园区内的企业，亦拥有大量最优秀的科学家和熟练的技术人员，为园区内科技企业的成功提供了至关重要的管理人才和创业型企业家。剑桥园区极具凝聚力的企业文化给予员工强烈的归属感，人才的稳定和充足使本地区公司得以长期保持一支强大的队伍，并因为这种连续性而获益①。在过去 10 年中，剑桥大学孵化出了 310 家高技术企业。产生了许多重大的科学发现和发明，至今共有 56 人次获得诺贝尔奖，超过世界上任何其他大学。

第四，政府的优惠政策。科技园给予中小企业以政策倾斜，真正起到了孵化作用，政府或园区管理部门都给进入园区的高科技公司提供资金、税收、法律等方面的优惠政策。在英国，外资公司与英资公司享受同等投资优惠，即外资公司在英国可以基本享受国民待遇，可以获得同样的项目资金援助。英国的公司税率在欧盟国家中最低，增强了该地区企业的竞争力。英国没有指导或限制外商投资的专门法律，外商或外资控股公司从法律意义上讲与英资公司享受同等待遇，它们在英国可从事多种形式的经济活动。

---

① 马兰、郭胜伟：《英国硅沼——剑桥科技园的发展与启示》，《科技进步与对策》2004 年第 4 期。

第五，剑桥精神。剑桥作为一个成功的高科技企业聚集地区的优势在于它有一种使创业精神转换成为科技创新的环境条件。发展高科技，资金固然重要，但更重要的是能充分发挥人的创造精神，并把它转换成企业的科技创新。倡导特殊的创业精神和独特的人文氛围，使得科技园区不断发展壮大，这就是剑桥精神。

（三）瑞典西斯塔科技园

一个人口不到 920 万人，面积仅有 45 万平方公里的小国，却诞生了爱立信、沃尔沃、宜家、伊莱克斯等世界知名的大企业，诞生了人造心脏、伽玛刀、鼠标、心电图记录仪等造福人类的一大批发明，诞生了发明家诺贝尔等一批伟大的科学家。悠久深厚的创新文化，融合了现代意识的瑞典，其创新一直走在世界前列。根据欧盟委员会一项关于创新力的研究报告，瑞典获评 2007 年全球最具创新力国家，创新表现得分超过美国、加拿大、日本和欧洲其他国家。

西斯塔科技园位于瑞典首都斯德哥尔摩北郊，是市区前往奥兰达机场的必经之地。这里是瑞典 24 个高科技园之一，于 2000 年被著名的《连线》杂志评为全球第二大科技园，地位仅次于美国硅谷。园区最初是围绕瑞典最具代表性的通信公司爱立信发展起来的。西斯塔科技园区面积达 200 万平方米，办公面积 110 万平方米。在这片土地上，有 650 家公司，雇员 29000 人。其中高科技公司就有 350 家，且大部分集中在电信、无线、微电子、软件 4 个领域，包括爱立信、诺基亚、国际商业电器公司（IBM）、惠普（HP）、甲骨文（Oracle）、英特尔（Intel）、太阳微系统公司（Sun，2009 年 4 月被甲骨文收购）等公司在内的大型跨国公司都在这里设立了生产基地或研发中心，因此也被称为"无线通信之都"。

西斯塔科技园的发展主要不是依赖政策的优惠，而是成功运用市场经济规律，顺应瑞典整个国家信息技术产业尤其是通讯产业发展的潮流。瑞典只有九百多万人口，但人均 GDP 高达 25000 美元，具有良好的经济基础；在通信产业方面，瑞典是移动电话技术的主要发源地，在第一、第二、第三代 3G 技术方面拥有核心技术优势，世界上第一个第四代无线通信系统（4G）网络也在这里开通。截至 2005 年年底，仅在无线技术领域瑞典就有五百多家企业，在信息技术应用程度方面，瑞典移动电话普及率已接近 100%，个人电脑普及率超过 80%，均居世界前列。另外，瑞典还是全球宽带普及率最高的国家之一。上述产业环境、应用环境无疑都是促使基斯塔成为全球综合实力第二的高科技园区的重要原因。

为了加强西斯塔的地位与发展，斯德哥尔摩市政府、当地企业、斯德哥尔摩大学以及其他机构联合组成了"西斯塔科学城"这一合资机构，负责该科学园的产业、商业及社区发展。不管是在自发阶段或是在政府推动阶段，西斯塔的产业定位都十分清晰，那就是以通信为主导的 IT 产业所形成的产业链。在通信技术的基础上，结合未来多媒体应用潮流，西斯塔又将产业定位为放大到"TIME"产业，即以电信技术为基础，实现电信（telecom）、信息技术（IT）、媒体（media）、娱乐（entertainment）等各种技术的结合，比如 MMS（多媒体短信）等，从而扩大吸引高新技术企业的范围，增强各科技产业之间的协同发展。在这一产业链中，不仅吸引有全球产业巨头，还有其他大量的技术企业、研发机构，包括我国的华为、中兴也在此设有研究机构①。

在西斯塔科技园，现有及未来的科技人才是园区内的主要"公民"，而西斯塔科技园的管理者，也尤为重视对人才的培养。他们对人才的培养并没有仅仅停留在"口号"上，而是形成了一套有效的产业人才培养及供给机制。为了适应西斯塔科技园的发展需求，1999 年，瑞典的两所知名学府皇家理工学院和斯德哥尔摩大学共同投资一亿瑞典克朗（约合 1500 万美元）在基斯塔成立了一所专业大学——信息技术大学。信息技术大学并不是泛泛地提供信息技术教育，而是针对西斯塔科技园产业的需求，重点

---

① 《从瑞典"移动谷"看科技园区发展与服务模式》，见中国科技信息网，2004 年 7 月 6 日。

开设了电信、通信技术方面的课程，培养出来的人才很有实用性。

像斯德哥尔摩大学等瑞典其他高校一样，信息技术大学也与科技园之间建立了紧密的产学合作关系。大学的研究人员、博士生到企业任职，共同参与技术研发，产业界人士也经常到学校讲课。几乎每家公司都向学生提供暑假实习的机会，学生在读期间便开始与园区企业共同进行技术开发、共同参与业务计划，毕业后可以直接进入合作公司工作。

除对园区内的人才培养给予特殊关照以外，西基斯塔科技园还特别注重对本地中小企业的扶持。为鼓励中小企业发展，西基斯塔科技园制定了对创业投资的鼓励政策，通过发展具有高技术含量、高增长潜力的小企业群体，保持园区的长期发展能力。这一方面，西基斯塔科技园还有一套有效的创新激励机制，包括向研究人员及在读大学生免费提供研发基础设施，商业服务中心为小企业及创业者提供服务，举行"风险杯"竞赛，建立顾问队伍，实行种子融资，为科技园的员工准备创业提供专家支持，组织经验丰富的商界人士向创始企业家提供详尽的应用培训等。

由于创新成果市场化面临较大风险，创新成果能否顺利进入市场，获得充足资金是进行产业化的重要条件。风险资金在创新成果的市场化方面起到了积极的作用。瑞典的国有创业基金、风险投资基金与市场融资机构如银行、风险投资机构等相结合，为中小企业提供了全方位的融资服务。政府鼓励中小企业通过市场融资渠道解决投资问题，但私有金融机构一般不愿为高风险的中小企业贷款，这时，国有融资机构就承担起融资服务的责任。比如，瑞典国有企业 ALMI（中小企业发展公司，类似风险资本）免费为开办企业提供咨询，对项目前期市场调研费用给予 2—4 万克朗的无偿补助，企业根据项目计划书（仅需要少量的抵押或无抵押）就可从 ALMI 获得贷款。

西斯塔的成功不单是园区的成功，同样带动着瑞典信息产业，特别是无线通信的发展。在目前以及未来的时间里，科技园区仍然是推动高新技术产业发展的主要途径，具有不可替代的战略作用。

（四）芬兰因诺波利科技园

芬兰是著名的千湖之国，以高社会福利享誉全球。早在 2003 年，世界经济论坛就指出，芬兰已取代美国，成为全球信息化程度综合指数排名第一的国家。正是这个小国创造了仅次于日本的发展奇迹：独立不到 100 年，从一个农业国发展成为资源型工业国，而后发展为知识经济大国，跻身世界科技和经济最具生命力和竞争力的国家与地区行列。这些成绩的取得得益于建立在产学研密切结合和迅速将科研成果转化为生产力基础上的高新技术产业的迅猛发展，而芬兰的科技园恰恰是产学研结合并迅速将科研成果转换为生产力的基地和交汇点。

芬兰人对科学园的定义是：科学园是知识型组织从事高等教育、研究与技术转让活动的地区。科学园的建设，是从活跃研究与开发，促进科学研究单位与工业产业相结合，促进科技成果转化，发展更多的科技型小企业，从扩大就业、繁荣经济的角度出发，将具有研究、开发、转让功能的知识型组织以及寻找新技术的公司在某一地域（一般是大学周围）集中地聚合在一起，使之形成一个学术气氛活跃、商业气息浓厚的特殊地域。

位于芬兰南部大赫尔辛基地区的因诺波利（Innopoli）科技园就是这方面的成功典范。它在促进信息通信技术（Information and Communication Technology，简称 ICT）的产学研结合及将科研成果迅速转化为生产力方面的成就已得到世界科技界的关注，它为诺基亚提供了源源不断的科研人员和技术资源；科技园还使数以千计的业务概念（Business Idea）成为现实，孵化了二百多家高新技术企业。2000 年 9 月的《商业周刊》（*Business Week*）将因诺波利科技园所在的奥塔涅米区（Otaniemi District）排在世界科技发展最迅速地区的前 10 位。

因诺波利有限公司成立于 1984 年，主管经营因诺波利科技园各项工作。公司主要是由私营企业参股，共有 60 个股东，其中大学、研究所占1%，爱思堡市政府占 9%，工业企业占 37%，金融机构占 47%，其他占6%。因诺波利科技园的目的是将新设想、新创意和科学知识转化为具有革新意义而且带来效益的产业和商业，孵化高新技术企业，促进产学研结合，优化大赫尔辛基地区产业结构以促进当地企业的国际化。与其他股份制公司不同的是，园区管理公司不以产值和利润为主要追逐目标，园区管理公司盈利的目的是保证科技园不亏损，有足够的资金保持科技园的运转，能够有更多的财力进一步发展科技园。这种运行目的在由芬兰中央政府拥有但独立运作的科技中介机构和风险投资基金会中特别普遍。

因诺波利科技园毗邻芬兰最大的理工大学——赫尔辛基工业大学和科研实力最强的科研院所——芬兰科技开发中心（类似我国科学院，由10个研究所组成），还拥有像诺基亚这样的跨国公司总部和研发中心。科技园与大学通过相互参股、项目合作、成果转让与引进以及进驻等多种方式，实现了内在的有机融合。特别突出的是，科学园一般根据当地大学和科研机构的优势来确定自己的专业领域，而各种项目也是围绕这些优势领域展开的。这同时也是当地大公司专业优势，所以几乎所有芬兰大公司也都要在当地科学园中占有一席之地。这一方面加强了科学园和科研机构及当地工业界的联系，同时有利于科研成果的迅速转化。

因诺波利科技园的另一个鲜明特征是专家管理。科技园就是一个专家组织，分别由来自大学的教授、大公司具有企业家素质的人员、高级技术人员及少数秘书人员组成。他们一般每个人负责一些具体的项目组织，或者负责一些普遍的咨询工作，而一些繁杂的、具体的维修、后勤服务等工作都是由其他服务公司完成的。

除因诺波利外，芬兰奥鲁、图尔库等众多科技园区的成功，皆得益于其卓越的"国家创新体系"。1990年，芬兰在其政策报告中首次引入国家创新体系概念，开创了创新理论体系与国家决策部门实践相结合的先例。经过数十年的不断修正和完善，芬兰"国家创新体系"在内涵和外延方面有了进一步的发展和深化，不仅是芬兰制定其国家科技政策与创新计划的基本框架，更是当今各国在国家层面推进创新体系建设方面学习和借鉴的典型模式。芬兰国家创新体系的核心是教育与科研，主要由政府机构、高校、科研院所、投资基金、科技产业园区以及企业等一系列机构单位构成。

　　成立于 1987 年的国家科学与技术政策理事会是该体系的领导机构，由总理亲自任主席，主要负责国家科学技术与创新政策的制定。教育部和贸工部则分别负责上述政策的实施，以保证其落实。作为专设的资助机构，芬兰研究院主要对基础研究领域提供资金支持，对象多为高校与科研院所；在应用研究和试验领域，国家技术与创新资助局（Tekes）则是最重要的资助单位，每年资助费用占到了芬兰全国 R&D 支出的 1/3，是名副其实的项目"赞助人"[1]（见表 2-2）。

表 2-2　芬兰国家创新体系各机构功能简介

机构或单位	时间（年）	机构性质	职能及角色
科学与技术政策理事会（原科学政策理事会）	1987	国家创新体系的最高领导机构，由总理亲自出任主席	负责国家科学技术与创新政策的制定
政府		政府	提供创新平台，扮演指挥者和协调者角色
教育部		政府机构	负责科学政策的实施
贸工部		政府机构	负责技术与创新政策的实施
芬兰科学院	1970	隶属于教育部	教育部科学政策的执行者和赞助人
国家技术与创新资助局（原国家技术局）	2006	隶属于贸工部，具有资助决定权	贸工部技术与创新政策的执行者和赞助人
国家研究开发基金	1967	直接隶属于议会，独立运作	风险投资基金的一种，主要资助中小型公司进行技术研发，扮演着公共资本家的角色

---

　　[1]　权衡、孙亮、黎晓寅：《国家创新体系建设：经验与启示——印度、爱尔兰、芬兰、以色列比较研究》，《学习与实践》2010 年第 4 期。

续表

机构或单位	时间（年）	机构性质	职能及角色
高科技产业园	1982	政府引导，社会筹资及运营	依托高校及研究机构，促进中小企业科研成果转化，履行孵化平台职能
芬兰国家技术研究中心 VTT		政府建立，北欧最大的综合研究机构	创新策略研究和开发
诺基亚电信公司 Nokia	1865	企业代表	技术创新的主体，既是投资人也是受益者

资料来源：*Statistics Finland*，2007。

芬兰国家创新体系的最大特色在于创新链覆盖了社会的各个领域，企业、高校、科研等要素在其中相互渗透、相互促进，形成了典型的产学研三位一体模式，将协同效应最大限度地发挥出来。芬兰国家研究与发展基金（SITRA）是政府推动下设立的第一个以科技为对象的风险投资基金，定位于为促进和培育中小型企业融资及科技成果转化。该基金直接隶属于芬兰议会，独立运作。投资方式是通过种子基金的方式资助创新型企业在成长初期进行技术研发活动，项目成功后则收回利润并直接投入下一个项目中。这种政府引导和私人企业双主体参与下的风险资金运营模式非常有效。此外，芬兰的高科技产业园及政府综合研究机构（VTI）也是政府推动下扶持中小型创新企业发展壮大的重要组成力量[1]。

芬兰政府历来重视科学技术的研发与创新，于 2004 年出资设立"千年技术奖"，该奖奖金总额为 100 万欧元，是当今世界上单项奖励金额最高的科技奖项之一。该奖项的设立旨在表彰国际上那些为提高人类社会和生活质量作出重大贡献的科研人员。该奖虽然设立时间不长，但由于它的提名和评审工作相当公正，奖金数额很高，并且更侧重于对人类的生活质

---

① 权衡、孙亮、黎晓寅：《国家创新体系建设：经验与启示——印度、爱尔兰、芬兰、以色列比较研究》，《学习与实践》2010 年第 4 期。

量和对可持续发展产生积极作用的科技成果，因而越来越受到全世界科技界的青睐。"千年技术奖"已经在国际上有相当的影响力，所以常有人将其同诺贝尔奖相比较：诺贝尔奖是科学奖，注重的是基础研究；而"千年技术奖"则是技术奖，注重的是应用与革新，侧重于人类社会的实际发展需求，故被称为"贴近生活的诺贝尔奖"①。

（五）印度班加罗尔软件科技园

班加罗尔是印度五大城市之一，地处印度南部，海拔 921 米，地貌以丘陵地带为主，城市环境优雅，气候四季宜人，素有"花园城市"之称。如今班加罗尔科技园是印度最重要的软件生产基地，不但被称为印度的"硅谷"，更被看作印度未来发展的希望之城。该科技园区位于卡邦（Karnataka State），占地 68 英亩，距离市中心 21 公里，离班加罗尔机场 12 公里，与附近的科技园（布巴内斯凡尔与普纳）共同形成了全印度街知巷闻的"IT 金三角"。科技园由卡邦工业区发展委员会和新加坡国际财团合资建设，总投资 4 亿美元，其中新加坡占 47%，印度塔塔集团占 47%，卡纳塔克邦政府占 6%。当地得天独厚的自然环境和优势明显的智力资源，使得园区软件业获得突飞猛进的发展，成为印度科技园（Soft Technology Park of India，简称 STPI）中发展最快和规模最大的一个，在 2001 年联合国开发署评出的世界新兴工业城市中排名第四。

20 世纪 80 年代，西方公司纷纷进入印度，利用印度庞大而廉价的人力资源开发应用软件。美国德克萨斯州仪器公司于 1984 年率先在印度南部卡纳塔克邦首府班加罗尔设立软件开发公司，开展离岸开发业务。1992 年，印度政府在班加罗尔正式设立国家级软件技术园区。同年，政府在班加罗尔和美国之间架设印度第一座卫星通信设备。90 年代中期以来，一些重要的高科技公司和跨国公司由孟买移至班加罗尔，惠普、摩托罗拉、西

---

① 百度百科"千年技术奖"，见 http://baike.baidu.com/view/1659176.htm。

部数据公司（Digital）等大型跨国公司入驻班加罗尔科技园区，班加罗尔由此确立了印度"软件之都"的地位。

从发展历程来看，1985—1995年，园区以软件组件与维修服务为主要业务，1995—2000年以电子商务、ERP为主要业务，2001—2004年转以系统整合、软件外包、商务流程外包（Business Process Outsourcing，简称BPO）为主要业务，近年来转向以IT顾问、IT委外服务为主，业务范围、客户数量与内容深度不断扩大。

经过近30年的摸索和发展，如今的班加罗尔科技园已经远远领先于其他软件科技园区（Software Technology Parks of India）园区。目前在该园区注册运营的企业超过130家，其中65%以上为跨国公司，微软、英特尔、通用电器、朗讯科技等全球多家500强企业均在园区设有离岸软件研发中心。2009年班加罗尔IT创造的产值已超过200亿美元。全球有5000家软件开发公司，对其评级的能力成熟度模型（Capability Maturity Model，简称CMM）分为1至5等，5等为最高。目前全世界大约有75家资质为5等的软件研发企业，其中有45家在印度，而这其中又有将近30家在班加罗尔。

班加罗尔由软件园和硬件园组成，其中软件产业占园区产值的80%以上。班加罗尔软件产值占全印度的一半左右。拥有近11万IT外包员工，为美国、欧洲、日本以及中国的企业编写程序、设计IT芯片、提供计算机维护、金融服务等。此外，园区还集聚了印度本土三大软件企业印孚瑟斯（Infosys）、Wipro和塔塔（Tata）咨询公司以及一批世界著名的跨国公司。其中，园区出口额前十位的大公司出口额占整个地区出口额的50%。班加罗尔软件科技园区拥有高速数据通信设施，包括Soft Point和Soft Link，能够满足园区不同软件企业的需求。基于ISO9001质量管理系统认证的网络内部基础程序而建立起来的集成化的网络操作中心全天候运转，控制并处理着高速数据通信服务系统，为各种网络服务提供稳定可靠的问题处理平台。

印度绝大部分高等学校与科研机构都坐落于班加罗尔，如航空学院、印度理工大学、农业科技大学、班加罗尔大学等数十所综合大学。其中，还有七家主攻计算机专业的大学：农业科技大学、班加罗尔大学、拉吉夫·甘地医科大学、印度管理学院等。不仅如此，班加罗尔还聚集了一大批高等专科学校与高等职业学校，同时也吸引了大批先进科研机构，如印度国家科学院、拉曼研究所、尼赫鲁科研中心等。正是因有这样丰富的教育资源与人才资源，才使得班加罗尔一跃成为印度发展信息产业、出口贸易的高科技基地。

班加罗尔地区每年可为社会输送 3 万名计算机和软件工程技术人才，其中 1/3 是信息技术人才。此外，班加罗尔还汇聚了大量"海归"人员，他们为印度带来了充足的资金和尖端的技术。印度与美国硅谷之间存在着密切的人员联系和企业合作。20 世纪 60 年代以来，印度政府输送了大批高素质人才到美国等发达国家留学，培养和储备了大量的科学技术人才。

印度全国软件和服务公司协会、电子与计算机软件出口促进会等中介组织为班加罗尔软件业发展作出了重大贡献。印度全国软件和服务公司协会是印度 IT 及其相关服务行业的尖端组织，为其成员公司提供扩资服务，协助它们进行商业决策，同时提供政府政策变更、国内外市场机会、海外专家研讨会和展览会等方面的准确信息。电子与计算机软件出口促进会是在印度信息技术部支持下建立的自主性非营利机构，通过组织促进性活动，邀请外国代表团来访，组织市场考察等，提供了一个政策允许的互动交流平台，把成员公司和外国公司、政府和企业联系起来。此外，促进会还从事软件市场的信息收集、分析和研究工作，为政府和企业提供市场信息，帮助企业开拓国内外市场。

在班加罗尔科技园内部，除了各项硬性的和强制性的规范制度外，诚信守约是各个软件企业间互相合作、共同开发软件项目应共同遵守的最起码的游戏规则,"追求卓越"的职业精神也成为一项基本的工作原则①。这些非强制性的规范被班加罗尔的软件工程师奉若神明,在无形之中激励或者约束着人们的行为方式和人际关系,使之趋向合作和信任,提高了区域竞争力。

(六) 以色列海法科技园

以色列立于沙漠之上,常年硝烟弥漫,但它却创造了众多世界第一:国民 GDP 收入用于教育的投入世界第一;每万人的科学家比例、每万人的工程师比例世界第一。海法堪称以色列的"北方明珠",是以色列的科技研究和高等教育中心,也是以色列最重要的港口城市。如果称以色列为"创新之国",海法则是名副其实的"创新之城"。这里的科技工业中心,是以色列最大、最早的工业园区。海法拥有众多优秀大学,其中百年历史的以色列理工学院已跻身世界顶级工科大学前列。

从特拉维夫一路向北,沿着美丽的地中海边际,一个小时左右的车程就可到达海法,这一走廊被称为以色列的"硅谷"地带。这里既融汇了阿拉伯和犹太两种文化,也有犹太教、伊斯兰教、基督教和巴哈伊教等多种宗教。这座人口仅 27 万的小城诞生了 3 位诺贝尔奖获得者。英特尔、微软、谷歌等全球高科技巨头,都在此设有研发中心。苹果公司在美国之外建立的第一个研发中心,也选址于以色列理工学院(Technion)附近的海法科技园。

早在 20 世纪 70 年代,海法就开始了向高科技为导向的城市转型。这要归功于海法的大学和研究机构(两所大学和 7 个学院)。这些大学将基础研究与应用研究结合起来,积极鼓励科研成果的商业化以及技术转移。而国家安全研发中心坐落于海法,让其具有将先进国防工业装备和军工技术转为民用的优势。正是有了这些创新要素,整个城市的高科技发展因此

---

① 《印度的"希望之城"——班加罗尔科技园》,《杭州科技》2011 年第 10 期。

得益。

海法的很多创业者都有军队背景，尤其是空军的背景。有人说以色列国防军是每一个以色列人向往的"商学院"，十几岁大的年轻人在军队里接受培训，成为符合空军、情报组织和通信部门要求的人。而这些受过严格训练的年轻人在退伍以后，会把尖端的国防科技应用到符合市场需要的民用技术上。

海法政府深知，创新是有风险的，要推动国民创新，政府就应主动承担投资风险，以鼓励国民放下包袱，大胆将一些好的想法转化成为创业项目。海法政府在体制创新、激励高科技研发上也一直处于领先位置，为高科技企业的发展提供了良好的平台和服务。到今天，已形成了以首席科学家办公室为总揽的研发经费资助和科技项目孵化的完整支持体系。

以色列理工学院之于海法，让我们对一所大学之于一所城市的关系，有了更为深切的理解。以色列之所以成为硅谷之外世界上高科技创业公司最密集的地区，就在于教育、人才的驱动作用。海法之所以能够被誉为以色列的"创新之城"，也正是因为其是该国的科技研究和高等教育中心。而谷歌、雅虎、英特尔和IBM都纷纷落户海法设立研发中心，目的就是为了聘请到理工学院培养出来的科学家。

多年来，以色列理工学院采取了非常积极的政策，鼓励师生从事科研成果的商业化以及高新技术的转移。正因为这样，自创办至今，该学院已成为以色列发展的重要推动力量。从军事技术方案到电气系统和电话网络，从传统产业以及以色列高科技产业的建立到整个国家的住房和基础设施的发展，该学院都有着不可替代的影响力。而以色列理工学院科学园，也成为以色列最成功的大学科学园，是以色列最大的孵化器之一，被誉为"以色列理工学院企业家孵化器"。

1974年，英特尔公司的犹太人技术专家多夫·弗罗曼在海法的科技园内，建立了一个只有5个人的研究所，后来相继开发了"奔腾"芯片等重要产品，这被称作"英特尔发展的生命线"，从而影响了整个信息技术产业，也改变了世界。这当中，离不开以色列理工学院提供的技术人才支撑。

而以色列理工学院的成功，或可归因于优秀大学、大型企业、创业公司以及大量人才、风险资本共同营造的集群效应。这种集群效应，可用来解释为何以色列在纳斯达克上市的新兴企业总和超过全欧洲在纳斯达克上市的新兴企业总和，甚至超过日本、韩国、中国、印度的总和。

近年来，以色列在卫星图像、纳米技术、反导系统、农业新技术开发、太阳能发电、生物技术等领域都取得显著的成果。以色列在发展高科技方面有以下值得注意的特点①：一是以高质量的人力资源为后盾。以色列从事高技术研发的科学家和工程师的人口比例是世界上最高的。据 1999 年统计，以色列的这一数据为每 1 万人中有 145 人，而美国是 85 人，日本是 70 多人，德国不到 60 人。以色列 25% 的劳动力在技术行业工作，这个比例也是世界上最高的。按人口平均，以色列科学技术出版物数量也是世界第一。二是有关法律及配套的政策规定为高科技的发展创造了良好条件。科技方面的立法主要有"工业研发鼓励法"和"投资鼓励法"。前者规定政府向企业的研发项目提供一定比例的无息贷款，政府和企业共担风险，鼓励企业向高技术研发投资，推动高技术产业的发展。后者规定政府向具有一定条件的工业、旅游业及农业领域的投资项目提供一定比例的投资补贴以及减免税等优惠条件，吸引投资。以色列一向重视科技研发投入。2000 年，研发投入占 GDP 的 3.5%，在世界上属第三位。以色列还鼓励国防技术转移到民用，把整个高技术产业提高到一个新台阶。三是重视国际交流与合作。以色列把研发出来的科技成果作为资源，生产和出售知识产品，扩大其在国际市场的占有份额，并通过科技合作进一步提高自己的科技水平。以色列科技合作重点是美国、欧洲和远东地区。最大合作伙伴是美国，其次是德国、法国等西欧国家；与俄罗斯、乌克兰等国都有双

---

① 潘占林：《探索以色列发展之谜》，《宏观经济研究》2004 年第 10 期。

边合作协议。以色列同我国也签有政府间科技合作协定。以色列和一些国家及地区设立了工业开发合作基金，和美国合作的基金达 1 亿多美元。以色列科学家发表在国外杂志的科学论文有 1/3 是同外国科学家合作的。绝大多数大学毕业生在国内开始研究工作之前，都要到国外一流科研机构工作 1—2 年。以色列大学的知名教授大多在美国及西欧的著名大学兼做客座教授，美国和西欧的知名教授也常到以色列大学授课。这都有利于以色列学者同国外的沟通，以便掌握世界最新的科技动态。四是发展科技有超前意识。20 世纪 90 年代初，以色列便开始了以高新技术为核心的产业结构调整，大力发展信息产业，使其成为国民经济的新的增长点。在信息产业居领先地位之后，又把更多的注意力投入到生物技术的开发，以争得 21 世纪科技竞争的有利地位。为适应全球化，以色列开始酝酿新的科技政策，重点是减轻高科技公司的税收负担，减少高科技公司外流，培育高科技跨国公司。以色列千方百计捕捉未来高科技发展新动向，力图着鞭在先，夺取科技领域制高点。

（七）中国台湾新竹科学工业园

20 世纪 70 年代初，世界性金融危机、粮食危机、石油危机相继爆发，国际经济形势发生巨变，工业国家出现经济停滞现象。中国台湾地区的出口导向型经济受到了很大冲击，急需调整产业结构，稳定岛内经济发展，其选择了以建立科技园区的方式来促进产业升级，开始建立新竹科学工业园区。新竹工业园始建于 1976 年，正式成立于 1980 年，位于台湾西北平原，地理位置优越，海、陆、空等交通都极便利。新竹工业园规划面积 21 平方公里，辖六个卫星园区，分别是新竹、竹南、铜锣、龙潭、新竹生医与宜兰，总开发面积 1342 公顷。截至 2010 年年底，园区营运厂商 449 家，员工 139416 人，年营业额合人民币 2633 亿元，实收资本额 2393 亿元，人均劳动生产率为 189 万元/每人。

新竹工业园产业共分 6 大类：集成电路产业、计算机及周边产业、通信产业、光电产业、精密机械产业及生物技术产业。当前，新竹工业园产业发展特色仍以集成电路产业为主，其次是光电产业，此两产业未来还将继续作为园区的主导产业。2010 年，总营业额中有 68% 来自集成电路产业，达 1790 亿元；光电产业营业额达 541 亿元，为园区第二大产业；园区第三大产业为计算机及周边产品，营业额达 169 亿元。其后依次为通信产业计 77 亿元、精密机械产业计 49 亿元、生物产业计 11 亿元。

新竹工业园拥有台积电、华硕、联华电子、宏基、华邦电子、力晶半导体、旺宏、矽统等知名企业。台湾地区信息电子业的总营业额中，有 1/3 强由新竹工业园所创造。园区的多项产品如影像扫描仪、终端机、桌上型电脑等产值占台湾地区总量的 50% 以上；晶圆代工占台湾地区的 100%，占世界的 64.6%，居世界第一位；IC 设计占台湾地区的 93.5%，居全球第二位。高速发展的新竹带动了台湾地区高新技术产业整体发展，成为台湾地区经济快速增长的重要推动力量，促使台湾地区从低成本的制造中心成功转变为全球创新经济的高附加值制造中心。

首先，政府在园区发展中起主导作用。与硅谷的市场化运作不同，新竹工业园是台湾地区政府为了应对 20 世纪 70 年代发生的石油危机，实现本土经济由劳动密集型向知识密集型成功转型，经论证兴建起来的，带有很强的计划性。同时，政府将自己定位为一个公平、公正的市场引导者和市场秩序维护者，并不与民争利，其在整个园区的发展中参与、介入较多，作用十分明显。

一是进行了科学合理的规划。从建园之初，台湾地区政府就对园区进行了精心规划，包括确定科学化、学院化、国际化的建区方针，为园区选择具有广阔发展前景的高科技领域，对园区的兴建进行周密筹划，有计划、有步骤、有目标地分三期完成整个园区建设，以及制定一系列法规、章程等。这些科学合理的规划，为园区的持续快速发展提供了有力保障。通过这些规划的实施，园区逐步形成了"政府主导下的官民学相结合整体推动模式"的发展体制。在这一体制中，政府处于中枢地位，负责规划、领导及实施，统一调动各界力量，使技术、财政、生产、市场、人才各方面密切配合、协调行动，促使科研机构、大专院校与企业界实行"学企合作"，建立起新型的合作开发机制。二是提供一系列优惠政策。为了促进园区的快速发展，台湾地区政府制定了一系列刺激投资的优惠政策。从投资优惠到税收优惠再到土地厂房优惠，不仅在一定程度上降低了高科技创业的风险，而且吸引了更多的优秀企业入驻园区，1983 年入园企业仅为37 家，此后不断增长，年均增长 16 家企业。三是营造了良好服务环境。在基础设施方面，园区不仅提供优质廉价的厂房、完备的生产设施，还提供了医疗、教育、娱乐、休闲等社区生活配套设施。在服务保障方面，园区引进了关税局、邮局、电力公司、电信公司、自来水公司等进驻设立营业处或支局，为厂商提供"一站式"服务。此外，园区还提供解决劳资纠纷、投资服务、生活福利、仓储等多方面问题的完善服务。这种简单、高效的管理方式以及完善的支撑配套服务体系，为投资者、创业者营造了良好的服务环境和发展氛围。四是实施了鼓励创新的举措。为了鼓励园区内企业的科技创新，加大研发的投入和加快产品升级，台湾地区政府设置了大量科技奖项和科技基金，每年对创新技术研发计划的资助占计划总金额的 20% 以上，大大鼓舞了高科技企业的集聚和创新热情，多年来园区研发强度的均值为 5.85%。

此外，新竹工业园非常注重行业组织在园区管理中的作用。园区同业公会成立于 1983 年，随着园区的发展，政府把越来越多的管理职能逐渐转移到园区同业公会等行业组织；从园区同业公会提供的服务项目来看，同业公会已有"协助拟定特定工业区的工业政策及法令规章、协助防止工业公害、协助工业区规划与筹建、持续办理各项专业教育训练及讲座、关于园区内外工业的调查、统计、研究、改良及发展、关于原料来源调查及协助调配、关于技术合作联系及推进"等职能。

可以说，新竹工业园的高效管理与服务为园区企业的高速发展提供了一个良好的平台。其管理形成了三大特色：一切行政管理都以为厂商提供高速度服务为前提；一切变革都以为投资人提供合理便利为依据；一切管理规章都为有利于高技术产业区的发展而制定。

其次，大学和科研机构在园区发展中起到积极推动作用。新竹工业园内有财团法人工业技术研究院、台湾"清华大学"、"交通大学"等学术研究机构；还设有多个实验研究机构，如财团法人同步辐射研究中心、实验研究院、高速网络与计算中心、太空中心、芯片系统设计中心、纳米组件实验室、仪器科技研究中心等。此外，竹南园区还设有台湾卫生研究院及台湾动物科技研究所等。台湾"清华大学"和"交通大学"不但为园区提供充沛优秀的人力资源，还在人才培训方面给予园区厂商充分支援。在研究机构中，最值得关注的是工业技术研究院。作为一个非营利、致力于科技服务的应用技术公共研究机构，工业技术研究院以台湾地区的产业利益为目标，扫描、跟踪全球科技发展的前沿，通过技术的联合开发或授权来进口技术，然后吸收、消化并给予本岛企业。工业技术研究院不仅促进了园区的技术创新，而且有效地将地区政府的技术开发规划与企业一级市场需求紧密联系在一起，成功地推动了产业发展。此外，大学和研究机构还衍生出不少有竞争力的企业，带动了园区科技水平的整体提升。

再次，重视人才，大力引进人才，特别是引导留学生的回流。园区制定了积极的人才政策，如允许科技人员以其专利作为股份投资。重视本土人才的培养，规定园内企业雇用台湾本地员工的人数必须占科技人员总数的一半以上。新竹工业园也很重视人力资源管理，先后成立了人力资源管理协会、科学管理协会、同业工会、企业经理协进会等团体组织。20世纪70—80年代，成千上万的台湾学生到美国学习，很多留学生毕业后留在美国工作，其中在硅谷的也不少。到20世纪80年代末90年代初，这些人已经成为美国公司的高层管理人员和高级工程师。台湾地区政府将这些有美国教育背景的台湾工程师们视为自身潜在的财富而大力引进，并积极吸收来自海外华人的政策建议，其引进方式既可以是临时的，也可以是永久性的。事实上，正是这群有着美国教育背景的工程师，包括返回台湾者、经常往来两地者、把美国作为发展基地者，在硅谷和新竹工业园之间搭起了一座社会和经济桥梁，使新竹工业园成为美国国外与硅谷最为接近的地区。园区的大多数公司采用了硅谷的管理模式。硅谷企业家的主要活动是创业，进行新产品的设计和研制，而新竹经理的主要活动是进行科技产品的生产和产业化。由于新竹的许多经理来自硅谷，从而使"硅谷进行产品设计与研发，新竹进行大规模生产"成为一种模式。通过制定政策为海外留学生提供良好的发展空间，使得他们把大量的技术、管理经验带回了台湾地区，更重要的是这些留学生在美国建立的跨国团体活跃发展在美国与中国台湾之间，它们所建立的人员之间的频繁来往使最新的技术、资本及管理经验传送到新竹。

最后，积极完善风险资本网络体系。台湾新竹科学工业园于 1984 年开始引进风险资本。其目的是维持全球竞争优势，鼓励产品和工艺过程的技术开发。在长期的风险资本投资实践中，其提出风险资本投资的评价标准：投资回报率；市场对产品的需求；风险公司的技术力量；市场的增长潜力；资本投资的流动性。在发展过程中，新竹工业园建立了适合本地特点的风险资本网络体系。一是利用市场机制发挥风险基金的作用。台湾地区专门出台了组织风险基金的有关规定，但政府不作为投资者参与风险基金公司。风险基金区域完全按照市场规律进行操作，政府不作任何干预。二是依靠政府设立多项科技资助资金帮助区域进行技术创新。园区的资助主要采用财政支出的无偿性与低息的方式。资金的回收则采取对被资助企业通过科技创新实现大量利润进行税收的形式，这是一种间接的回收方式。由于园区对项目的科学、严谨论证，从总体上看，新竹园区资助投入风险相对很小，回报率很高。硅谷企业的成功率仅为 20%，而新竹企业的成功率高达 80%。

三、先进高科技园区成功因素分析

通过对以上七个世界一流高科技园区的研究分析总结，可以发现，各先进园区的成长受其地理位置、历史文化、国际地位、人文环境等诸多外部因素的影响，其发展呈现出不同的特征，但究其内部因素，也可寻到一些相似性，而这些相似因素表现在以下五个方面。

第一，注重政府引导和市场机制的有机结合。通过对世界先进外高科技园区发展实践的研究，我们发现一个共同点，任何科技园区的发展都离不开政府的参与。如硅谷，几乎完全是市场力量作用的结果，但在其发展中仍然离不开创新环境营造、政策体系、政府采购等政府的间接扶持和参与；新竹科学工业园区是台湾唯一由"国科会"主管的工业园区；班加罗尔也在规划、政策等层面对园区给予大力的引导。在高科技园区的发展中，政府的作用可以是积极的，也可能是消极的，关键取决于如何把握政府的参与领域和参与程度。政府部门更应关注于规划、环境、平台、政策、人才、发展方向等宏观层面的引导，具体的创新、发展、技术、资源配置等微观层面要充分发挥市场机制的作用。

第二，形成完善的产学研体系，推动科研成果的产业化。作为知识创新源头的大学和科研机构与作为技术创新主体的企业间的高度结合，是高科技园区保持创新活力、实现持续发展的重要保障。美国硅谷等高科技园区一般都布局在高校密集区，各园区非常注重区域经济与大学等研究机构的互动发展。例如，为了加强大学与高科技企业以及政府部门的广泛联系，斯坦福大学制定了允许教师兼职等一系列政策。这些政策的实施，一方面大大提高了高科技人员的积极性，推动了科技成果的转化，另一方面还保持了这些创业者与学校的联系，这种创业过程对教师和科研人员来讲，也是一个知识更新的过程，有利于他们的教学和科研工作。

第三，加快风险投资发展，拓宽高技术企业融资渠道。风险投资是高科技企业发展的"助推器"，它对硅谷等园区的高技术企业和产业的高速发展充分发挥了引擎和促进作用。硅谷很多高科技企业巨头都曾受惠于风险投资，比如苹果电脑公司，太阳（Sun）微系统公司、微软公司、路特斯莲花汽车（Lotus）等。硅谷的风险投资来源于富有个人、大企业、传统金融机构、养老金、国外投资者、保险公司、各种基金和政府投资等多种渠道，风险投资来源渠道广。美国政府一直致力于风险投资主体多元化建设，出台了一系列鼓励对科技型小企业进行长期风险投资的优惠政策。台湾地区规定，风险投资机构营业所得税最高税率为20%，并退税20%；投资岛外并引进技术的风险投资公司，可享有1—4年的免税奖励。这些优惠政策直接刺激了社会风险投资供给。

第四，发挥政府采购的市场拉动作用和技术促进作用。"需求拉动"是高科技产业化的根本动力，通过政府采购为高科技产业化开辟初期市场，对于促进高科技产业的发展是十分必要的。美国政府颁布"美国产品采购法"，通过政府采购，促进了自主创新产品的研发和产业化，硅谷作为美国电子计算机和导弹、宇航设备的重要生产基地，其迅速崛起与美国政府购买其生产的电子产品、导弹产品、计算机产品等的需求密不可分。印度班加罗尔出台了"强制性的政府购置国产IT产品"的政策，对班加罗尔IT产业的发展起了很大的促进作用。

第五，注重培育园区的中小企业集群。中小企业集群是一个地区长期竞争优势的重要来源。集群中的企业不仅能够获得范围经济收益，能更方便地获得专业化的要素，而且集群内企业间的竞争将促进企业创新活动的开展，技术溢出也为企业创新提供强大的支撑。硅谷创新发展的动力在很大程度上来自于中小企业的集群发展。硅谷80%以上的企业都是小企业，形成了小企业的集群。20世纪80年代，硅谷约有3000家电子公司，员工人数超过1000名的公司只占2%，85%的公司的员工少于50名。20世纪90年代以来，硅谷企业的雇员平均也只有350人。与大企业相比，小企业具有较高的适应迅速变化的市场需求的能力。硅谷的成功离不开成千上万的小公司，这些小公司在其存在和发展的过程中相互影响，有的达成合约，有的结成联盟，在竞争与合作中共同推动了硅谷的创新，使硅谷获得了持续的竞争优势。

第三章　国家自主创新示范区发展研究

一、国家自主创新示范区概述

国家自主创新示范区是在国家知识最密集、技术最密集、政策最优惠的区域，通过体制创新和技术创新，以优化的软硬环境为依托，最大限度地把科技成果转化成现实生产力的聚集示范区域。其被赋予4种重要角色：担当着全国56个国家级高新区的排头兵；承载着新形势下探索国家自主创新发展路径的历史使命；代表着国家自主创新聚集区最高水平；力争世界高新技术产业制高点。未来国家自主创新示范区将展开6种示范效应的探索：开展股权激励试点；深化科技金融改革创新试点；国家科技重大专项（课题）经费按规定核定间接费用；支持新型产业组织参与国家重大科技项目；实施支持创新创业的税收政策；组织编制发展规划。

（一）国家自主创新示范区成立背景

20世纪90年代以来，科学技术迅猛发展，步入了一个前所未有的创新密集时代，科技进步与经济发展结合日益紧密，科学技术正成为世界经济和社会发展的主要驱动力。世界各主要发达国家纷纷加大了对创新的投入，把科技创新作为国家战略。美国把保持在科学前沿的全国领先地位作为国家战略目标，英国政府提出把创新作为提高生产效率和加快经济增长的核心，日本提出科技创新立国和知识产权立国的国家战略。

党中央从战略高度洞察科技自主创新对我国经济社会发展的重大意义。2004 年召开的中央经济工作会议明确提出"自主创新是推进经济结构调整的中心环节"。在中共中央政治局第十八次集体学习中，胡锦涛提出"要坚持把推动自主创新摆在全部科技工作的突出位置"。2005 年 7 月 25 日召开的中共中央政治局会议又强调，把自主创新作为制定"十一五"规划的着力点。党的十六届五中全会明确指出："必须提高自主创新能力，深入实施科教兴国战略和人才强国战略，把增强自主创新能力作为科学技术发展的战略基点和调整产业结构、转变增长方式的中心环节"。在 2006 年 1 月召开的新世纪第一次全国科学技术大会上，胡锦涛提出：走中国特色自主创新的道路、努力建设创新型国家。

2009 年 3 月 13 日，国务院《关于同意支持中关村科技园区建设国家自主创新示范区的批复》发布，明确中关村科技园区的新定位是国家自主创新示范区，中国第一家国家自主创新示范区就此诞生。

2009 年 12 月，国务院批准建设东湖国家自主创新示范区，继北京中关村之后成立第二个国家自主创新示范区，其使命在于结合区域发展实践和未来竞争需要，探索利用技术创新引领经济转型，借助创新驱动承担未来竞争优势。

2011 年 1 月，《上海张江高新技术产业开发区建设国家自主创新示范区获国务院批复》发布，同意支持上海张江高新技术产业开发区建设国家自主创新示范区，第三家国家自主创新示范区成立。

2011 年 7 月，国务院授权财政部、科技部批准同意合芜蚌自主创新综合试验区参照中关村开展企业股权和分红激励重大政策试点。国家"十二五"科技发展规划将合芜蚌自主创新综合试验区与国家自主创新示范区一同列为自主创新示范试验重点区域，标志着合芜蚌自主创新综合试验区建设进入创新型国家建设战略布局。

2014 年 6 月，深圳获批国家自主创新示范区，涵益全市 10 个行政区和新区产业用地。

2014 年 6 月，深圳获批成为第四个国家自主创新示范区，也是十八大后第一个以城市为基本单位的国家自主创新示范区。示范区面积为 397 平方公里，相当于近 34.5 个深圳高新区，涵盖了深圳 10 个行政区和新区的产业用地，超过了原特区面积。

2014 年 8 月 30 日，长株潭获批成为第五个自主创新示范区。根据方案，长沙高新区发展的高端制造及新材料产业；株洲高新区发展的轨道交通、航空航天、新能源汽车 3 大动力产业；湘潭高新区的先进矿山装备产业，都将被纳入国家创新型产业试点。

"5+1" 国家自主创新示范区的获批建设（见表 3-1），是实现创新驱动、经济增长方式转变的重要举措，标志着我国在自主创新道路上迈出重大一步。

表 3-1　国家自主创新示范区发展历程

名称	成立时间	发展目标
中关村国家自主创新示范区	2009 年 3 月	成为具有全球影响力的科技创新中心
武汉东湖国家自主创新示范区	2009 年 12 月	成为推动资源节约型和环境友好型社会建设、依靠创新驱动发展的典范
上海张江国家自主创新示范区	2011 年 1 月	成为培育战略性新兴产业的核心载体和实现创新驱动、科学发展的示范区域
合芜蚌自主创新综合试验区	2011 年 7 月	打造一个以科技创新为特色的区域品牌，促进有条件的地方率先突破，带动安徽省提高自主创新能力，实现跨越发展
深圳国家自主创新示范区	2014 年 6 月	构建完善的综合创新生态体系，打造成具有世界影响力的国际创新中心
长株潭国家自主创新示范区	2014 年 8 月	依托长株潭三市国家高新区建立自主创新示范区，辐射带动中西部地区创新驱动发展

由于深圳及长株潭国家自主创新示范区刚刚获批，且都是以城市为基本单位的国家自主创新示范区，体量庞大，与前三家国家自主创新示范区以高新区为载体"一区多园"的形式存在一定区别，统计口径不一，相关政策正在陆续推出，故后文中仅对北京中关村、武汉东湖、上海张江三大国家自主创新示范区的建设内容及创新能力进行比较研究。

（二）三大国家自主创新示范区建设内容

国家自主创新示范区是经国务院批准，在推进自主创新和高技术产业方面先行先试、探索经验、作出示范的区域①。其具有开展股权激励试点、科技金融改革创新试点以及支持创新企业的税收政策试点等方面先行先试的权利，三大国家自主创新示范区依据自身发展特点，相继选择了适合自身发展的路径，出台了相应政策来推进试点的开展（见表 3-2）。

表 3-2　三大国家自主创新示范区建设内容

内容	北京中关村	武汉东湖	上海张江
主要政策文件	《北京市关于建设中关村国家自主创新示范区行动计划2010—2012》、《中关村国家自主创新示范区条例》、《中关村国家自主创新示范区发展规划纲要 2011—2020》	《中共武汉市委、武汉市人民政府关于全力推进武汉东湖国家自主创新示范区建设的决定》、《东湖国家自主创新示范区总体规划2010—2020》	《关于推进上海张江国家自主创新示范区建设的若干意见》
试点内容	重点在股权激励、科技金融创新、政府采购自主创新产品、高端领军人才聚集、政府服务等方面创新体制机制进行先行先试	股权激励和科技成果转化奖励试点、科技金融改革创新试点、政府自主创新产品采购试点、创新财政税收政策试点、高层次人才引进和培养试点、"两型产业"发展创新试点	在股权激励、人才聚集、财税支持、金融服务和管理创新五个重点领域开展先行先试

---

① 辜胜阻、马军伟：《推进国家自主创新示范区建设的政策安排》，《财政研究》2010 年第 11 期。

　　中关村国家自主创新示范区形成了"1+6"的自主创新政策体系："1"是指搭建首都创新资源平台，"6"是指在中关村深化实施先行先试改革的6条新政策，即科技成果处置权和收益权改革、股权激励个人所得税改革、股权激励十点方案审批、科研经费分配管理体制改革、建立统一监管下的全国场外交易市场、高新技术企业认定六个方面。中关村国家自主创新示范区的试点工作已经取得重大突破：一是首都创新资源平台已正式开展工作，并初步实现便捷高效的政府一站式办公、一网式审批和全程办事代理制。二是股权和分红权的激励改革试点取得重大进展，截至2011年，共有350家单位申请参加试点，其中中央单位146家，市属单位204家，已批复近50家市属单位股权激励方案。三是在税收优惠试点政策方面，积极贯彻落实中关村示范区试点税收政策，下发《关于贯彻落实国家支持中关村科技园区建设国家自主创新示范区试点税收政策的通知》（京财税〔2010〕2948号），对国家出台的三个税收政策文件进行转发，并补充了具体管理办法和工作要求，在中关村推广应用自主创新产品，支持企业的创新发展。四是在深化科技金融试点方面，正在加紧建立在代办股份报价转让试点基础上的全国场外交易市场。五是在科技经费管理改革试点和高新技术企业认定试点政策方面都已出台了相关的配套政策。

　　两年多来，武汉东湖国家自主创新示范区在各方面取得积极进展。在政策环境方面，围绕建设企业信用体系建立中小企业融资补贴补偿机制，实施高级人才个人所得税奖励、股权激励、政府采购、科技成果转化奖励等方面，制定出台了18个相关配套政策文件。在股权激励和科技成果转化试点方面，特别是"东湖版"的企业激励方案，不仅包括了"中关村版"的股权激励、分红激励，还增加了绩效奖励、增值权奖励两项内容。在科技金融改革创新方面，武汉东湖目前已形成了142家企业的新三板后备企业梯队，成立了总规模达200亿元的武汉循环经济产业投资基金，并开办了"武汉金融超市"。

　　上海张江国家自主创新示范区目前已出台《张江国家自主创新示范区

企业股权和分红激励试点办法》及《张江国家自主创新示范区企业股权和分红激励试点实施细则》，积极营造良好的创新环境，调动技术和管理人员的积极性和创造性，推动高新技术产业化和科技成果转化，培育发展战略性新兴产业。

二、中关村国家自主创新示范区

（一）中关村国家自主创新示范区基本情况

1. 发展历程

中关村国家自主创新示范区起源于 20 世纪 80 年代初的"中关村电子一条街"。

1988 年 5 月，国务院批准成立北京新技术产业开发试验区（中关村科技园区前身），由此中关村成为中国第一个高科技园区和中国经济、科技、教育体制改革的试验区。

1994 年 4 月，丰台园、昌平园纳入实验区政策区范围。

1999 年 1 月，电子城、亦庄园纳入实验区政策区范围。北京市新技术产业开发试验区形成"一区五园"的空间格局。

1999 年 5 月，为了全面贯彻党中央提出的科教兴国战略，北京市人民政府和科学技术部向国务院报送了《关于实施科教兴国战略加快建设中关村科技园的请示》。

1999 年 6 月 5 日，国务院批复同意，并要求把中关村科技园区建设成为世界一流的科技园区。"北京新技术产业开发试验区"正式更名为"中关村科技园区"。调整后的北京中关村科技园区包括海淀园、丰台园、昌平园、德胜园（含雍和园）、电子城（含健翔园）、亦庄园（包括通州光机电一体化园区和通州环保园区）、石景山园、大兴生物医药产业基地等，形成了"一区十园"的空间格局。

2009 年 3 月，国务院发布《关于同意支持中关村科技园区建设国家自主创新示范区的批复》，明确中关村科技园区的新定位是国家自主创新示范区，目标是成为具有全球影响力的科技创新中心。这是我国第一家国家自主创新示范区。

中关村经过二十多年的发展建设，已经聚集了以联想、百度为代表的高新技术企业近 2 万家，形成了以电子信息、生物医药、能源环保、新材料、先进制造、航空航天为代表，以研发和服务为主要形态的高新技术产业集群，形成了"一区多园"各具特色的发展格局，成为首都跨行政区的高端产业功能区。

2. 园区规划布局

中关村科技园区作为我国第一个高新区和国家自主创新示范区，经过二十多年快速发展，形成了"一区十园"的发展格局，规划布局如图 3-1。十个园区发展各有侧重，形成了各自特色产业（见表 3-3）。

表 3-3　中关村国家自主创新示范区"一区十园"格局

园区	特色产业
海淀园	金融服务业、创意产业、新材料、生物医药、电子信息
丰台园	电子信息、生物医药、先进制造、新材料、新能源、工程服务、轨道交通、航天军工
昌平园	新材料、新能源、重大装备、信息服务
电子城	电子信息
亦庄园	电子信息、生物医药、汽车制造、装备制造
德胜园	研发设计、金融服务、文化创意
雍和园	文化创意
石景山园	文化创意、高新技术产业及科技服务
通州园	光机电一体化、环保、新能源、高端装备制造
大兴生物医药基地	生物技术

图 3-1 中关村规划布局

图片来源：中关村国家自主创新示范区规划范围示意图，见中关村国家自主创新示范区官网，ht-tp://www.zgc.gov.cn/sfqgk/56620.htm。

——海淀园

海淀园的前身是北京市新技术产业开发试验区，成立于 1988 年 5 月，是我国第一个高新技术产业开发试验区。海淀园规划占地面积 13306 公顷，闻名中外的"中关村电子一条街"是其发祥地。

经过二十多年的发展，海淀园形成了以电子信息、金融服务业、创意产业、新材料和生物医药产业为主的高新技术产业。

——丰台科技园

丰台科技园成立于 1991 年 11 月，占地面积 818 公顷。

丰台科技园高新技术产业以电子信息、生物医药、先进制造、新材料、新能源为主，特色产业为工程服务、轨道交通和航天军工。其重点培育文化创意产业和生产性服务业等新型产业。

——昌平园

中关村科技园区昌平园成立于 1991 年 11 月，地处北京西北的昌平区，园区规划面积 1148 公顷。

经过多年的发展，昌平园已经成为新材料、新能源、重大装备及信息服务等国家支柱行业的技术创新基地、科技成果孵化与产业化基地、创新型人才培养基地。

——电子城

中关村科技园区电子城科技园 1999 年纳入中关村政策区，占地面积 1680 公顷。

电子城是中关村科技园区发展新一代移动通信、光电显示、计算机与网络三大产业的重要基地。

——亦庄园

北京经济技术开发区始建于 1992 年，是北京市唯一的国家级经济技术开发区。1999 年 6 月，开发区内设立中关村科技园区亦庄科技园，同时享有国家级经济技术开发区和国家高新技术产业园区双重政策。

北京亦庄已形成汽车制造、装备制造、电子信息、生物医药四大主导产业。

——德胜园

中关村科技园区德胜园成立于 2002 年 5 月，政策区面积 564 公顷。德胜园以研发设计、金融服务、文化创意和高端交易为主要特色产业。

——雍和园

中关村科技园区雍和园于 2006 年 9 月正式开园，园区规划面积 290.30 公顷。

雍和园以文化创意产业为主导产业，形成了知识产权、数字内容、文化旅游休闲、中医药科技与文化四大产业群集。

——石景山园

中关村石景山园于 2006 年 1 月正式加入中关村科技园区，占地面积 345 公顷，是中关村"一区十园"中的文化创意产业特色园。

——通州园

通州园成立于 2006 年 1 月，总规划面积 1450 公顷。通州园区的主导产业为光机电一体化、环保和新能源、高端装备制造产业，包括微电子、光电子、汽车电子、航空电子、先进装备制造业、智能仪器仪表、激光技术、数控机床、印刷机械、医疗设备、半导体材料、环保设备、汽车零部件等产业。

——大兴生物医药产业基地

2002 年大兴生物医药产业基地成立，2006 年成为中关村科技园区"一区十园"的一员，占地面积 963 公顷。

3. 发展现状

中关村国家自主创新示范区深入贯彻落实国务院支持的"1+6"先行先试新政策和批复的示范区发展规划纲要，以推动科技创新为核心，积极转变发展方式，大力调整产业结构，保持经济快速稳定发展，创新发展取得了巨大的成效。

随着中关村产业规模不断扩张，示范区经济总量占全市的比重不断上升，如图 3-2。2011 年，中关村示范区实现增加值 3062.6 亿元，占全市的 19.1%，比重较 2005 年提高了 5.4 个百分点。自 2005 年以来，中关村示范区增加值年均复合增长 20%以上，2011 年同比增长 17.1%，对全市经济增长贡献率近 24%。2011 年中关村示范区实现总收入 1.96 万亿元，同比增长 23.2%，示范区总收入较 2005 年提高了 3 倍多，年均复合增长率为 26.2%。

2011 年，中关村示范区实现出口 237 亿美元，较上年小幅增长，近三年中关村出口总额占北京市比重均超过四成。从产品出口的格局来看，示范区对欧洲的产品出口规模仍居首位，占示范区产品出口收入的近六成；其次为日本和美国，占示范区出口收入的比重分别为 11.2%、9.7%。

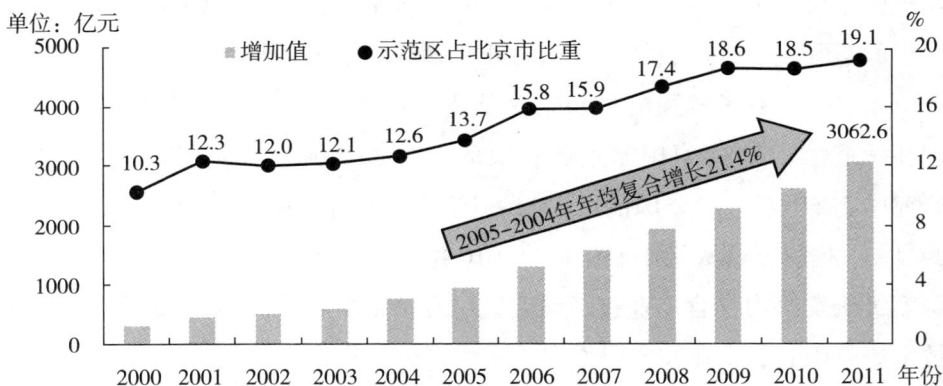

单位：亿元

图 3-2　中关村增加值及占北京市比重

（二）中关村国家自主创新示范区发展潜力及目标

1. 发展潜力

中关村国家自主创新示范区在二十多年的创新和发展历程中，始终站在改革开放的前沿，贯彻落实科教兴国战略和人才强国战略，不断探索体制机制创新，推进高技术产业发展，涌现了大量的自主创新成果，积累了大量的经验，主要包括以下方面。

第一，聚集了大量的创新资源。中关村是我国科教智力和人才资源最为密集的区域，拥有以北京大学、清华大学为代表的高等院校近 40 所，以中国科学院、中国工程院所属院所为代表的国家（市）科研院所二百多所，拥有大学科技园 24 家，留学人员创业园 29 家。中关村是中央人才工作协调小组首批授予的"海外高层次人才创新创业基地",留学归国创业人才超过 1.5 万人,累计创办企业超过 5000 家,是国内留学归国人员创办企业数量最多的地区。目前,北京市共有中央"千人计划"人才 301 人,其中 80% 在中关村地区;创业类"千人计划"人才 45 人集中于此。"北京海外人才聚集工程"的 161 名人才,75% 以上聚集在中关村地区。该地区成长出以联想的柳传志、百度的李彦宏、博奥生物的程京、中星微电子的邓中翰、科兴生物的尹卫东、碧水源的文剑平、神雾热能的吴道洪、创新工场的李开复等为代表的一批国内外有影响的新老企业家。

第二,拥有了较强的创新攻关能力。截至 2011 年,中关村国家自主创新示范区共有 84 家国家重点实验室,占全国的 30.0%;国家工程技术研究中心 50 家,占全国的 35.5%;国家工程研究中心 37 家,占全国的 29.1%。据科技部火炬中心统计,2010 年中关村国家自主创新示范区拥有国家级研发机构(含产业技术研究院、专业研究院所、重点实验室、工程技术研究中心、企业技术研发中心、博士后工作站等)323 家。

第三,涌现了大量的创新成果。中关村国家自主创新示范区围绕国家战略需求和北京市社会经济发展需要,取得了大量的关键技术突破和创新成果,涌现出汉卡、汉字激光照排、超级计算机、非典和人用禽流感疫苗等一大批重大科技创新成果,为航天、三峡工程和青藏铁路等国家重大建设项目实施提供了强有力的支撑。2012 年,中关村国家自主创新示范区企业获得国家科技进步一等奖超过 50 项,承接的"863 项目"占全国的 1/4,"973 项目"占全国的 1/3;创制了 TD-SCDMA、McWill、闪联等 86 项重要国际标准,798 项国家、地方和行业标准;中关村国家自主创新示范区技术交易额达到全国的 1/3 以上,其中 80% 以上输出到北京以外地区。

第四,营造了良好的创新环境。中关村国家自主创新示范区率先探索社会主义市场经济体制改革方向,大力培育创新型市场主体,取得了一系列重大突破,诞生了全国第一家实行股权激励制度的国有高新技术企业、第一家有限合伙制创业投资机构、第一家自然人与外商合资的企业。中关村国家自主创新示范区率先开展了企业产权制度、投融资体制、企业信用、知识产权、股权激励、行政管理等方面的改革试点工作，为进一步深化改革和发挥创新资源优势奠定了基础。

2. 发展目标

《中关村国家自主创新示范区发展规划纲要（2011—2020 年）》提出，中关村国家自主创新示范区要秉承面向世界、辐射全国、创新示范、引领未来的宗旨，坚持"深化改革先行区、开放创新引领区、高端要素聚合区、创新创业集聚地、战略产业策源地"的战略定位，服务于首都世界城市的建设，力争用 10 年时间，建成具有全球影响力的科技创新中心和高技术产业基地。

到 2015 年，中关村国家自主创新示范区创新发展的主要目标有以下几点。

第一，初步形成有利于自主创新的体制机制。人才激励、科技金融、知识产权、技术转移和产业化、科研院所等方面的体制机制改革取得一系列重要突破，成功探索出一系列具有全国示范意义和推广价值的体制机制及支持政策，科技、教育与经济更加紧密结合，重大科技成果的转化率大幅提高，科技进步对经济增长的贡献进一步增强。

第二，自主创新能力显著提升。企业研发投入占总收入比例达到 5%，发明专利年授权量比 2008 年翻一番，不断创造重大科技成果，企业技术创新主体地位全面强化，基本建成具有全球影响力的知识创造中心和技术创新中心。

第三，中关村国家自主创新示范区人才特区基本建成。基本确立人才优先发展战略布局，基本建成全球高端创新创业人才集聚的人才特区，建立并完善人才"选得准、引得进、留得住、用得好"的机制和环境，集聚 5 万名左右高端人才，形成国内外高端人才集聚于示范区创业发展的格局，将中关村国家自主创新示范区建设成为我国人才发展的战略高地。

第四，创新创业高度活跃。不断产生适应科技经济发展需求的创新创业新模式；对初创期企业的投资、科技金融繁荣活跃，吸纳的全球创业投资规模进入亚太地区前列，成为全球最活跃的创业投资中心之一；形成具有时代特征和中国特色的良好创新创业文化氛围。

第五，产业国际竞争力居世界前列。产业规模进一步提升，示范区总收入由 2009 年年底的 1.3 万亿元增长到 3 万亿元；产业结构进一步优化，高技术服务业占示范区 GDP 的比重由 2009 年年底的 59% 提高到 65% 以上；掌握一批产业关键核心技术和标准，形成若干战略性新兴产业集群；培育一批年销售收入过 500 亿元的大型企业，涌现出一大批创新能力强的中小企业。

第六，创新国际化水平大幅提升。开放创新进一步深化，成为全球创新网络的重要节点，广泛吸纳国际创新资源、实行国际化经营成为企业成长的重要途径；国际科技合作和交流更加活跃，形成一批具有国际影响力的创新交流合作平台。到 2020 年，示范区创新环境更加完善，创新活力显著增强，创新效率和效益明显提高，总收入达到 10 万亿元，在软件及信息服务、生物医药、新能源等领域中形成 2—3 个拥有技术主导权的产业集群，培育出一批国际知名品牌和具有较强国际竞争力的跨国企业，形成若干世界一流大学和科研机构，培养和聚集一批优秀创新人才特别是产业领军人才，成为具有全球影响力的科技创新中心和高技术产业基地。

三、上海张江国家自主创新示范区

（一）上海张江国家自主创新示范区基本情况

1. 发展历程

上海张江高新区始建于 20 世纪 90 年代初。1991 年 3 月，上海漕河泾新兴技术开发区成为首批国家级高新区之一；1992 年上海的国家级高新区更名为上海高新技术产业开发区，张江高科技园区成为其核心组成部分；之后，上海大学科技园、中国纺织国际科技产业城、金桥现代科技园、嘉定民营科技密集区四个园区陆续成为其组成部分，于 1998 年形成了"一区六园"的格局。

1999 年，上海市委七届四次全会作出了"聚焦张江，建设上海面向 21 世纪高科技产业基地"的战略决策，确定了以建设张江高科技园区为重点的高新区发展目标。为了打响"张江"品牌，实现"北有中关村，南有张江园"的战略构想，同时也为了凝聚上海高新技术产业力量，整合各分园的发展资源和优势，2006 年，国务院同意"上海高新技术产业开发区"整体更名为"上海张江高新技术产业开发区"。

其后，将 2001 年建立的上海紫竹科学园区和 2007 年设立的杨浦知识创新基地纳入张江高新区管理范畴（但尚未正式纳入国家级高新区的规划范围），形成了目前"6+2"的一区多园发展格局。

2011 年 1 月 19 日，上海市委、市政府报经国务院批准，上海张江高新区正式成为继北京中关村国家自主创新示范区、武汉东湖国家自主创新示范区之后的全国第三家国家自主创新示范区。上海张江规划面积从"一区八园"的 63 平方公里（其中国家级高新区面积约 42 平方公里）扩大到"一区十二园"和紫竹高新区，达 296.4 平方公里。

2. 园区规划布局

自 20 世纪 90 年代初建设上海张江高新区以来，上海张江高新区逐步形成了"一区多园"的格局（如图 3-3，见表 3-4）。

表 3-4　上海张江国家自主创新示范区"一区多园"格局

分园	成立时间（年）	规划面积（平方千米）
张江高科技园区（核心园）	1992	25
漕河泾园	1991	5.98
金桥园	1998	6
闸北园	1993	1
嘉定园	1998	1.99
青浦园	1994	2.13

续表

分园	成立时间（年）	规划面积（平方千米）
上海紫竹高新技术产业开发区	2002	13
杨浦园	2006	23.04
徐汇园	2011	8.4
长宁园	2011	10.5
虹口园	2011	4.2
松江园	2011	21.217
闵行园	1995	17.88

图3-3　上海张江园区规划布局

图片来源：上海张江国家自主创新示范区介绍，见上海张江国家自主创新示范区官网，http://www.sh-hitech.gov.cn/website/introduction/content.html。

3. 各分园基本情况

——张江高科技园区（核心园）

张江高科技园区成立于 1992 年 7 月，位于浦东新区中部，规划面积 25 平方公里。经过二十多年的发展，尤其是 1999 年实施"聚焦张江"战略以来，张江高科技园区以集成电路、软件、生物医药为主导产业，形成了"自我设计、自主经营、自由竞争"和"鼓励成功、宽容失败"的园区文化和创业氛围，成为了带动区域经济结构调整和经济增长方式转变的强大引擎和抢占世界高技术产业制高点的前沿阵地。

（1）重点产业。张江高科技园区围绕信息技术和生物技术两大产业技术方向，形成了以集成电路、生物医药、软件、文化科技创意、光电子、金融信息服务、新能源与环保、现代农业为重点产业的发展格局（见表 3-5）。

表 3-5　核心园产业发展情况

产业类别	重点领域	代表产业或企业
集成电路产业	芯片设计	芯片设计能力居于国内领先地位，集聚了超微半导体公司（AMD）、威盛电子（VIA）、英伟达（Nvidia）、迈威科技（Marvell）、赛普拉斯（Cypress）和凌阳科技（Sunplus）等一批国际知名设计企业，自主培育了展讯、锐迪科等一批知名设计企业
	制造代工	中芯国际、华虹、宏力三大芯片制造商占据全国 50% 以上的生产能力
生物医药产业	现代中药	已经发展成为国内医药研发机构最集中、创新服务能力最强、新药创制潜力最大的生物医药基地之一
	化学药	
	生物制药	
	医药器械	

产业类别	重点领域	代表产业或企业
软件产业	嵌入式软件	张江园区软件产业已成为上海软件产业发展的重要增长极，形成了"嵌入式软件+软件服务化"的发展模式 吸引了大批国际/国内知名软件企业在张江设立研发中心，如国际商业机器公司（IBM）、电子资讯系统公司（Electronic Data Sys-tems）和中兴通讯、宝信软件等
	软件外包	
	中间件	
	电信增值业务	
	信息安全	
	行业应用软件	
	信息服务	
文化科技创意产业	网络游戏	集聚了盛大网络、第九城市等知名网络游戏开发和运营商
	动漫产业	集聚了今日动画公司、中漫网等动漫企业
	影视媒体	代表企业有试金石影视、聚力传媒等
光电子产业	半导体照明	典型企业有蓝光和宇体等
	液晶显示	典型企业有上天马和剑腾等
金融信息服务产业	金融业务流程外包（BPO）	聚集了积分通、宜保投资咨询、日本岛津研发等金融外包服务机构
	银行卡	中国银联分支机构
	支付系统、征信领域	中国人民银行的支付系统、征信系统和反洗钱监控系统、国外汇交易中心暨全国银行间同业拆借中心
新能源与环保产业	太阳能光伏	代表企业有中芯国际等
	生物燃料	杜邦中国研究中心和凯赛控股
	水处理和生物脱硫	代表企业惠生化工、凯能科技和立源水业等
现代农业	种子种苗	代表企业有上海众伟生化有限公司、上海汉枫缓释肥料有限公司、上海孙桥农业技术有限公司
	设施农业	
	工厂化农业	
	农产品加工	
	生物技术	
	观光旅游	

资料来源:《上海张江高新区产业发展研究》，见张江高科技园区网站，http://www.zjpark.com/Second.aspx?infoitem_ id=383&infoitem_ pid=213。

（2）经济和产业规模。自 1999 年实施"聚焦张江"战略以来，张江高科技园区经济和产业规模持续增长。2011 年，张江园区总体经济仍实现了较快增长，全年实现经营总收入 1889.3 亿元，同比增长 21.4%（如图3-4）。

单位：亿元

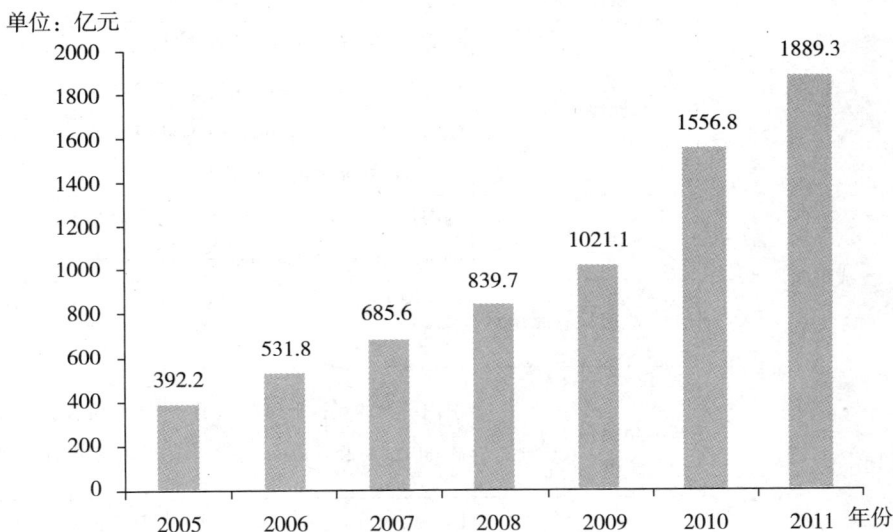

图 3-4　张江高科技园区 2006—2011 年经营总收入情况

资料来源：2005 年、2006 年、2007 年、2008 年、2009 年、2010 年、2011 年张江高科技园区产业发展报告。

具体产业方面，2011 年园区集成电路产业实现销售收入 318.53 亿元，占全国比重为 20.3%，其中产业结构进一步优化，设计业实现销售收入 95.7 亿元，首次超过制造业，占全国设计业销售收入比重达到 20.2%；软件和信息服务业实现营业收入 377.3 亿元，出口收入首破百亿大关；生物医药工业总产值占上海市医药工业总产值的比重达到 30.2%；文化科技创意产业营收首次突破百亿，张江高科技园区也成为国内首家超过百亿的文化产业园区。

（3）代表性企业。截至 2011 年年底，张江高科技园区注册企业高达 7822 家，在地经营企业达 2095 家。拥有一批研发实力较强、处于行业引领地位的创新型企业（见表3-6）。

表 3-6 核心园代表性创新型企业

产业	企业	行业地位
集成电路产业	埃派克森	全球光电导航微电子领域领导厂商
	展讯通信	率先实现了行业内首款 40 纳米基带芯片、多模单芯片射频收发器以及低功时分同步码分多址（Time Division-Synchronous Code Division Multiple Access）智能手机的技术突破
	深迪半导体	国内首款具有自主知识产权的商用微机电系统（Micro-Electro-Mechanical System）陀螺仪
	晶晨半导体	在中国大陆居于领先地位的集成电路（IC）设计公司
	格科微电子	国内最大的互补金属氧化半导体（Complementary Metal Oxide Semiconductor）图像传感器设计公司
	中芯国际	国内规模最大、技术最先进的集成电路芯片制造企业
生物医药	微创	血管支架国内市场占有率第一
	中信国建	我国单抗产业的领先者
	新波生物	其乙肝诊断产品产值在国内排在第一位
软件和信息服务业	宝信软件	占全国钢铁信息软件市场的 45%
	普元	国内面向服务的体系结构（Service-Oriented Architecture）企业架构、标准规范与应用平台的领导者
	万得信息	金融数据、信息和软件服务企业，国内 90% 的金融机构和 75% 的合格的境外机构投资（Qualified Foreign Institutional Investors）都是其客户
	中兴通讯	固网领域全球第二

产业	企业	行业地位
文化科技创意产业	盛大网络	国内网络游戏市场占有率第一
	聚力传媒	中国对等网络（Peer to Peer）网络视频行业领军企业
光电子产业	剑腾	中国大陆第一家具有领先技术的彩色滤光片供应商
金融信息服务产业	积分通	国内最大的积分兑换平台
新能源与环保产业	凯赛控股	从事高科技生物新材料和利用生物法对农产品进行深加工，拥有经国家生命工程中心认证的25项生物技术专有权
	惠生	国内基础化工产品领域的领先地位
现代农业	上海孙桥农业技术有限公司	我国最早从事无土栽培技术研究和产业化开发的单位之一

资料来源：李湛主编：《上海张江高新区产业发展研究 2010》，上海交通大学出版社 2011 年版。

——漕河泾园

上海漕河泾新兴技术开发区成立于 1988 年，1991 年 3 月，经国务院批准纳入上海高新技术产业开发区，现规划面积 14.28 平方公里。

（1）重点产业。上海漕河泾新兴技术开发区创建二十多年来，形成了以电子信息为支柱产业，以新材料、生物医药、航天航空、环保新能源、汽车研发配套为重点产业，以高附加值现代服务业为支撑产业的产业集群框架。漕河泾园产业发展情况（见表 3-7）。

表 3-7　漕河泾园产业发展情况

产业类别	重点领域	备注
电子信息	计算机	拥有英业达、英顺达、英源达、英华达、英村科技、华北科技、中电打印、中晶科技等众多高科技企业
	集成电路	形成从 IC 设计、制造、封装测试到集成电路专用设备和配套生产设备的较为完整的产业链，拥有大批知名企业，先进半导体、新进半导体、贝岭股份、意法半导体、泰鼎等
	光电子及通信设备	以发展光机电、光纤通信、激光产业及通信设备为主，集聚了光通信公司、康宁光纤、思科系统、飞利浦电子等知名企业
	电子元件	代表企业有瑞侃电子、安普泰科电子等
新材料	电子材料	形成了由 3M 公司、泰科瑞侃、汽巴精化、长兴科技、宝理材料、戈尔过滤产品、住矿电子浆料、贺利氏等企业组成的新材料产业群体，建立了从研究开发到生产制造、经营销售的产业链，共有各类企业六十多家
	化工材料	
	医用材料	
生物医药	生物医药药品	由联合利华、实业科华、交大昂立、德赛诊断系统等代表性企业组成，共有各类企业 140 多家，是上海著名的生物医药产业集群之一
	生物医药器械	
航空航天		航天航空骨干研究与生产单位参与了"神舟"系列飞船及"嫦娥一号"卫星的研制，为中国载人航天飞行及探月工程进入世界前列作出了突出贡献
汽车配套研发		聚集了美国伟世通、德尔福、天合、日本本田、希凯、电装、法国佛吉亚等一批知名企业

产业类别	重点领域	备注
环保及新能源	核电	形成了以尚德电力为龙头、行者赛能光电池、光辉新能源和汇能科技等一批光伏企业为配套的太阳能光伏产业群
	火电	
	风电	
	水电	
	太阳能电力	
	废弃物处理	
现代服务业	软件和信息服务业	
	科技及商务服务业	
	现代商贸业	
	金融服务业	

资料来源：李湛主编：《上海张江高新区产业发展研究 2010》，上海交通大学出版社 2011 年版。

（2）经济和产业规模。2010 年，漕河泾园区工业总产值达 1253.1 亿元，占上海市的 3.97%；销售收入 2188.9 亿元，同比增长 14%；税收收入 57.9 亿元（如图 3-5）。

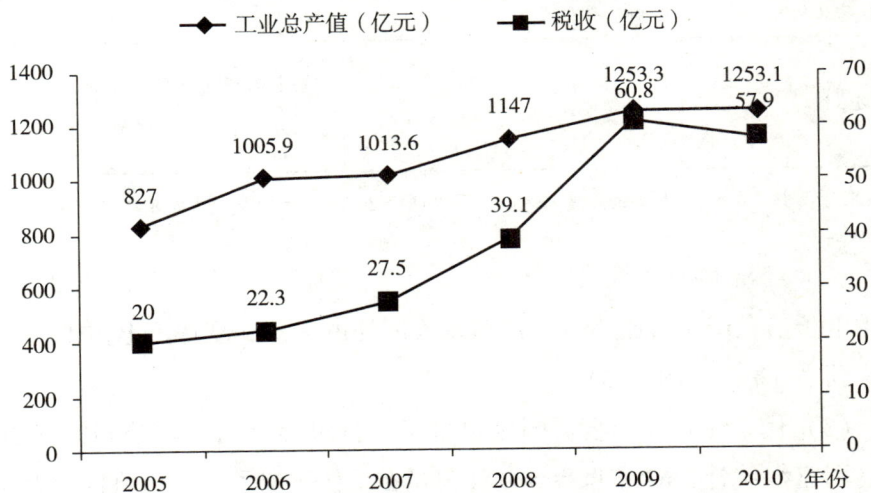

图 3-5　漕河泾园 2005—2010 年经济指标

——金桥园区

金桥园区全称金桥出口加工区，始建于1990年，是国家批准成立的国家级经济技术开发区，位于浦东新区北部，总规划面积27.38平方公里。

（1）重点产业。金桥园区重点聚焦发展以高新技术产业为主导的先进制造业，形成了电子信息、汽车制造及零部件、现代家电、生物医药与食品四大主导产业（见表3-8）。

表3-8　金桥园产业发展情况

产业类别	重点领域	代表产业或企业
电子信息	通信设备、终端设计制造，基础电路和芯片制造，测试仪表制造，软件系统、通信内容开发等	集聚了中国移动、中国电信、大唐电信、华虹NEC、上海贝尔、上海华为、摩托罗拉、索广等知名企业
汽车及零部件	前沿研发、动力总成、关键零部件研发设计、整车生产、技术检测	集聚了通用汽车、联合汽车电子、汇众、康宁、李斯特等知名企业
现代家电	空调、洗衣机	
生物医药		集聚上海三维生物、上海联合赛尔、上海万兴生物等生物制药企业

资料来源：李湛主编：《上海张江高新区产业发展研究2010》，上海交通大学出版社2011年版。

（2）经济和产业规模。2010年，金桥园区工业总产值2097.3亿元，其中电子信息产业占比26%，汽车及零部件占47%，现代家电占11%，生物医药占5%（如图3-6）。

（3）代表性企业。金桥园区引进了一批世界著名国际公司，据2010年《财富》统计，62家世界500强公司在金桥投资了107个项目。表3-9为金桥园区内的代表性企业情况（见表3-9）。

2010年金桥出口加工区完成工业总产值2097.3亿元人民币，按行业分类为

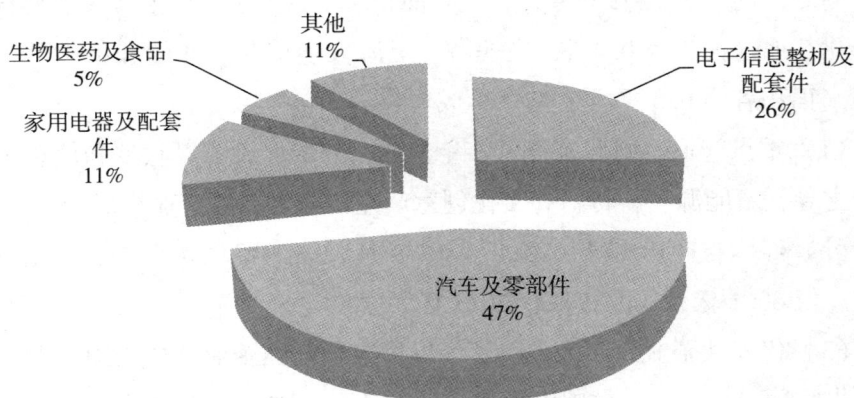

图3-6　金桥园经济与产业发展情况

资料来源：见金桥园区网站，http://www.pdjq.com.cn/jqjt_ website/html/jqjt/jqjt_ jtgk_ tjzl/

2011-03-14/Detail_ 34163.htm。

表3-9　金桥园区内的代表性企业情况

产业	企业	行业地位
电子信息	惠普	数字印刷领域领军企业
	华虹日本电气股份有限公司（NEC）	美国国际电子商情网（ICInsight）的 2010 全球代工排名 14 位
	大唐电信	国内第三代移动通信技术（3rd Generation）标准制定者
汽车及零部件	通用汽车	全球最大的汽车公司
	同济同捷	国内最大的汽车设计公司
	博世	德国最大的工业企业，全球第二大汽车技术供应商
现代家电	海立	国内最大的制冷压缩机供应商
生物医药	联合赛尔	亚洲首屈一指的国际制药跨国公司
	三维生物	蛋白质基因工程制药、病毒类产品开发技术方面处于国内外领先地位

——闸北园

闸北园创建于 1992 年 9 月，规划面积 1 平方公里，由上海大学科技园区孵化基地（面积为 0.4 平方公里）、上海大学市北工业园和莘莘学子创业园（面积各为 0.3 平方公里）组成。

（1）重点产业。闸北园经过多年发展，初步形成了以软件和信息服务业为主导，新能源、新材料和文化创意产业快速发展的产业格局。

（2）经济与产业规模。2011 年 1—9 月，技工贸总收入 511 亿元，工业总产值 60.1 亿元，上缴税收 2.13 亿元①。

（3）代表性企业。园区吸引了一批世界 500 强企业，如美国科勒、瑞典爱生雅等，集聚了一批国内重点企业如久亿信息、晶澳太阳能等，同时也自主培育了一批科研能力强、创新能力突出的企业，如上海驰源新材料科技有限公司等。

——张江青浦园区

张江青浦园区是在国家级高新区——中国纺织国际科技产业城的基础上，将青浦工业园区部分优质资源和区域申报扩为市级高新区，并纳入上海张江高新技术产业开发区管理体系。规划总面积约为 25 平方公里。

（1）重点产业。青浦园区着重发展现代纺织和新材料产业。

（2）经济与产业规模。2011 年，张江青浦园工业总产值 137.4 亿元，税金总额 2.97 亿元，利润总额 9.2 亿元②。

（3）代表性企业。青浦园吸引了一大批世界 500 强企业如杜邦、巴斯夫、霍尼韦尔、英威达、住友等先后在这里投资。现在以英威达、霍尼韦尔、博舍、佳斯迈威为龙头的高科技纺织新材料生产，以蕾纳、东华海天、汉森为龙头的高级面料和品牌服装服饰生产，与落户工业园区的德国特吕次施莉、瑞士贝宁格、日本村田为龙头的纺织机械制造生产形成较合理的纺织产业配置，纺织产业聚集能力大大增强。

---

① 2011 年上海科技进步报告网络版，见 http://www.stcsm.gov.cn/newspecial/2011jb/index.html。

② 参见青浦统计信息网。

——嘉定园

嘉定园创建于1994年，1998年4月经国家科委批准，纳入上海市高新技术产业开发区，规划面积2平方公里，由嘉定高科技园区（面积为0.54平方公里）、复华高新技术园区（面积为1.2平方公里）和中科高科技园区（面积为0.26平方公里）组成。2011年，根据《上海市人民政府关于同意张江高新区嘉定民营科技密集区扩大范围成为张江高新区嘉定园的批复（沪府〔2011〕107号）》，嘉定园规划面积扩大为18.7公顷。

（1）重点产业。嘉定高科技园区以新能源汽车、新一代信息技术产业、高端医疗设备为特色产业，初步形成了汽车及零部件、光电一体化、软件和信息服务业、新材料、新能源为重点产业的发展格局。

（2）经济与产业规模。2011年1—9月，张江嘉定园实现规模以上工业总产值189.47亿元，营业收入235.33亿元，上缴税收9.3亿元①。

（3）代表性企业。截至2011年年底，张江嘉定园已集聚2661家企业，集聚了一大批知名企业（见表3-10）。

表3-10　嘉定园代表性企业情况

产业	入驻企业
汽车及零部件	菲亚特动力科技上海研发中心、德国大陆集团技术中心、宝马上海培训中心、上海科曼车辆部件系统公司、上海底特精密固件有限公司、萨帕铝热传输有限公司等
光机电一体化	上海信通机电工程公司、上海伟钊光学科技有限公司、华瑞科学仪器有限公司等
软件和信息服务业	百度在线、新浪中国研究院、京东商城、中讯申软等
新材料	上海新傲科技有限公司
新能源	中科深江电动车辆有限公司、上海贯裕能源科技有限公司

资料来源：李湛主编：《上海张江高新区产业发展研究2010》，上海交通大学出版社2011年版。

① 2011年上海科技进步报告网络版，见http://www.stcsm.gov.cn/newspecial/2011jb/index.html。

——上海紫竹高新技术产业开发区

上海紫竹高新技术产业开发区由闵行区人民政府、上海交通大学、紫江集团、上海联和投资公司等七家股东单位共同投资组建，于 2002 年 6 月 25 日成立，规划面积 13 平方公里。

（1）重点产业。紫竹高新区以集成电路与软件研发、航空航天、新能源、新材料、生命科学和动漫游戏等作为主导产业。

（2）经济与产业规模。2011 年紫竹高新区实现总收入 315.8 亿元，工业总产值 161.2 亿元，上缴税费 23.5 亿元，出口创汇 4.97 亿美元①。

（3）重点企业。多年的发展，紫竹高新区已吸引四百多家企业及一大批世界级研发企业加盟，如美国通用电气公司、埃克森美孚公司等。

——杨浦园

杨浦知识创新基地创建于 2006 年，2007 年 2 月获上海市政府有关部门正式批准，2011 年 11 月杨浦知识创新基地扩区获得市政府批复，成为张江高新区杨浦园，扩区后总面积达 23.04 平方公里，由五角场城市副中心、环同济知识经济圈、滨江现代服务业发展带、新江湾城国际大学科技园和大连路总部研发集聚区组成。

（1）重点产业。杨浦园形成了以电子信息为主导的高新技术产业，重点发展设计研发业、科技金融服务业、专业服务业、电子信息业、软件与信息服务业、智能电网、物联网、云计算、节能环保等战略新兴产业。

（2）经济与产业规模。2011 年 1—9 月，杨浦园科技园区企业总收入 117 亿元，国地税总额 6.74 亿元。截至 2011 年 9 月，共引进企业 718 家，外资投资总额超过 3500 万美元，内资投资总额 31.3 亿元，引进外资项目 17 个②。

（3）代表性企业。成功引进了 IBM、卡巴斯基等一批国际知名企业总部或研究中心入驻，集聚了宇鸿科技等一批创新能力较强的国内企业。

——徐汇园

2011 年 11 月，上海市政府同意"创建上海徐汇高新技术产业基地作

---

① 科技部火炬高技术产业开发中心：2012 中国火炬统计年鉴，中国统计出版社 2012 年版。

② 2011 年上海科技进步报告网络版，见 http://www.stcsm.gov.cn/newspecial/2011jb/index.html。

为张江高新区徐汇园"，以及"扩展张江高新区漕河泾园（徐汇）"。自此，徐汇区拥有张江高新区漕河泾园主园（徐汇）和徐汇园两个分园，成为上海仅有的两个拥有多个高新区分园的区县之一。其中徐汇园规划面积约 840 公顷，由枫林生命科学园区块、滨江板块、交通大学板块和华东理工板块组成（简称"一区三板块"）。

（1）重点产业。徐汇园重点聚焦高端软件、云计算、物联网、汽车电子、核心芯片、无线移动宽带设备制造等新兴产业领域。

（2）经济与产业规模。2011 年 1—9 月，高新技术领域实现总产值 470 亿元，其中电子信息制造业产值 157.95 亿元，软件和信息服务业营业收入 151.53 亿元，生物医药产值 99.24 亿元①。

（3）代表性企业。徐汇园成功培育了多家国内知名企业，如携程、巨人网络、海隆软件等。

——长宁园

长宁园以"东、中、西"三大经济组团为基础，园区规划面积 10.5 平方公里。

（1）重点产业。长宁园重点推进先进信息技术和信息服务产业、生产性服务业发展。东部中山公园地区，积极筹划共建园区融资担保平台，设立担保保证金账户，扩大园区符合条件的中小企业的贷款信用额度。中部虹桥地区，上海工程技术大学科技园引进企业 19 家，筹备成立大学科技园股份投资基金，已募得投资基金 5 亿元。西部临空地区，为全力推动"虹桥第五大道"商业大招，出台地下空间、地面交通、商业业态三项重点规划。

（2）经济与产业规模。2011 年 1—9 月，长宁园实现销售收入 995 亿元，其中园区重点发展产业信息服务业上缴税收 14.70 亿元②。

（3）代表性企业。截至 2011 年 9 月底，长宁园有上海市科技小巨人（培育）企业 27 家，长宁区科技小巨人（培育）企业 30 家，集聚了博世

---

① 2011 年上海科技进步报告网络版，见 http://www.stcsm.gov.cn/newspecial/2011jb/index.html。
② 2011 年上海科技进步报告网络版，见 http://www.stcsm.gov.cn/newspecial/2011jb/index.html。

（中国）、史泰博等一批知名企业。

——虹口园

虹口园于 2011 年 11 月 10 日正式获批成立，由大柏树知识创新与服务贸易圈组成，占地面积约 420 公顷。

（1）重点产业。重点发展信息服务业、专业服务业和文化创意产业，并形成了以数字出版、数字电视为特色的知识创新产业基地。

（2）经济与产业规模。2011 年 1—9 月，虹口园纳税企业 3940 家，实现销售收入 711.8 亿元，实现三级税收 145.2 亿元①。

（3）代表性企业。集聚了上海游唐网络、上海皆悦文化等一批优秀企业。

——松江园

松江高新技术产业园的规划面积为 21.217 平方公里，分为张江高新区松江园和张江高新区漕河泾松江园。

（1）重点产业。漕河泾松江园形成了以光仪电和相关生产性服务业为主导产业的产业集群，张江高新区松江园以现代装备产业、智能电网产业、新能源产业为重点产业。

（2）经济与产业规模。2011 年 1—9 月，松江园完成工业总产值192.74 亿元，工业生产增加值 40.13 亿元，上缴税收 6.35 亿元②。

（3）代表性企业。截至 2011 年 9 月，注册企业累计达 4515 家，集聚了大同利美特、正泰集团等一批知名企业。

——闵行园

闵行园又名上海市莘庄工业区，是上海市政府于 1995 年 8 月批准成立的市级工业区（沪府〔1995〕28 号），位于整个上海地理位置的中心，总开发面积 17.88 平方公里。

（1）重点产业。莘庄工业区内已形成了以信息产业、机电和汽车配

① 2011 年上海科技进步报告网络版，见 http://www.stcsm.gov.cn/newspecial/2011jb/index.html。
② 2011 年上海科技进步报告网络版，见 http://www.stcsm.gov.cn/newspecial/2011jb/index.html。

件、新型材料为主导产业的格局。

（2）代表性企业。截至 2011 年，闵行园有高新技术企业 81 家，科技小巨人企业 23 家（含闵行区小巨人培育企业），集聚了思源电气和加冷松芝等一批优秀企业。

（二）上海张江国家自主创新示范区发展潜力及目标

1. 发展潜力

张江高新区成立以来，不断增强核心竞争力，推进科技成果转化，发展特色高新技术产业，实现了快速健康发展，有力促进了地方产业结构调整，支撑了经济社会发展。主要表现在以下方面。

（1）产业集群效应明显。高新区各分园高新技术产业培育步伐不断加快，微电子（集成电路）、软件和信息服务、通信制造、高端制造、生物医药、文化创意产业等主导产业不断发展，新能源、新能源汽车、航空航天、新材料等战略性新兴产业迅速成长，一批具有自主研发能力、掌握核心技术的高科技企业持续成长。

（2）集聚了大量的创新人才。上海张江已经集聚了以张汝京、武平、常兆华等为代表的一批归国人员，其率领的企业在推进园区产业发展、推动我国高科技产业自主行业标准制定、填补我国重大科技前沿研究领域空白等方面取得了一系列重大突破。比如，展讯通信自主研发了中国首颗 GSM/GPRS/（2G/2.5G）核心处理芯片、软件和整体解决方案，在 3G 领域研发成功 TD-SCDMA/GSM/GPRS 双模多频手机核心芯片，成为百年电信史上第一个中国标准，获得国家科学技术进步一等奖①；微创医疗自主研发了第一代含药缓释血管支架产品，成为继两家跨国企业后全球第三家掌握该项技术的公司，其"冠脉药物洗脱支架系统设计与自主关键技术"获得国家科学技术进步二等奖。

---

① 其中 GSM 为全球移动通信系统，GPRS 为通用分组无线服务技术，TD-SCDMA 指时分同步码分多址。

2. 发展目标

《关于推进上海张江国家自主创新示范区建设的若干意见》提出，至2020 年张江国家自主创新示范区将建设成为世界一流高新区，成为具有全球影响力的科技创新中心、高端人才集聚中心、科技金融中心、技术交易中心和高新技术产业发展基地、政府管理创新示范区，将着力打造"张江"创新品牌、培育战略性新兴产业、激发企业创新活力、发挥辐射带动作用，重点在股权激励试点、人才特区建设、财税政策改革、科技与金融结合、管理体制机制五个方面先行先试、实现突破。同时，着力优化中介服务、公共服务、创新文化和法制建设等环境。张江国家自主创新示范区面临着新的使命：成为上海"创新驱动、转型发展"的升华改革先行区、开放创新引领区、高端要素聚合区、创新创业集聚地、战略产业策源地。

四、武汉东湖国家自主创新示范区

（一）武汉东湖国家自主创新示范区基本情况

1. 发展历程

1988 年，东湖高新区正式成立；1991 年，其被国务院批准为国家级高新技术开发区；2000 年，其被科技部、外交部批准为 APEC 科技工业园区；2001 年，其被原国家计委、科技部批准为国家光电子产业基地，即"武汉·中国光谷"；2006 年，其被科技部列为全国建设世界一流科技园区试点之一，被商务部、信息产业部、科技部确定为国家服务外包基地城市示范区；2007 年，其被国家发改委批准为国家生物产业基地；2009 年，其被国务院批准为国家自主创新示范区，成为我国第二家国家自主创新示范区。

武汉·中国光谷位于武汉市东南部的三湖六山之间，规划面积 224 平方公里。关东光电子产业园、关南生物医药产业园、汤逊湖大学科技园、光谷软件园、佛祖岭产业园、机电产业园、武汉国家生物产业基地等产业园区各具特色。2011 年，有规模以上企业九百多家。其中，年产值过百亿元的企业 1 家，过 80 亿元的 4 家，过 50 亿元的 8 家，过 10 亿元的 32 家。其培育出长飞光纤、烽火科技、华工团结激光、多普达通讯、中冶南方、凯迪电力等一批行业领军企业。法国电信、蒂森克虏伯、住友、IBM、惠普、富士康、辉瑞等二十多家世界 500 强企业在光谷投资兴业。

东湖高新区承担建设国家自主创新示范区的新使命，将努力培养和聚集优秀创新人才特别是产业领军人才，着力研发和转化国际领先的科技成果，做强做大一批具有全球影响力的创新型企业，培育一批国际知名品牌，全面提高东湖新技术开发区自主创新和辐射带动能力，推动科技发展和创新。东湖高新区争取在 21 世纪前 20 年再上一个新台阶，成为推动资源节约型和环境友好型社会建设、依靠创新驱动发展的典范，早日跻身世界一流科技园区。

2. 发展现状

武汉东湖高新区作为我国第二家国家自主创新示范区，经过二十多年的快速发展，成为了国家自主创新的先锋，在多方面取得了良好的成绩。

第一，经济规模不断扩大。2011 年武汉东湖国家自主创新示范区全年完成企业总收入 3810 亿元，工业总产值 3191 亿元，工业增加值 1083 亿元，净利润 237.6 亿元，出口创汇 67.5 亿美元，固定资产投资 355 亿元，实现全口径财政收入 133.87 亿元。

2011 年，高新区光电子信息产业实现总收入 1450 亿元，生物产业 302 亿元，环保节能 485 亿元，高端装备制造业 508 亿元，高技术服务业 609 亿元。

第二，创新人才进一步聚集。2011 年新设立了法国巴黎、英国伦敦、德国斯图加特、日本东京 4 家海外人才工作站。5 人入选国家"千人计划"，5 人入选湖北省"百人计划"。2011 年科技活动人员达到 8.4 万人，博士突破 4000 人。

第三，创新成果不断涌现。2011 年申报专利 9597 项，专利授权 4634 项。烽火科技实施的高速光通信实时传输关键技术课题研究取得重大突破，实现单根光纤传输数据量超过 240GB/秒，在全球处于领先地位。华工科技在国内首次研发出汽车车顶盖激光在线焊接系统，打破了进口设备的价格壁垒。凯泰新生物公司研制出世界上首例针对肿瘤相关蛋白的特异性抗结肠癌新药。全真光电公司研制的中国首台 71 英寸 LCOS 全高清 LED 电视问世。

第四，创新孵化快速发展。2011 年，东湖国家自主创新示范区新组建了 8 个产业技术创新联盟，联盟总数达到 21 个，新增 16 家省级以上以企业为主体的技术创新平台，企业国家重点实验室达到 3 家、国家级企业技术中心达到 10 家。

（二）武汉东湖国家自主创新示范区发展潜力及目标

1. 发展潜力

经过多年的建设和发展，武汉东湖国家自主创新示范区已成为我国重要的科技资源密集区和高新技术产业基地，在我国以光电子信息为代表的高新技术创新与产业发展中具有重要的战略地位。主要表现在以下方面。

第一，集聚了丰富的创新资源。武汉东湖国家自主创新示范区集聚了 42 所高校、三十多家国家重点科研机构、四百多家企业研发机构。其拥有大量高端人才和科技人员，包括 60 位两院院士、2 万名科技活动人员、二十多万名专业技术人员和八十多万名在校大学生。

第二，涌现了若干领先的技术创新成果。这些成果包括：诞生了我国第一根光纤、第一个光传输系统、第一台具有自主知识产权的红光高清视盘机（NVD）；创制了 7 项国际标准，实现了我国在光通信领域国际标准零的突破；高端数控系统打破了发达国家对我国的技术封锁；高效短流程嵌入式复合纺纱技术获得国家科技进步一等奖；开放式虚拟地球集成共享平台及重大工程应用、分布式超大型地球信息系统（GIS）平台开发与应用等一批科技成果获得国家奖项。

第三，塑造了具有特色的产业集群。其坚持产业特色化和高端化发展，形成了以光电子信息为主导的高新技术产业集群。光电子信息产业取得跨越式发展，已建成中国最大的光纤光缆制造基地、中国光通信领域重要的科研开发基地。目前，光纤光缆的生产规模居全球第二，国内市场占有率为 50%，国际市场占有率为 12%；光电器件国内市场占有率为 60%，国际市场占有率为 6%。生物产业加速发展，软件及服务外包、工程设计、地球空间信息及应用服务等现代服务业异军突起。

2. 发展目标

根据《东湖国家自主创新示范区发展规划纲要》（2011—2020 年）内容，2015 年，东湖示范区创新发展的主要预期目标有以下几点。

第一，具有国际竞争力的产业集群基本形成。企业总收入达到 10000 亿元。产业结构继续优化，形成若干创新型产业集群，战略性新兴产业发展取得突破，高新技术产业增加值占地区生产总值比重比 2010 年提高 10 个百分点，经济增长质量和效益明显提高。培育一批年销售收入超过 500 亿元的企业，形成一批国际知名品牌。

第二，自主创新能力显著提升。建设一批企业研发中心，搭建特色产业的公共技术服务平台和行业创新中心。科技型企业研发投入占销售收入的比重达到 6% 以上，推动企业真正成为技术创新主体。创新成果不断涌现，形成一批原始创新成果，转化一批重大科技成果。发明专利授权数比 2010 年翻两番，每万人口发明专利拥有量达到 100 件。

第三，开放合作形成新局面。对外开放广度和深度不断拓展，形成与国际接轨的发展环境和经营理念，建成一批国际开放合作发展平台，区域合作与交流频繁，国际高端创新要素富集，国际化发展水平大幅提升，互利共赢开放格局进一步形成。

第四，园区发展环境明显改善。配套服务设施齐全，公共服务体系完善，社会管理水平显著提高。全面实现企业信息化、公共服务数字化和无线网络全覆盖。资源节约、环境保护成效显著，单位地区生产总值能耗比 2010 年降低 20%。

第五，机制体制创新取得重要突破。科技金融、股权激励、知识产权等领域的体制机制改革取得新突破，探索一批支持自主创新和产业发展的新机制、新政策，政府职能加快转变，科技金融创新和人才队伍建设取得显著成效。

到 2020 年，东湖示范区实现企业总收入 30000 亿元，在光电子、生物、地球空间信息及应用服务等领域形成若干个拥有技术主导权的特色产业集群，成为创新要素聚集、创新能力较强、创新环境优良、创新经济活跃的全国高新技术产业开发区排头兵，世界一流的高科技园区，享誉世界的"光谷"。

五、三大国家自主创新示范区创新能力比较研究

（一）自主创新能力评价模型

创新能力是建设创新型国家的核心问题，是调整产业结构、转变经济增长方式的中心环节，是提升区域核心竞争力和综合实力的重要方面。美国《创新指数》将创新能力阐释为创新基础设施的强度、支持创新集群的环境条件及两者之间的互动。中关村国家自主创新示范区构建了由创新创业企业、产业发展、创新能力、创新创业环境、国际化、中关村 TOP300 和上市营收百强（ZGC100）6 个基本创新要素组成的"中关村指数"。上海张江国家自主创新示范区则将创新能力划分为创新环境、创新主体、创新人才、创新投入、创新成果、创新水平 6 个方面。

为了真实地反映三家国家自主创新示范区的整体实力，结合前人工作研究的成果，遵循评价指标选取 SMART 原则（即简单性、可测性、获得性、可靠性和时效性），在综合考虑我国实际情况的基础上，将创新能力内涵具体解释为创新投入、创新人才、创新产出、创新主体与创新环境五个要素，相应地选取了 22 个指标，通过综合指数、要素指数和具体指标信息构建国家自主创新示范区创新能力评价研究平台，全面系统了解我国

自主创新示范区创新能力水平，为更好地发挥创新推动力提供政策建议
（见表 3-11）。

表 3-11 示范区自主创新能力评价体系

目标层	准则层	指标层
示范区自主创新能力	创新投入	科技活动经费支出（亿元）
		R&D 活动经费支出（亿元）
		R&D 投入相当于工业增加值的比例（%）
		每万科技活动人员拥有科技活动经费支出额（亿元/万人）
	创新人才	科技活动人员（人）
		科技活动人员占年末从业人员比例（%）
		中高级职称所占比例（%）
		大专及其以上学历人员所占比重（%）
	创新产出	专利授权与专利申请比例（%）
		发明专利申请所占比重%
		总收入（亿元）
		技术收入所占比例（%）
	创新主体	企业数（个）
		高校数（个）
		中介数（个）
		研发机构数（个）
	创新环境	国家级科技企业孵化器场地面积（平方千米）
		国家大学科技园场地面积（平方千米）
		国家级科技企业孵化器孵化基金总额（亿元）
		国家大学科技园孵化基金总额（亿元）
		国家级科技企业孵化器在孵企业数（个）
		国家大学科技园在孵企业数（个）

创新指数的计算如下。首先对数据进行标准化处理，通过（公式3-1）得到单个指标的可比数据，即给出原始数据标准化的正太分布函数值，同时将变化区间调整到［0，100］，该方法可以恰当描述数据所在的位置，避免极值的影响。

$$r_{ijk} = 100 \times \phi\left(\frac{x_{ijk} - \bar{x}_{ij}}{S_{ij}}\right) \qquad （公式3-1）$$

其中，i＝1，…，5，表示创新要素；j＝1，…，n，表现要素下的指标；k＝1，2，3，表示参与比较的三家自主创新示范区；$\phi(x)$是计算标准正太分布函数的函数值。

再通过（公式3-2），运用等权汇总计算创新要素指数（R_{ik}）。

$$R_{ik} = \frac{1}{n}\sum_{j=1}^{n} r_{ijk} \qquad （公式3-2）$$

通过（公式3-3），等权汇总计算创新综合指数（R_k）。

$$R_k = \frac{1}{5}\sum_{i=1}^{5} R_{ik} \qquad （公式3-3）$$

（二）三大国家自主创新示范区创新综合指数及结构分析

通过查找《2012中国火炬统计年鉴》、《2012武汉科技统计年鉴》、《2012北京统计年鉴》、《2012中关村指数报告》、《2011年度张江高科技园区产业发展报告》、《2012浦东年鉴》等大量的统计资源，获取了相关数据。其中，上海张江国家自主创新示范区的知识产权相关数据难以获取，以张江高科技园区的数据为代替（见表3-12）。

表3-12　三大国家自主创新示范区创新指标原始数据

指标	北京中关村	武汉东湖	上海张江
科技活动经费支出（亿元）	675.84	133.03	293.99
R&D活动经费支出（亿元）	315.24	121.42	84.14

指标	北京中关村	武汉东湖	上海张江
R&D 投入相当于工业增加值的比例（%）	31.22	11.2	9.46
每万科技活动人员拥有科技活动经费支出额（亿元/万人）	2.24	1.59	3.12
科技活动人员（人）	301240	83562	94210
科技活动人员占年末从业人员比例（%）	21.75	23.15	23.64
中高级职称所占比例（%）	15.09	19.87	10.41
大专及其以上学历人员所占比例（%）	69.1	59.9	60.45
专利授权与专利申请比例（%）	52.02	48.29	63.38
发明专利申请所占比例%	58.27	41.7	73.5
总收入（亿元）	19646	3810	6842
技术收入所占比例（%）	14.48	12.4	65.04
企业数（个）	10526	2603	1392
高校数（个）	87	78	67
中介数（个）	52	20	30
研发机构数（个）	323	131	115
国家级科技企业孵化器场地面积（平方千米）	0.7	0.54	0.46
国家大学科技园场地面积（平方千米）	1.38	1.05	0.94
国家级科技企业孵化器孵化基金总额（亿元）	2.89	2.24	3.99
国家大学科技园孵化基金总额（亿元）	1.19	0.56	0.57
国家级科技企业孵化器在孵企业数（个）	2286	1415	1610
国家大学科技园在孵企业数（个）	995	221	1114

由（公式3-1）计算得出标准化处理结果，由（公式3-2）得出各创新要素指数值（见表3-13）。

表3-13　三大国家自主创新示范区创新要素指数

	中关村	上海张江	武汉东湖
创新投入	76.86	25.41	43.55
创新人才	59.50	49.89	38.69
创新产出	51.25	21.63	73.29
创新主体	86.16	33.87	26.44
创新环境	76.40	26.54	44.46

由（公式3-3）得出各个国家自主创新示范区的创新能力综合指数，如图3-7所示。

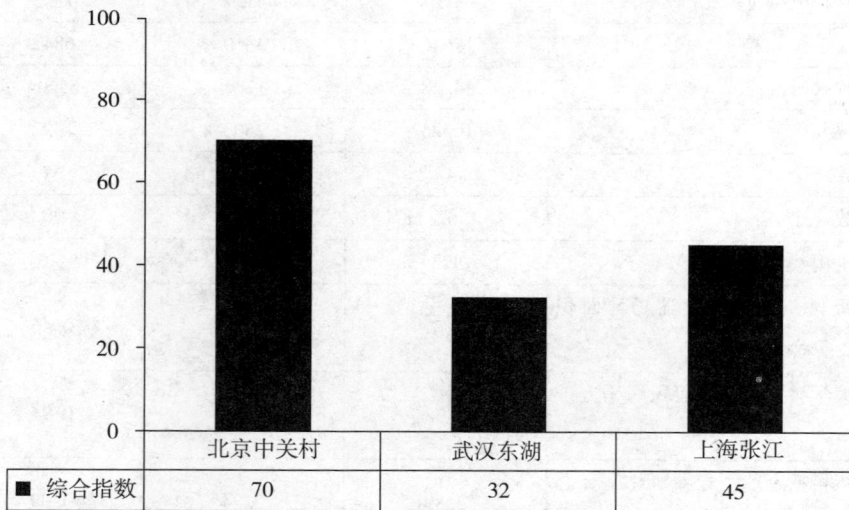

	北京中关村	武汉东湖	上海张江
■ 综合指数	70	32	45

图3-7　2011年示范区综合创新指数

从2011年的创新综合指数来看（如图3-7），北京中关村国家自主创新示范区创新综合指数得分最高，武汉东湖国家自主创新示范区创新综合指数得分最低。

　　从要素指数来看，图 3-8 展示了 5 个创新要素指数的情况。整体来看，创新投入、创新环境要素与综合指数的变动方向一致，北京中关村国家自主创新示范区指数得分最高，而武汉东湖国家自主创新示范区指数得分最低；创新人才和创新主体要素变动方向一致，北京中关村国家自主创新示范区得分最高，上海张江国家自主创新示范区得分最低；创新产出要素方面，上海张江国家自主创新示范区得分最高，武汉东湖国家自主创新示范区得分最低。

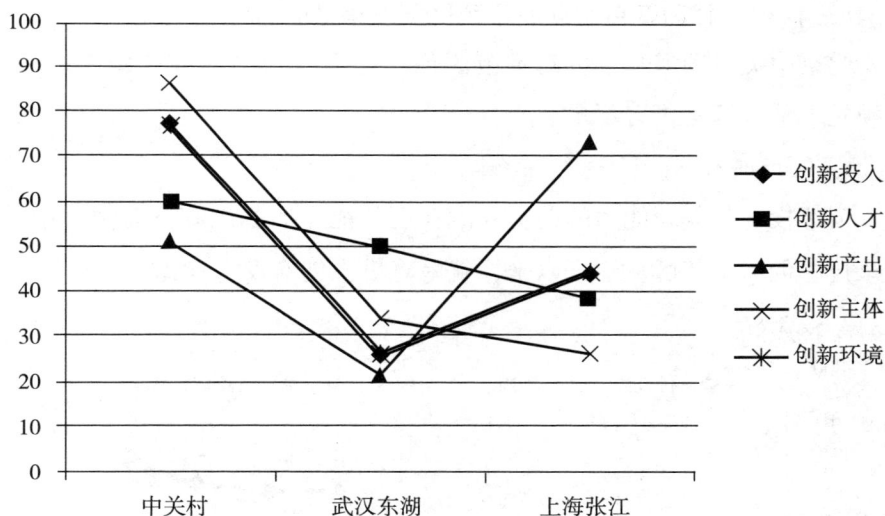

图 3-8　2010 年示范区创新要素比较

　　创新主体是内部差距最大的要素，指数最低值和最高值相差 59.72。北京中关村国家自主创新示范区的创新主体指数最高，表明北京中关村国家自主创新示范区在创新主体方面占有绝对的优势。

　　创新人才是内部差距最小的要素，指数最低值和最高值仅相差 20.8，折射了三家示范区人才聚集良好发展的态势。

　　创新投入方面，北京中关村国家自主创新示范区投入总量和投入相对值都遥遥领先，占有绝对优势。

　　创新环境方面，北京中关村国家自主创新示范区拥有数量众多的科技企业孵化器和大学科技园区，折射出北京中关村国家自主创新示范区在创新孵化方面的巨大优势。

　　创新产出方面，上海张江国家自主创新示范区虽然在总量上表现不如北京中关村国家自主创新示范区，但是知识产权构成更合理，其中发明专利申请所占比例达到70%以上，远远高于其他两家国家自主创新示范区。

（三）中关村国家自主创新示范区创新指数分析

　　北京中关村国家自主创新示范区创新能力排名第一（如图3-7），处于领先水平，但是仍有不足。

　　1. 创新投入

　　创新投入是创新能力的前提和潜在创新能力的基础和支持力。中关村国家自主创新示范区从建立以来，就一直重视创新投入（图3-9）。

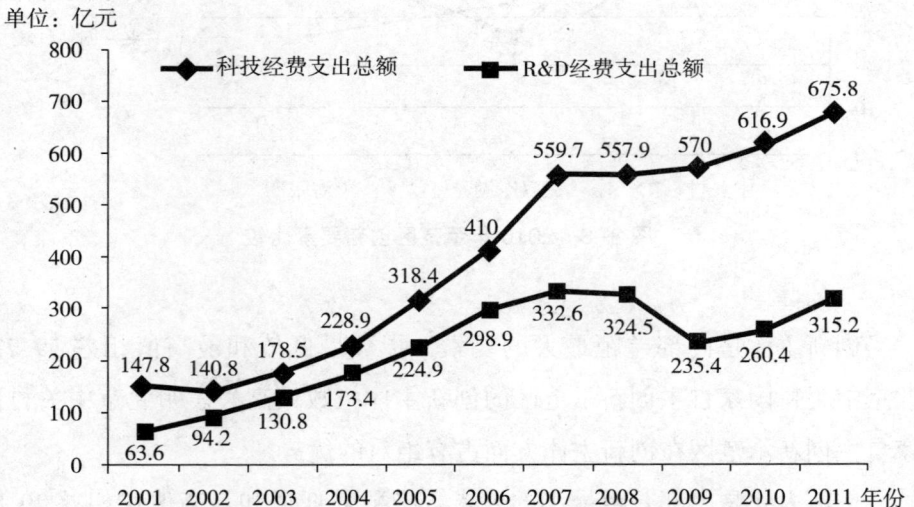

图 3-9　中关村国家自主创新示范区 2001—2011 年创新资金投入

资料来源：2001 年、2002 年、2003 年、2004 年、2005 年、2006 年《中关村科技园区高新技术产业发展综述》，《中关村指数分析报告》2007、2008、2009、2010、2011、2012、2013，见 http://www.zgc.gov.cn/fzbg/sjbg。

2011 年，中关村国家自主创新示范区科技活动经费支出达到 675.8 亿元，其中，R&D 活动经费达到 315.2 亿元。近 10 年来，除了 2008、2009 年受到世界金融危机的冲击有所下降之外，中关村国家自主创新示范区的科技投入支出基本处于上升的势态。

2. 创新人才

2011 年年底示范区从业人员总数达到 138.5 万人，其中大学本科及以上学历的人员有 68 万人，占示范区从业人员的比重达到 49.1%；科技活动人员 30 万人以上，规模为历史最高值，从业人员学历结构如图 3-10 所示。

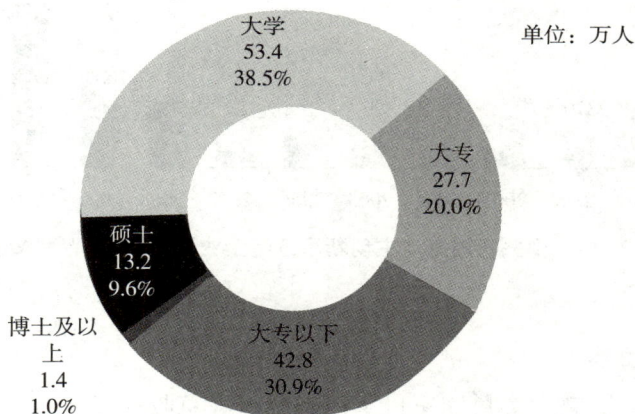

图 3-10　中关村国家自主创新示范区 2010 年从业人员按照学历划分

自 2008 年年底中央"千人计划"实施以来，已分七批引进 2263 名海外高层次人才，其中北京地区共有 629 人入选，占全国的 27.8%，约 80% 在中关村地区。2011 年，中关村人才特区引进海内外高层次人才 1962 人，其中引进海外高层次人才 436 人。根据入统企业填报的统计数据，2011 年中关村示范区留学归国人员数量再创新高，达到 1.4 万人。

3. 创新产出

北京中关村国家自主创新示范区的创新产出指数为三家自主创新示范区的第二，但是创新成果总量远远领先于其他两家示范区。

2011 年，中关村国家自主创新示范区企业专利申请量 24894 件，专利授权量达到 12951 件。图 3-11 为 2001—2011 年北京中关村国家自主创新示范区知识产权情况。

单位：件　　　■ 专利申请量　■ 专利授权量

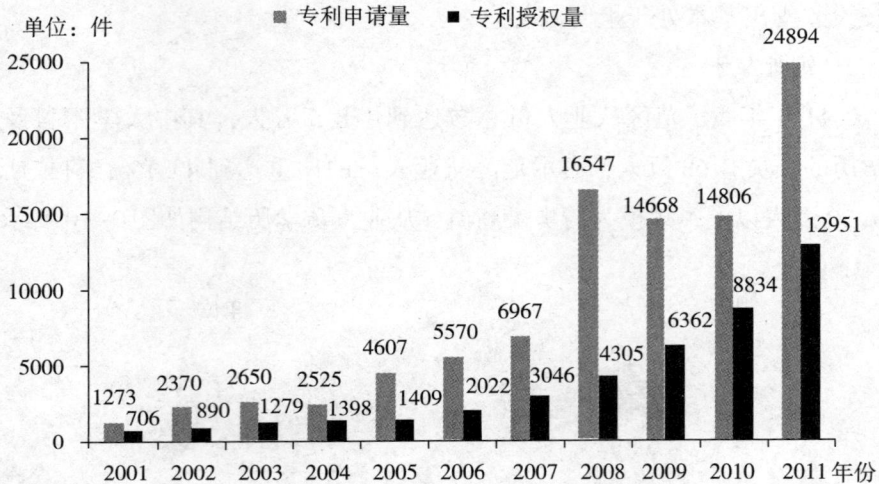

图 3-11　中关村国家自主创新示范区企业近 10 年来专利情况

4. 创新主体

2011 年，北京中关村国家自主创新示范区总收入亿元以上企业总数达到 1648 家，较上年新增 235 家。其中，收入过百亿元企业达到 31 家，较上年新增 9 家。截至 2011 年年底，上市公司总数达到 203 家，其中境内 124 家（创业板 44 家），境外 79 家。

中关村国家自主创新示范区共有 84 家国家重点实验室，占全国的 30.0%；国家工程技术研究中心 50 家，占全国的 35.5%；国家工程研究中心 37 家，占全国的 29.1%。据科技部火炬中心统计，2010 年中关村国家自主创新示范区拥有国家级研发机构（含产业技术研究院、专业研究院所、重点实验室、工程技术研究中心、企业技术研发中心、博士后工作站等）323 家，与上海（115 家）和武汉（131 家）的国家级高新区比较而言集聚优势明显（见表 3-14）。

表 3-14　2011 年中关村国家自主创新示范区国家级科技设施

	数量（所）	占北京比例（%）	占全国比例（%）
国家重点实验室	84	95.5	30.0
国家工程技术研究中心	50	92.6	35.5
国家工程实验室	22	88.0	25.9
国家工程研究中心	37	94.9	29.1
国家认定企业技术中心	31	75.6	4.3
国家实验室	9	100	40.9

国家政府在科技投入上的大量倾斜，构成了中关村国家自主创新示范区优良的硬件条件，与众多的科研人员这一软资源相结合，这种资源的集中形成了中关村国家自主创新示范区创新主体的优势。

5. 创新环境

中关村国家自主创新示范区创新环境指数排名第一，主要得益于优质的孵化环境。无论是在孵化器数量还是孵化基金方面，中关村国家自主创新示范区都遥遥领先其他国家自主创新示范区。

从创新要素指数上来看，创新要素指数中有 4 个列第一，只有创新产出指数排名第二。就具体指标来看，有 14 指标排列第一，占总指标的 64%。

综合来看，中关村国家自主创新示范区在创新投入、人力资源、孵化环境、企业规模、高校及研究机构、中介机构方面都具有明显优势。

中关村国家自主创新示范区在创新产出方面，虽然总体规模较大，但是知识产权构成比例上表现不如上海张江国家自主创新示范区。

（四）上海张江国家自主创新示范区创新指数分析

上海张江创新综合指数排名第二，与北京中关村国家自主创新示范区相比在创新投入、创新环境、创新主体、创新人才方面都存在明显差距。

1. 创新投入

张江创新投入指数排名第一。2011 年，张江国家自主创新示范区科技活动经费支出总额达到 2945 亿元，R&D 支出达到 84 亿元，都为历史最高。

2. 创新人才

张江创新人才指数排名第三。2011 年，张江国家自主创新示范区从业人员达到 40 万人，其中大专学历以上从业人员超过 60%。张江国家自主创新示范区拥有大量的高级人才，以张江高科技园区为例，拥有国家级专家 215 人，省市级专家 227 人，国家级专家中包括中科院院士 11 人，工程院院士 7 人，享受政府特殊津贴 152 人。自 2008 年国家"千人计划"实施以来，一批突破关键技术、发展高新产业、带动新兴学科的战略科学家和领军人才纷纷到张江园区创新创业，截至 2010 年，共有 21 人先后入选国家五批"千人计划"行列，占上海 283 名人才总数的 11.5%。

3. 创新产出

张江国家自主创新示范区创新产出指数排名最高。虽然在总体规模上不如北京中关村国家自主创新示范区，但是其构成结构更优，技术收入所占比重超过 60%，发明专利申请所占比重超过 70%。

4. 创新主体

上海张江国家自主创新示范区创新主体指数排名第三。其中企业数、高等院校数以及研发机构数，都是三家示范区中的最低，表明上海张江国家自主创新示范区在创新主体方面存在明显的劣势。

5. 创新环境

张江国家自主创新示范区创新环境排名第二。但是可以看出，孵化器数量相对较少，而在孵企业数量较多，说明张江国家自主创新示范区孵化效率很高，创造了良好的创新环境。

上海张江创新能力综合实力第二。在 5 个创新要素指数中，创新产出指数排名第一。需要注意的是，其产出规模的总量远远落后于中关村国家自主创新示范区，但是其产出结构更优。在 22 个创新具体指标中，张江有 7 项指标为三家示范区中之首。其人力资源方面落后于中关村国家自主创新示范区和武汉东湖国家自主创新示范区。

（五）武汉东湖国家自主创新示范区创新指数分析

1. 创新投入

武汉东湖国家自主创新示范区的创新投入能力在三家自主创新示范区中居末，尤其是与北京中关村国家自主创新示范区相比差距仍然较大。2011 年武汉东湖国家自主创新示范区科技活动经费支出为 133 亿元，R&D支出 121 亿元。

从纵向看，武汉东湖国家自主创新示范区的创新投入稳步上升（如图3-12）。

图 3-12 武汉东湖国家自主创新示范区示范区历年创新投入情况

2. 创新主体

武汉东湖国家自主创新示范区创新主体指数排名第二。其集聚了三十多家国家重点科研机构、四百多家企业研发机构，56 个国家级科研院所、

1 个国家实验室、13 个国家重点实验室、14 个国家工程（技术）研究中心，4 个国家企业技术中心（见表 3-15）。

表 3-15　东湖光电子及生物技术创新攻关资源一览表

领域	创新攻关	科研单位
光电子	拥有 13 名院士学科带头人，1 个国家实验室，4 个国家重点实验室，8 个国家工程（技术）研究中心，16 个省部级重点实验室，建立了国内最大通信技术研发基地	武汉邮科院
		华中科技大学
生物技术	拥有 9 位院士，8 个国家重点学科，4 个国家重点实验室，5 个国家级工程技术研究中心，2 个国家级企业研究开发中心，4 个市级工程技术研究中心，从事研究开发的有武汉大学药学院、华中科技大学同济医学院、湖北中医学院、湖北中医药研究院、武汉生物制品研究所等二十多家高等院校、科研院所及数十家药物研究所	武汉大学
		武汉水生所
		中科院病毒所
		武汉生物制品研究所

资料来源：刘传铁：《中国光谷产业坐标——武汉东湖国家自主创新示范区高新区产业发展战略》，人民出版社 2010 年版。

　　武汉拥有高等院校数量达 78 所，其中包括武汉大学、华中科技大学两所 985 院校，华中师范大学、武汉理工大学、武汉地质大学、华中农业大学 5 所 211 院校。

　　2011 年，武汉东湖国家自主创新示范区拥有企业 2603 家，其中上市公司 30 家。拥有国家级科技企业孵化器 12 家，国家大学科技园 3 家。

3. 创新产出

武汉东湖国家自主创新示范区创新产出能力在三家自主创新示范区中并不出众。

知识产权方面，2011年东湖示范区内企业共申请专利9597件，专利授权量4634件。纵向看，武汉东湖国家自主创新示范区专利申请量和发明专利申请量逐年上升（如图3-13）。

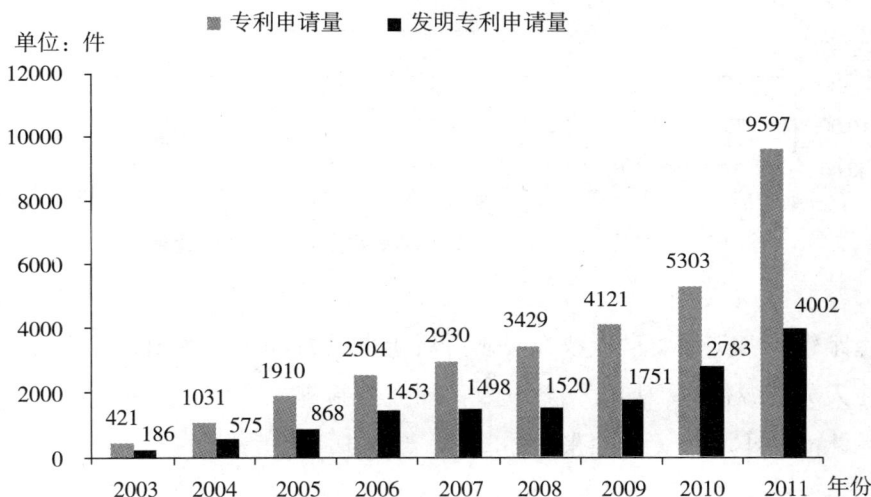

图 3-13 2010年武汉东湖国家自主创新示范区专利申请及发明专利情况

数据来源：武汉市科技局：《2011武汉科技统计年鉴》，武汉市统计局2012年版。

历年来武汉东湖国家自主创新示范区的发明专利数量占全部专利数量的比例稳定在50%左右（如图3-14）。

4. 创新环境

武汉东湖国家自主创新示范区创新环境指数排名第三。拥有孵化器数量、孵化场地面积都高于上海张江国家自主创新示范区，但是在孵企业数比后者少1088个，表明武汉东湖国家自主创新示范区孵化效率较低。

综合来看，武汉东湖国家自主创新示范区的创新指数是三家示范区中最低的。5个创新要素指数中，只有创新人才、创新主体排名第二且与第

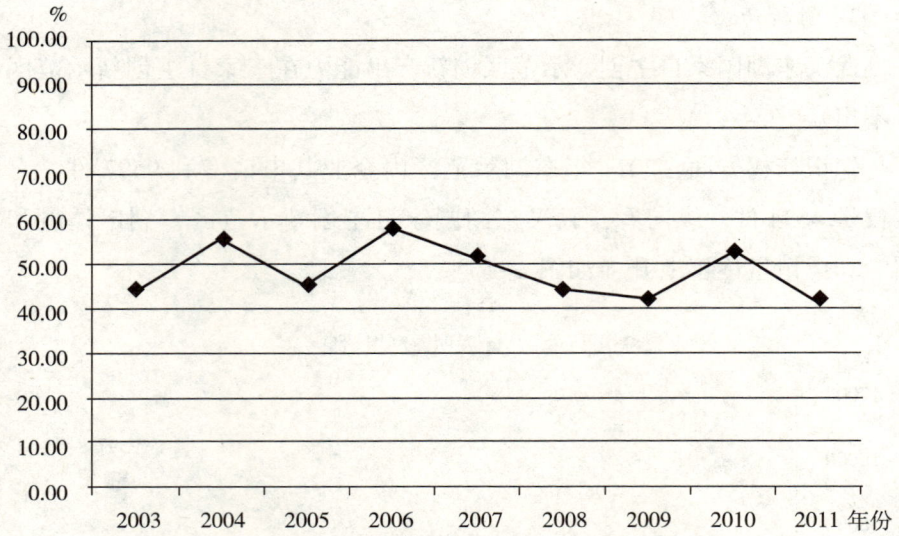

图 3-14　武汉 2003—2011 年发明专利申请所占比例

一差距较小，其他要素指数都明显落后于中关村和张江。因此，更应该把握住人力资源优势，加大创新投入，加强创新支持力度，加快创新经济发展，才能缩小与中关村和张江的差距，后来居上。

第四章　创新政策体系研究与发展建议

一、创新政策的概念和内涵

关于创新政策定义有许多观点，英国著名学者罗斯韦尔在 20 世纪 80 年代曾将创新政策定义为：创新政策是指科技政策和产业政策协调的结合。法国创新政策专家高丁认为，创新政策包括如下三个框架：支持创新者、技术文化和减少创新障碍。经济合作与发展组织（Organization for Economic Co-operation and Developmment）在 20 世纪 80 年代初提出，发展创新政策的目的是："把科技政策下政府其他政策，特别是经济、社会和产业政策，包括教育和人力资源政策形成一个整体。"还有一些专家强调创新政策与经济政策的关系，例如国务院发展研究中心的鲍克认为："创新政策是政府为鼓励技术发展及其商业化以提高竞争力的各种社会经济政策的总和，它处于经济政策的中心位置，直接鼓励创造与变化。"①

尽管上述各种定义在内容上有所差异，但在概念内涵上都强调：技术创新政策涉及诸多的政策领域；"整合"，即各种相关政策的有机结合；创

---

① 鲍克：《自主创新政策体系研究》，《发展研究》2011 年第 12 期。

新政策应以技术创新活动作为政策对象。所以，根据自主创新的科学内涵及其主体特征，结合对技术创新政策的认识，以自主创新活动和创新政策的特殊性为内容，这里认为福建省人民政府发展研究中心给出的自主创新政策定义较为准确：自主创新政策是指一个国家或地区政府以促进自主创新活动的产生、利用和扩散为目标，规范创新主体行为而制定并运用的各种直接或间接的一系列公共政策和措施的总和，它是一个在实践中不断完善的科学的体系。

国内外对创新政策分类的研究却十分有限。埃尔加斯（Ergas）将技术政策分为"使命导向型"和"扩散导向型"[①]。"使命导向型"政策的主要特点是集中，研发集中在少数具有战略重要性的技术上，但政府只开展少量的研究，大部分研究承包给外界，包括决策制定、执行和评估的集中。"扩散导向型"政策的主要特点是分散，具体的技术目标很少在中央层面上设定，政府的主要作用是向行业主导的合作研究机构组织或行业协会委派代表。国内学者唐晓云认为技术政策除了以上两种分类外，还有"追赶使命导向型"，其特点主要表现为研发目标由政府明确制定，研发方向主要集中在具有重要战略性的产业上。美国主要采取"使命导向型"技术政策，德国的技术政策则主要是"扩散导向型"，而日本的技术政策发展则为典型的"追赶使命导向型"[②]。

二、创新政策的服务方向

（一）研发投入

R&D 经费支出是世界各国衡量支持科技创新力度的最重要的指标之

---

① Ergas, *The Importance of Technology Policy*, *Economic Policy and Technological Performance*, 1987.

② 唐晓云：《技术政策、产业调整与经济可持续增长——"日本悖论"的分析及对中国的启示》，《北京师范大学学报》2010 年第 3 期。

一。在创新系统内基础研究、共性技术和国防安全研究等由于研究周期长、风险大、回报率低，以赢利为目的的多数创新主体往往不愿意主动承担，主要由政府提供 R&D 经费委托其进行研究。

近年来，随着国际竞争的日趋加剧，世界各国竞相增加对 R&D 的投入。目前发达国家 R&D 的经费占 GDP 之比稳定在 2%—3%之间。美国政府高度重视基础研究开发经费投入。2006 年，美国政府的研发预算为 1320 亿美元，私人企业的研发预算则达到 2000 亿美元，硅谷公司研发比例大约是美国国家平均的 3.5 倍。

2004 年英国政府出台了有关加大科技投入和创新的重大政策和文件，发布了《英国 10 年（2004—2014）科学与创新投入框架》，扩大财政 R&D 投入比例，承诺财政 R&D 投入的增长速度要高于英国经济的增长速度。英国一直将财政 R&D 投入置于其他投入之上，即使在金融危机中也不放松财政 R&D 投入，在 2008—2009 财年中，英国财政 R&D 投入仍同比上升 9.2%。但是，同其他国家财政 R&D 投入增长率相比，英国财政 R&D 支出总额占全球的份额有所下降，从 2006 年的 3.7%下跌到 2010 年的 3.0%。

近几年，爱尔兰政府研发投入占 GDP 比重在欧盟国家排名中也不断攀升，其基本模式是：国家企业就业局为企业的研发项目提供经费支持，同时，企业委托大学等研究机构，研究需要设立的科研项目。为了支持大学进行应用研发工作，政府成立了专门机构——爱尔兰科技基金会，以促进、支持国内外各类公司在爱尔兰开展具有世界水平的研发工作。在爱尔兰 2000—2006 年的国家开发计划中，爱尔兰政府计划在信息产业方面投入 25 亿欧元的研发资金。其中爱尔兰科技基金会管理着一笔 6.46 亿美元的基金，专门用来扶持未来几年基础软件和 IT 方面的研究工作。

法国的财政 R&D 投入也呈现不断的上涨趋势。统计数据显示：2001 年法国研发总投入为 328.9 亿欧元，2002 年法国研发总投入为 333.96 亿欧元，2003 年仅民用科研与技术开发就投入了 93.82 亿欧元。在经济危机的大背景下，法国对高技术产业的研发投资总额也呈现增长状态。2008—2009 年法国高技术领域的进展情况显示：法国高技术产业的研发十分活跃，全年投放商业市场的新技术产品数量比上年增加 20%。调查显示，法国主要高技术企业在 2008 年的营业额共计 10.94 亿欧元，同比下降 2%。然而，同期这些企业的研发投资总额同比却增加 36%。法国高技术产业的活跃，主要得益于政府的倾斜鼓励政策和措施，特别是科研税务补偿机制（CIR）以及鼓励中小企业创新的机制。其中，仅法国创新署直接提供贷款支持的中小企业创新项目数量就达到 283 个。

日本自 2002 年起，对企业研发活动的政府投入和资助开始转向中小企业，其财政年度预算由 1999 年的 110 亿日元增长到 2004 年的 280 亿日元。另外，2002 年对新建公司的税务免除制度的出台进一步强化了对中小企业的支持。中小企业在日本政府直接支持的企业中的绝对数量和相对重要性在稳步提高，标志着以支持大公司为主的日本科技政策的天平开始向中小企业倾斜。

韩国政府高度重视高技术产业的发展，自 1962 年起每隔五年制定一个科技发展五年计划，并且于 2001 年制定了《科学技术基本法》，韩国政府对高技术产业的重视直接体现在近年来不断增加的财政研发投入上。根据韩国知识信息部公布的消息，韩国政府 2011 年对技术研发的投入将高达 9128 亿韩元，研发资金投入比 2010 年增加了 7.8%，财政 R&D 投入的资金大部分来源于信息通信振兴基金和国际收支账户。

印度科技研发经费的 85% 由中央及各邦政府提供。第八个五年计划时期各级政府的科技研发费用是 2000 亿卢布，是第一个五年计划时期的 1000 倍。为了筹集足够的科技研发经费，政府采取了如下政策措施：增加国家对科研经费的财政开支，设立技术开发和应用基金，出台《征收研究与开发税的条例》，同时鼓励科研机构与企业联合创新开发，促进科研成果产业化。

（二） 税收优惠

税收优惠的实质是通过税收体系进行的一种间接的财政支出，与纳入政府预算的财政直接支出在本质上没有区别，两种支出方式的最终结果，都是减少了政府可供支配的财政收入。税收优惠政策的基本类型有三种：事前扶持型、事后奖励型、事前扶持与事后奖励相结合型。

与财政支出面向研发机构和高校不同的是，税收优惠是面向企业的。按照事前扶持与事后奖励相结合的原则给企业提供税收优惠政策。事前扶持主要是引导企业关注固定资产的投资、环境保护的投入、无形资产的开发和研究费用的处理等方面的问题，为科技创新增强后劲。事后奖励主要是对企业形成的利润给予税收减免，引导和刺激它们把免交的部分税收继续投入到科技研发中。

事前扶持型能立竿见影地降低企业的资金成本，增强企业资本活力，刺激企业提高资本有机构成、增加企业产品科技含量和附加值、提高环境保护的积极性，在实施中也可以表现出较强的刚性。事后奖励型的激励目标难以明确，对减免税收部分的去向也难以引导和控制。

（三） 政府采购

政府采购，也称公共采购，是政府或其代理人以消费者的身份为自身消费或公共服务而进行的一种采购活动。它一般须按一定的程序或规定进行操作，比如公开招标、公平竞争和财政部门直接向供应商付款，并接受公共部门的监督。采购方式包括预付订购金、以略高于成本或进口商品的价格收购等。根据产品供需理论，在市场经济条件下"需求拉动"的作用比"供给推动"的作用来得更直接，见效更快。

政府采购作为一种依靠需求拉动科技创新的政策行为，主要是通过创造和培育某种市场需求引导创新主体展开创新。政府可以从性能和功效方面向创新主体提出要求，牵引其实现科技创新。比如，政府可激励和引导创新主体增加技术创新资金投入，且投向政府所倡导的技术创新项目，促进科技创新资源合理配置。

政府采购的支持力度一般根据科技产品市场化的程度调整。比如，美国政府采购对计算机、半导体和集成电路等产业的支持持续了多年。每年政府采购的比例是随着民间技术市场需求的逐步形成而逐渐降低的，也就是说政府采购主要支持处于市场起步阶段的技术和产业。这样能有效地降低这些技术和产品早期进入市场的风险。美国硅谷地区和东部128公路沿线高技术产业群的迅速发展，与联邦政府的采购政策是密不可分的。

（四）金融扶持

金融政策对创新主体的扶持主要表现在以下几个方面。

首先，引导各类金融机构对创新主体提供多种形式的贷款。政府可利用基金、贴息、担保等方式，引导各类商业金融机构支持自主创新与产业化。对资信好的自主创新产品出口企业可核定一定的授信额度，在授信额度内，根据信贷、结算管理要求，及时提供多种金融服务。引导商业银行与科技型中小企业建立稳定的银企关系，对创新活力强的企业进行重点扶持。

其次，支持科技创新的多层次资本市场。支持有条件的创新主体在主板和中小企业板上市。推进中小企业板块制度创新，缩短公开上市辅导期，简化核准程序，加快科技型中小企业上市进程。

再次，支持开展对创新主体的保险服务。支持保险公司发展企业财产保险、产品责任保险、出口信用保险、业务中断保险等险种，为创新主体提供保险服务。

最后，完善高新技术企业的外汇管理政策。外汇管理机构根据创新主体的实际需要，充分满足其货物贸易和服务贸易用汇需求。支持区域创新系统内主体设立海外研究开发设计机构、收并购国外研究开发机构或高新技术企业。

（五）风险投资

由于科技创新的高风险性，研发失败的损失完全由创新主体承担，在很大程度上压抑了其科技创新的原动力。而风险投资是解决这一问题的有效方式。所谓风险投资（Venture Capital，简称VC）是指以股权、准备股权或者债券形式（一般有附带条件）投资于具有高成长性的新技术企业或高风险型企业，不要求资金担保，并为企业提供管理和经营服务，但期望从企业的高成长率中获取长期收益的一种投资方式。

风险投资在本质上是一种企业行为，属于市场范畴，具有自主选择、平等竞争等市场经济的特点。政府一般不直接参与，而是为风险投资创造良好的政策环境。

（六）产学研合作

创新系统内创新速度的快慢和科技成果转化率的高低，与企业和科研机构、高校是否找准创新结合点有着密切的关系。企业是科技创新的主体，即投入主体、研究开发主体、利益分配主体和风险责任承担主体。高校与科研机构的内部结构及其内在机制并不适合于直接进行生产经营，其在创新中的作用主要是培养人才和关键技术攻关等。一般而言，企业往往缺乏创新所必需的知识和相关资源，这些知识和资源必须由高校、科研机构或政府部门来提供，并由企业和有关组织所共享。然而，由于技术和市场发育的不确定性，创新中需要什么样的知识和公共物品，有时事先难以确定，即不存在这样一种新知识和公共物品的计划清单，只能在相互间的沟通与合作中来学习、创造和转移。

随着硅谷科技园区的发展，硅谷地区的大学和产业界逐渐形成了产学研间的创新循环。这种创新循环，一方面体现在创新的要素（包括人、知识和技术、资金）在大学和产业界之间的双向流动，例如斯坦福大学向企业租用园区，并利用所获得的收入来建立"战斗基金"以留住人才，既提升了自身的学术水平，也能保证源源不断地向园区输送人才。另一方面更为突出的则是形成了弥漫在大学和产业之间的创新创业文化氛围，如斯坦福大学鼓励学生创业，并允许教授有一到两年时间脱离教学岗位而专门从事研究工作或者去硅谷创办自己的公司，同时学校有为其保留职位的政策。

（七）科技奖励

20世纪以来，随着管理科学和行为科学的发展，对科技奖励的本质和规律的认识也进一步深化，科技奖励工作逐步成为各国科技活动中一项不可缺少的内容。发达国家及地区逐步建立了与市场经济发展相适应的面向全球的科技奖励机制。科技奖励已成为各国政府鼓励基础研究和引导技术创新的重要手段之一（见表4-1，4-2）。

表4-1 联合国等国际组织设立的重要国际性科技奖励

序号	奖励名称	设奖时间	奖励范围、对象	奖励周期及数量	评选机构	奖励形式
1	联合国教科文组织"人工大河"国际水奖	2001年	奖励在地下水开发和地表水使用研究方面有所作为的个人和团体	每2年1次	联合国教科文组织	奖金为2万美元
2	联合国教科文组织贾夫德·胡塞因青年科学家奖金	1984年	在基础研究或应用研究领域有杰出成就的36岁以下的科学家	每2年1次	评奖委员会	奖金为8500美元
3	联合国教科文组织卡布斯苏丹环境保护奖	不详	奖励为保护环境作出贡献的协会	每2年1次	联合国教科文组织	奖金为2万美元
4	联合国教科文组织卡林加奖金	1951年	奖励在向大众普及科学知识方面作出突出成绩的人	每年1次	联合国教科文组织	奖金1000英镑、一枚爱因斯坦奖章和一张奖状

序号	奖励名称	设奖时间	奖励范围、对象	奖励周期及数量	评选机构	奖励形式
5	联合国教科文组织卡洛斯·J. 芬利奖	不详	奖励在微生物领域作出杰出贡献的科学家	每年1次	联合国教科文组织	奖金为5000美元
6	联合国教科文组织科学奖	1967年	奖励在科学研究和技术发明方面作出重大贡献的科技专家	每2年1次	联合国教科文组织	不详
7	联合国粮农组织布尔马奖	1975年	鼓励报道与论述世界粮食问题的优秀文章与著作，授奖人主要为新闻记者和作家	每2年1次	联合国粮农组织	10000元的奖金和一张奖状
8	世界杰出女生物学家奖	不详	奖励从事生命科学研究的女科学家	每年评选1名	评选委员会由来自15个国家的著名专家组成	可获得证书和2万美元的奖金支票
9	世界卫生组织肖沙基金奖	1966年	奖励有关卫生问题的重大贡献，但范围只限于在肖沙医生为世界卫生组织服务过的地区	每年1次	世界卫生组织	一枚铜质奖章和一笔奖金，奖金数额的多少取决于基金会的利息
10	世界卫生组织达林基金奖	1966年	奖励在病理学、病原学、流行病学、治疗学、预防医学或疟疾控制等方面取得的杰出成就	不定期	世界卫生组织	1000瑞士法郎的奖金和一枚铜质奖章，不定期颁发，也就是当基金利息达到1000瑞士法郎就颁奖

序号	奖励名称	设奖时间	奖励范围、对象	奖励周期及数量	评选机构	奖励形式
11	世界卫生组织利昂·伯纳德基金奖	不详	奖励社会医学领域内贡献突出者	不定期	世界卫生组织	1000瑞士法郎的奖金和一枚铜质奖章
12	世界粮食奖	1986年	授予为人类提供营养丰富、数量充足的粮食作出突出贡献的个人	每年1次，授予人数不定	世界粮食基金会	获奖人共同分享25万美元奖金
13	国际气象组织奖	1955年	奖励气象学领域的杰出研究成果	每年1次	世界气象组织执行委员会	奖金1200美元，此外还有一枚金质奖章和一张奖状
14	国际航空联合会林塔尔奖章（Lilienthal Medal of FAI）	1938年	表彰在飞机滑翔运动中具有突出业绩的飞行员	每年1次	国际航空联合会	证书、奖章
15	国际航空联合会奖航空金质奖章（FAI Gold Air Medal）	1925年	授予一心致力于航空事业，通过自己的活动、工作对航空发展做出杰出贡献的人士	每年1次	国际航空联合会	金质奖章
16	第三世界科学院科学奖	1985年	奖励在基础科学方面取杰得出成就的发展中国家的科学家，设有物理、化学、数学、生物学和基础医学5项奖	每年1次	第三世界科学院	证书、奖章和奖金

序号	奖励名称	设奖时间	奖励范围、对象	奖励周期及数量	评选机构	奖励形式
17	海涅曼数学物理奖	1959年	授予数学物理学领域优秀出版物的作者，出版物类型包括单篇论文、论文集、专著等	每年1次	美国物理学学会和美国物理协会	5000美元奖金和一份记载获奖成果的证书
18	英国达尔文奖	1890年	奖励生物学领域及达尔文本人研究过的其他一些领域内的杰出成就	每2年1次	英国皇家学会	一枚银质奖章和200英镑的奖金
19	阿尔伯特·爱因斯坦世界科学奖	不详	授予为造福人类作出贡献的杰出科学家	每年1次	世界文化理事会	一枚纪念奖章和一笔10000美元的奖金
20	布鲁塞尔尤里卡世界发明博览会奖	1950年	主要展出民用工业技术发明	每年1次	博览会评委会	博览会设评委会大奖、首相奖、奥斯卡奖、大臣奖、金奖、银奖、铜奖、军官勋章、骑士勋章
21	国际K.J.BUT—TON奖	不详	表扬远红外物理科学领域的杰出贡献	每年表彰1位	英国皇家科学研究院物理研究所	一枚铜牌，1000奖金和400差旅费

序号	奖励名称	设奖时间	奖励范围、对象	奖励周期及数量	评选机构	奖励形式
22	美国物理协会奖——新材料国际奖	1985 年	表彰在新材料科学及其应用领域作出突出贡献的人士	每年 1 次，可以授予 1 人，也可以由几人分享，最多不超过 3 人	美国物理协会	一份记载有获奖者贡献证书、一笔金额为 5000 美元的奖金，此外还为获奖者参加颁奖会议时提供差旅费
23	罗尔夫·内万林纳奖	1981 年	表彰信息科学数学方面具有杰出成就的青年数学家	每 4 年 1 次，1 位获奖者	国际数学家联合会	一枚奖章和一笔奖金
24	第三世界科技组织网（TWN-SO）奖	不详	为第三世界人民生活幸福，在解决一些社会经济问题方面发挥了重要作用的个人和组织	在应用科学领域每年设立 2 个奖	理论物理国际中心（意大利）科技组织网	金额为 1 万美元，并颁发奖章
25	世界生物多样性领导奖	1995 年	表彰在世界生物多样性这一新兴学科领域所取得的成就	每 3 年 1 次，该奖项面向个人	美国贝基金会和约瑟芬·贝·保罗－迈克尔·保罗基金会	奖励每位获奖人 18 万美元
26	国际大地测量协会盖伊·邦福德奖	1975 年	授予在大地测量学领域中取得杰出成就的人士	每 4 年 1 次	英国皇家学会的英国大地测量学与地球物理全国委员会和国际大地测量协会	颁发奖金

序号	奖励名称	设奖时间	奖励范围、对象	奖励周期及数量	评选机构	奖励形式
27	国际摄影测量和遥控学会布罗克金奖章	1956 年	表彰摄影测量领域工具应用及实践方面获得重大成就的革新	每 4 年 1 次	国际摄影测量和遥控学会	奖品为一枚金质奖章
28	帕内蒂奖金	不详	授予过去十年间应用机械学领域取得杰出成就的科学技术人员	每 2 年或 3 年 1 次	意大利都灵科学院	一枚金质奖章和一笔 100 万至 300 万里拉的奖金
29	国际热分析联合会青年科学奖	1985 年	热分析领域中取得重要成就的 35 岁以下的科学家	每 3 年 1 次	国际热分析学会	得到参加国际热分析联合会大会的差旅费
30	欧金尼奥·巴尔赞奖金	1961 年	奖励全世界的人道主义与文化工作	每年 3 项	不详	每项 10 万美元奖金
31	国际验光与光学联合会奖章	1963 年	奖励验光与眼科光学领域的杰出成就	不定期	国际验光与光学联合会	授奖时，邀请获奖人就获奖主题发表演讲
32	马可尼国际研究基金奖	1974 年	对通信事业作出贡献的杰出科学家	每年 1 次	马克尼基金委员会	研究员资格，奖给 25000 美元的奖金和马可尼雕像的复制品一件
33	国际自动控制联合会乔治·夸扎奖章	1981 年	授予获得杰出成就的自动控制工程师	每 3 年 1 次	国际自动控制联合会理事会	2000 瑞士法郎的奖金和一枚奖章

序号	奖励名称	设奖时间	奖励范围、对象	奖励周期及数量	评选机构	奖励形式
34	国际自动控制联合会自动装置论文奖	1981年	用来表彰在《自动控制》这一杂志上所刊载的优秀论文	每3年1次	不详	不详
35	国际无线电科学协会巴尔塔扎尔·范德尔·玻尔金质奖章	1963年	授予在无线电科学领域内作出卓越成就的人士,获奖成果必须是在颁奖年的前六年所作的	每3年1次	国际无线电科学协会	纪念章
36	国际桥梁与结构工程协会国际结构工程功勋奖	不详	奖励结构工程领域对社会有特殊重要意义和用途的杰出成就	每年1次	国际桥梁与结构工程协会	奖品包括奖章与证书
37	国际建筑奖	1957年	奖励在住宅设计领域取得卓越贡献者	2项奖每年1次	比利时全国住宅学会	每项奖均包括一笔奖金与一份证书。奖金数额为250000比利时法郎,2项奖各得一半
38	联合国教科文组织建筑奖金	1968年	授予在国际建筑师联合会举行的评奖竞赛中取得优胜者	每3年1次	联合国教科文组织总委员会	3000美元的奖金和一张证书
39	国际民用航空组织爱德华·沃纳奖	1958年	授予为实现该组织的宗旨而作出杰出贡献的个人或机构	每年1次	国际民用航空组织的一个专门委员会	一枚金质奖章和一份证书

序号	奖励名称	设奖时间	奖励范围、对象	奖励周期及数量	评选机构	奖励形式
40	菲尔兹数学奖	1932 年	数学界的最高荣誉	每 4 年 1 次	不详	奖章、证书和奖金（1500 加元）
41	图灵奖	1982 年	奖励为计算机社会作出重大技术性贡献的个人	每年授予 1—2 名	机构世界计算机协会（ACM）	奖金 2.5 万美元
42	国际理论物理学中心奖——卡斯特勒奖	1982 年	授予固态物理学、原子与分子物理学研究中取得创造性贡献的人士	每 2 年 1 次	国际理论物理学中心	奖金 1000 美元
43	日本"秋樱国际奖"（cosmos 大奖）	1993 年	以授予个人为主，奖励世界著名科学家、社会活动家	不详	不详	除奖状和金质奖牌以外，还颁发 4000 万日元的奖金
44	世界信息峰会奖 WSIS-WSA	2003 年	奖励联合国成员国在科技、文化、卫生、政务、商务等 8 大领域在应用信息技术、推进信息化方面具有创造性和卓有成效的工作	每 3 年 1 次	世界信息峰会组织委员会	证书、奖金

表 4-2　部分国家政府和社团设立的面向国际的科技奖励

序号	国别	奖励名称	设奖年份	奖励范围、对象	奖励周期及数量	评选机构	奖励形式
1	瑞典	诺贝尔自然科学奖	1900	授予世界各国在物理、化学、生理或医学、文学及和平领域对人类作出重大贡献的学者	每年1次	诺贝尔科学奖中的物理奖和化学奖由瑞典皇家科学院评定，生理或医学奖由瑞典皇家卡罗林医学院评定	金质奖章、证书和奖金
2	菲律宾	马赛赛奖——"亚洲诺贝尔奖"	1957	设有政府服务奖、公共服务奖、新进领导奖、社会领导奖、和平及网际了解奖、新闻、文学和创新通信艺术奖等多个奖项	每年1次	雷蒙·马赛赛基金会	奖励证书，奖金5万美元
3	德国	德国霍夫曼奖章	1902	奖励在化学领域作出突出贡献的科学家	不定期	德国化学协会	一枚金质奖章
4	英国	巴克奖	1882	授予科学地理学方面获得杰出成就者和发现者，也用来资助那些积极从事发现与探险活动的人士	每年1次，如无候选人，也可不定期	英国皇家地理学会	有时授以奖金，有时授以测量仪器、书籍等
5	丹麦	波尔国际金质奖章	1955	奖励在和平利用原子能方面作出突出贡献的工程师和物理学家	每3年1次	丹麦工程学会	金质奖章

序号	国别	奖励名称	设奖年份	奖励范围、对象	奖励周期及数量	评选机构	奖励形式
6	法国	达诺纳国际营养奖	1997	表彰那些对全球公共卫生作出巨大贡献的研究人员或集体	每2年1次	不详	奖章和奖金
7	比利时	索尔维科学奖	不详	授给在人类科学领域取得杰出成就的科学家	每5年1次	比利时科学研究基金会	奖金数额为750000比利时法郎
8	德国	为人类创造美好生活奖	1980	奖励在食品、住房、环境、人类精神教育及地球保护等方面作出贡献的人员	每年1次	不详	每年奖金总额10万美元以上
9	以色列	沃尔夫奖	1976	促进全世界科学、艺术的发展，造福于人类	通常每年1次	沃尔夫科学基金会	每一单项奖的奖金数额为10万美元，可以由几人分享
10	美国	鲁斯卡奖	1945	奖励在基础医学、临床医学及公众服务领域作出重大贡献的科学家	不详	不详	奖章、证书和奖金
11	加拿大	加德纳奖	1959	医学领域成就显著的个人	每年1次	独立的医学顾问委员会	奖章、证书和奖金

序号	国别	奖励名称	设奖年份	奖励范围、对象	奖励周期及数量	评选机构	奖励形式
12	瑞典	格拉芙奖	1980	授予数学、天文学、生物学（特别是生态学）、地球科学和多发性关节炎研究的科学家	每年授予其中一个领域的科学家	瑞典皇家科学院	奖金为50万美元
13	美国	泰勒环境奖	1973	授予对发现和解决世界范围的环境问题作出重大贡献的科学家	每年1次	美国南加州大学	奖金金额为20万美元，另有金质奖章
14	日本	日本国际奖	1983	授予那些在科学技术领域被公认取得独创性、跨越式成果，为科学技术的进步作出重大贡献的科学家	每年指定2—3个领域作为颁奖对象领域。原则上针对每个领域的1事、1人进行奖励	由日本国际财团组成评审委员会	授予奖状、金质奖章和5000万日元奖金
15	日本	京都奖	1983	奖励涉及基础科学、尖端技术、思想与艺术3个领域，每年在3个领域各设1项奖励	每年授予不同领域1人	由日本著名大学校长、教授组成评审委员会	授予奖状、金质奖章和5000万日元奖金

序号	国别	奖励名称	设奖年份	奖励范围、对象	奖励周期及数量	评选机构	奖励形式
16	日本	国际生物学奖	1985	奖励国际上在生物学研究方面取得优秀业绩、为世界学术进步作出巨大贡献的个人或组织	每年授予1位杰出贡献的科学家	日本学术振兴会	授予奖状、奖牌、奖金1000万日元
17	日本	蓝行星奖	1991	奖励为解决地球环境问题在科学技术方面作出显著贡献的个人或组织	每年奖励2名	日本旭硝子财团	授予银杯和奖金5000万日元
18	日本	本田奖	1980	奖励取得显著业绩的个人或团体	每年奖励1名	本田财团	授予奖状、奖章、奖金1000万日元
19	美国	费米奖	1956	授奖领域包括核能、原子、分子与粒子的相互作用与影响方面的科技成就	每年1次,每年获奖人数1—3人	美国能源部	一枚带有费米像的金质奖章以及10万美元的奖金。如果同一年获奖者多于1人时,所有获奖者将分享20万美元的奖金

序号	国别	奖励名称	设奖年份	奖励范围、对象	奖励周期及数量	评选机构	奖励形式
20	美国	美国化学会奖	不详	美国化学学会奖项中不限国籍的国际性奖项为18项。要求报奖者居住在美国和加拿大的有3项，占8.82%。两类合计21项，占61.76%	两个奖项的周期不同，有1年，也有2年	美国化学学会	奖章和奖金
21	美国	美国科学促进会"国际科学合作奖"	不详	奖励在加强科学与工程合作中作出特别贡献的个人	不详	美国科学促进会	2500美元奖金及一枚纪念奖牌
22	澳大利亚	澳大利亚国际奖	1990—1999	奖励那些在科学技术领域有高水平的科学成就的个人和团体	每年1次	由澳大利亚科技界知名学者组成评审委员会	奖励金额为30万美元

资料来源：姚昆仑：《科学技术奖励综论》，科学出版社2008年版。

三、中国自主创新政策现状评述

2006年以来，我国政府部门制定了各类促进自主创新的政策，主要包括财税政策、金融政策、人才政策、政府采购、知识产权和技术标准政策、创新平台建设等。下面即从这几个角度对我国政府的创新行为进行评价。

（一）激励企业技术创新的财税政策

2006 年以来，为进一步激励企业技术创新，政府出台了多项财税政策，这些政策主要包括以下几个方面。

第一，实施关键产业关键领域的进口税收优惠政策和高技术产品出口退税政策。创新型国家战略提出之后，财政部、海关总署、国家税务总局等单位相继实施了一系列进出口税收优惠政策。2007 年 1 月 14 日，财政部、国家发展改革委、海关总署和国家税务总局发布并实施了《关于落实国务院加快振兴装备制造业的若干意见有关进口税收政策的通知》（以下简称《通知》）。《通知》指出，为提高我国企业的核心竞争力及自主创新能力，在相关重大技术装备关键领域内，针对国内企业开发、制造相关装备而进口关键零部件，或者是国内无法顺利生产的原材料的进口环节施行先征后退增值税、进口关税等优惠政策，通常情况下，所退税款都是国家政府部门全权负责，作为国家专项资金，用于增强自主创新能力、研发企业新型产品等。此后又针对具体的商品进口制定了进口税收政策，涉及新型大马力农业装备及其关键零部件、大型煤化工设备及其关键零部件原材料、大型精密高速数控设备及其关键零部件等重要设备及零部件。2007年 1 月 31 日，财政部、海关总署、国家税务总局等制定并颁布《科技开发用品免征进口税收暂行规定》（以下简称《规定》）。该《规定》深入研究了免征进口关税、进口环节增值税、消费税等，还明确规定了免税进口科技开发用品的使用条件、适用范围等。2008 年 12 月 29 日，财政部、国家税务总局发布了《关于提高部分机电产品出口退税率的通知》（以下简称《通知》），提高了部分技术含量和附加值高的机电产品出口退税率。

第二，执行鼓励企业技术创新的企业所得税优惠政策。2006 年 1 月 1日，财政部、国家税务总局联合颁布实行《关于企业技术创新有关企业所得税优惠政策的通知》（以下简称《通知》）。该《通知》对企业技术开发费、职工教育经费等进行了明确规定，依据相应比例适当扣除，主要用于设备加速折旧、研发仪器等。此外，该通知还特别制定了高新技术企业的所得税优惠政策：自 2006 年 1 月 1 日，在国家高新技术产业开发区中建设高新技术企业，从企业获得经营效益的时期开始计算，2 年以内免交企业所得税，当免税期满之后，依据 15%税率缴纳企业所得税。2006 年 12 月 31 日，财政部、国家税务总局联合颁布《创新基金捐赠有关所得税政策问题的通知》，规定企业事业单位、社会团体和个人等社会力量通过公益性的社会团体和国家机关向科技部科技型中小企业技术创新基金管理中心用于科技型中小企业技术创新基金的捐赠，能够享受到免除所得税等系列优惠政策。2007 年 1 月 1 日，财政部、国家税务总局联合颁布《关于促进创业投资企业发展有关税收政策的通知》，对符合条件的创业投资企业实施企业所得税优惠政策。

第三，实施促进产学研合作的税收优惠政策。2007 年 8 月 20 日，财政部、国家税务总局颁布施行《关于国家大学科技园有关税收政策问题的通知》，规定符合要求的国家大学科技园可享受房产税、城镇土地使用税以及营业税优惠。由财政部和国家税务总局制定的自 2008 年 1 月 1 日开始执行的《关于科技企业孵化器有关税收政策问题的通知》，规定符合条件的科技企业孵化器可享受房产税、城镇土地使用税以及营业税优惠。

第四，设立支持创新的专项基金。2006 年以来，财政部联合其他部委，对需要重点发展的行业和领域设立专项基金，支持相关产业技术创新能力的提升。2006 年 7 月 24 日，财政部、发展改革委员会联合颁布《关于〈印发中小企业发展专项资金管理办法〉的通知》，对专项资金支持符合条件进行明确规定，能够充分满足中小型企业持续发展的需求。2007 年 7 月 6 日，财政部、科技部联合颁布《关于印发〈科技型中小企业创业投资引导基金管理暂行办法〉的通知》，对科技型中小企业创业投资引导基金等方面进行了明确规定，主要采取阶段参股、跟进投资、风险补助、投资保障等方式，推动科技型中小企业快速持续发展。2008 年 7 月 30 日，财政部发布了《关于印发〈包装行业高新技术研发资金管理办法〉的通知》，规定以无偿资助和贴息贷款的方式支持包装行业的企业研发高新技术。2007 年 12 月 10 日，财政部、原信息产业部等联合颁布《关于印发〈电子信息产业发展基金管理办法〉的通知》，重点强调中央财政预算安排专项基金设立电子信息产业发展基金等方面，主要采用无偿资助、贷款贴息、创业风险投资等方式，对电子信息产业创新给予最大的支持。2007 年 12 月 11 日，财政部发布了《关于印发〈淘汰落后产能中央财政奖励资金管理暂行办法〉的通知》，指出要设立奖励资金，采取专项转移支付方式对经济欠发达地区淘汰落后产能给予奖励。2007 年 12 月 20 日，财政部、农业部又发布了《关于印发〈现代农业产业技术体系建设专项资金管理试行办法〉的通知》，侧重于阐述现代农业产业技术体系建设专项资金等方面，优先支持产业技术研发中心的研发费用、综合试验站的研发费用、购买相关仪器设备的费用。

除了设立支持企业和产业发展的专项基金外，相关部门还积极设立基金，支持公益性科研机构的自主创新。2006 年，财政部、科技部联合发布了《公益性行业科研专项经费管理试行办法》（以下简称《办法》）。《办法》规定设立公益性行业科研专项经费，主要用于支持公益性科研任务较重的国务院所属行业主管部门组织开展本行业应急性、培育性、基础性等科研工作，从而实现科技创新。2006 年 12 月 8 日，国家财政部颁布《中央级公益性科研院所基本科研业务费专项资金管理办法（试行）》，规定设立"公益性科研院所基本科研业务费专项资金"，以加大对中央级公益性科学事业单位的支持力度，建立稳定的支持机制，促进科研院所持续创新能力的提升。

在设立专项基金支持创新的同时，相关机构还积极出台政策，加强对专项基金的管理，以提高专项基金对自主创新的支持效果。2006 年 9 月 30 日，财政部、科技部发布了《国家科技支撑计划专项经费管理办法》、《国家重点基础研究发展计划专项经费管理办法》。2006 年 10 月 10 日，财政部、科技部、总装备部联合发布了《国家高技术研究发展计划（863 计划）专项经费管理办法》。这些文件规范了对相关科技计划专项经费的管理，有利于提高科研基金的使用效率，能更好地实现通过科研计划提升自主创新能力的战略目标。

（二）促进自主创新创业的金融政策

为更好地向企业技术创新提供金融支持，中国人民银行、银监会、保监会等机构相继发布并实施了一系列金融优惠政策，涉及范围包括融资服务、保险服务、信用担保等。

高新技术企业是金融政策最主要的涉及对象。2006 年 6 月 30 日，中国进出口银行对外正式颁布《支持高新技术企业发展特别融资账户实施细则》，涉及创业风险投资、代理其他投资机构的投资、投资咨询、给投资企业提供管理服务、参与设立创业风险投资机构、创业风险投资管理顾问机构等方面，为推动高新技术企业快速持续发展奠定基础，从而促使我国高新技术企业的核心竞争力不断提高。2006 年 12 月 1 日，财政部发布了《关于进一步支持出口信用保险为高新技术企业提供服务的通知》（以下简称《通知》），《通知》要求中国出口信用保险公司充分发挥出口信用保险对推动高新技术企业出口的作用，保障高新技术企业顺利出口，通过加强出口信用保险的形式，鼓励企业自主创新。就高新技术型企业而言，企业保险服务还待不断增强。2006 年 12 月 28 日，国保监会、科技部联合颁布《关于加强和改善对高新技术企业保险服务有关问题的通知》（以下简称《通知》）。《通知》指出，要大力推动科技保险创新发展，逐步建立高新技术企业创新产品研发、科技成果转让的保险保障机制，探索并实践通过国家财政科技投入引导推动科技保险发展的新模式，发挥保险中介机构在高新技术企业承保理赔、风险管理和保险产品开发方面的积极作用等，创新高新技术企业的融资方式。同一天，银监会颁布《关于商业银行改善和加强对高新技术企业金融服务的指导意见》，对商业银行、高新技术企业给予鼓励与支持，金融服务由此得以改善，推动了高新技术企业快速持续发展。

　　除了高新技术企业外，政府相关部门还积极出台了扶植中小企业发展的金融政策。发改委、财政部、中国人民银行、国税总局、银监会联合发布了《关于加强中小企业信用担保体系建设意见的通知》，指出要建立健全担保机构的风险补偿机制，推进担保机构与金融机构的互利合作，为担保机构面向中小企业开展业务创造有利条件，提高担保机构对中小企业技术创新的保障作用。2007 年 7 月，财政部、科技部联合颁布《科技型中小企业创业投资引导基金管理暂行办法》，明确规定基金支持对象、阶段参股、跟进投资、风险补助、投资保障、管理、监督等，进而对科技型中小企业自主创新给予支持。

　　针对高新技术企业、中小企业等，政府专门制定相关金融政策，为其营造良好的金融环境，从而对企业自主创新给予支持，各项金融政策得以顺利施行。2006 年 12 月 28 日，银监会颁布《支持国家重大科技项目政策性金融政策实施细则》，鼓励和引导政策性银行等金融机构为国家重大科技项目提供金融服务，加强政策性金融对自主创新和产业化的支持力度。

（三）积极实施自主创新的人才政策

　　事业发展的核心部分就是人才，以创新型国家而言，实施发展战略时尤其要重视人才所发挥的作用，特别是创新型科技人才。从 2006 年开始，原国家人事部、教育部、科技部等联合制定出培育与吸引优质人才的策略，主要涉及下述层面。

　　第一，引进高新技术型人才。2006 年 12 月 26 日，海关总署颁布《高层次留学人才回国和海外科技专家来华工作进出境物品管理办法》，为高层次人才来华工作提供各种便利，以鼓励高层次留学人才回国和海外科技专家来华工作，推动国家科学技术进步。2007 年 2 月 15 日，原人事部、教育部、科技部、财政部、外交部、发展改革委、公安部、商务部、人民银行、国资委、国务院侨办、中科院、国家外专局、海关总署、税务总局、工商总局等留学人员回国服务工作部际联席会议成员单位及有关部门联合颁布《关于建立海外高层次留学人才回国工作绿色通道的意见》，各个部门极为关注挽留或是吸引高新技术型人才的各项工作，为其创造良好的发展环境，便于人才出境与居留。2007 年 3 月 2 日，教育部颁布《关于进一步加强引进海外优秀留学人才工作的若干意见》（以下简称《意见》）。《意见》中涉及：以海外优秀留学人才需求目录为基础，完善构建海外优秀留学人才信息库；合理构建海外优秀留学人才双向选择平台，为优秀人才提供更多的创业服务；充分利用国家科技、教育、人才资助项目，引导海外优秀人才回国创业；建立海外留学人才回国工作快速通道，帮助优秀人才妥善处理回国创业过程中所面临的问题；积极建设留学人员创业园、大学科技园、创业基地、服务机构等。2008 年 12 月 25 日和 28 日，中央人才工作协调小组在北京召开海外高层次人才引进工作会议。中共中央政治局委员、中央书记处书记、中央组织部部长李源潮指出，要进一步解放思想、创新机制，积极引进海外高层次人才，为建设创新型国家、实现全面建设小康社会奋斗目标提供人才支持。

第二，培育高技能人才、稀缺人才。2006 年 6 月，中共中央办公厅、国务院办公厅联合颁布《关于进一步加强高技能人才工作的意见》（以下简称《意见》）。《意见》要求，全面施行人才强国战略，培育高技能人才，在此基础上，促使社会经济快速发展。《意见》主要涉及下述内容，即对高技能人才培养体系进一步修正与完善，培育高技能人才；充分发挥业绩、能力的导向作用，完善构建科学合理化的高技能人才考核评价、竞赛选拔、技术交流制度等；构建完善成熟的高技能人才岗位使用制度、表彰激励制度，充分调动高技能人才的主观能动性、创新创造活动；构建完善成熟的高技能人才合理流动制度、社会保障制度，在此基础上，对高技能人才进行优化配置，促使保障水平大幅度提高；投入大量资金，重视高技能人才培育工作；营造良好发展氛围，促使高技能人才健康成长。2007 年 1 月 5 日，科技部颁布《关于在重大项目实施中加强创新人才培养的暂行办法》，全面革新科技管理制度，创造良好环境实现自主创新，对人员、项目、基地等进行合理安排，培育创新型人才，建设创新团队。2007 年 8 月 6 日，教育部、发展改革委、财政部、人事部、科技部和国资委联合发布了《关于进一步加强国家重点领域紧缺人才培养工作的意见》，确定了国家重点领域紧缺人才培养工作的总体要求、基本原则和主要任务，要求行业主管部门和企业积极参与国家重点领域紧缺人才培养工作，并加强领导、形成合力，加大对国家重点领域紧缺人才培养的支持力度。

第三，对在岗人员进行系统化培训，加强人员管理。2007 年 2 月 15 日，原国家人事部、科技部颁布施行《关于科学研究事业单位岗位设置管理的指导意见》，对下述内容进行明确规定，就科学研究事业单位而言，注重岗位类别设置，要岗位等级设置，要深入研究专业技术岗位名称、岗位等级等。对岗位条件、岗位审核制度等也进行明确规定，此外，针对实际情况制定出岗位聘用制度。2007 年 6 月 30 日，原国家人事部、教育部、科技部、财政部联合颁布《关于加强专业技术人员继续教育工作的意见》，重点培育高层次创新型专业人才，在此基础上，展开大型教育活动。

博士后是中国专业技术人才的核心力量。2006 年以来，原人事部等相关机构就加强和改善博士后的管理出台了相关的政策和制度。2006 年 10 月 30 日，原人事部和全国博士后科研流动站管理协调委员会完善构建《博士后工作"十一五"规划》，详细介绍了博士后制度自成立之初到 2006 年为止，二十多年来取得的成绩和面临的形势，提出了博士后工作的指导思想、基本原则和主要目标，并明确了具体的政策措施：改革完善博士后管理制度；加大投入力度，实施特别资助计划；加强博士后科研流动站和科研工作站建设；健全完善博士后工作质量保证机制；完善博士后服务与保障；扩大博士后工作的国际交流与合作。为进一步加强和规范博士后管理工作，原人事部和全国博士后管委会对 2002 年的《博士后管理工作规定》进行修订，并于 2006 年 12 月 29 日共同发布了新版的《博士后管理工作规定》，对博士后的管理机构，流动站和工作站的设立，博士后人员的招收、管理、日常经费和公寓管理、评估和表彰、科研资助、职业道德建设等作出了明确的规定，有利于更好地进行博士后培养和管理。

第四，实施对特殊地区和重要领域的倾斜性人才政策。2007 年 5 月，中共中央办公厅、国务院办公厅联合颁布《关于进一步加强西部地区人才队伍建设的意见》，要求积极建设西部地区人才队伍，继续推进西部大开发，促进区域协调发展。2007 年 12 月 24 日，科技部、教育部、财政部、原劳动和社会保障部、税务总局、中国科协联合发布了《关于加强农村实用科技人才培养的若干意见》（以下简称《意见》）。《意见》规定，要面向创新型国家和新农村建设培养农村实用科技人才，加大乡土科技人才培养力度，鼓励专业技术人才深入农村一线，发挥农村实用科技人才的作用，建立健全农村实用科技人才培养长效机制。上述政策对提高西部等落后地区和农业等基础产业的技术创新能力，起到了积极的推动作用。

第五，全面实行人才激励政策。积极引进高新技术型人才。妥善处理人才激励等方面的问题。国家有关部门颁布施行了诸多与之相关的规章制度。2006 年 10 月 25 日，财政部、发展改革委、科技部、原劳动保障部等共同颁布《关于企业实行自主创新激励分配制度的若干意见》，重点强调：企业内部必须要尽快构建知识产权管理制度，打破企业职工职务技术成果、非职务技术成果两者之间的界限；合理配置人力资源，将企业成果成果转化为科技成果，缴纳 3 年赋税之后，所获得的效益是转化之前净资产总效益的 30%。针对关键研发人员，一般情况下，按照贡献程度分配股权。以高新技术企业为例，修改公司制或者是增资扩股期间，对关键研发人员给予一定比例的股权奖励。2007 年 5 月 18 日，国资委、财政部和科技部联合发布了《中央科研设计企业实施中长期激励试行办法》，规定对为企业中长期发展作出突出贡献的企业科技人员和从事研发的管理人员，以及在企业未来发展中具有关键或核心作用的科技人员和从事研发的管理人员实施积极的激励。

(四) 促进自主创新的政府采购政策

政府采购是政府扶植企业发展的典型做法。2006 年至今，财政部门以政府采购的形式，实现企业技术创新，并制定出相关的规章制度。2006 年9 月，财政部颁布《关于实施促进自主创新政府采购政策的若干意见》，将其视作补充性政策。财政部在 2007 年 4 月 3 日同时印发了《自主创新产品政府采购预算管理办法》、《自主创新产品政府采购合同管理办法》和《自主创新产品政府采购评审办法》等文件。《自主创新产品政府采购预算管理办法》明确了自主创新产品政府采购的预算编制、预算执行和监督检查等管理办法。《自主创新产品政府采购合同管理办法》对自主创新产品政府采购合同的订立、履行和监督检查作出了具体的规定。《自主创新产品政府采购评审办法》明确了自主创新产品政府采购活动的评审要求、评审标准和监督检查。为了更好推动本地企业实现自主创新，2007 年 12 月27 日，财政部颁布《关于印发〈政府采购进口产品管理办法〉的通知》，规定政府在必须采购进口产品时，应当坚持有利于本国企业自主创新，或者是尽快吸收并消化核心技术的相关原则，购买或转让相关技术，为企业提供更多的培训服务。2007 年 12 月 27 日，财政部又发布了《关于印发〈自主创新产品政府首购和订购管理办法〉的通知》，提出要通过政府采购支持国内企业或科研机构开发的重大创新产品、技术、软科学研究课题等。

(五) 知识产权政策和技术标准战略

知识产权和技术标准对推动我国科学技术的进步和提高自主创新能力有着重要意义。2006 年至今，国家知识产权局等有关部门结合我国国情，制定并执行技术标准战略、知识产权战略。2006 年 12 月 25 日，原信息产业部、科技部、发展改革委共同颁布《我国信息产业拥有自主产权的关键技术和重要产品目录》，明确表示对国家建设投资、科技计划对相关技术产品给予支持，对开发目录中技术和产品的企业在专利申请、标准制定、国际贸易和合作等方面予以支持。2006 年 12 月 31 日，科技部发布了《关于提高知识产权信息利用和服务能力推进知识产权信息服务平台建设的若干意见》，要求各省、自治区、直辖市、新疆生产建设兵团科技厅（委、局）、知识产权局、国务院有关部门科技主管单位充分认识知识产权信息对科技创新的重要作用，充分利用知识产权信息，强化产权意识，增强企业综合实力，积极建设知识产权信息服务队伍，完善构建知识产权信息服务平台。2007 年 1 月 15 日，科技部、国家质量监督检验检疫总局、发展改革委和财政部联合发布了《科技计划支持重要技术标准研究与应用的实施细则》，其中重点强调支持科技计划，充分发挥引导作用，从而深入研究重要技术标准，将其应用于实践中。知识产权交易市场日渐规范，发展改革委、财政部、科技部、国家工商总局、国家版权局和国家知识产权局于 2007 年 12 月 6 日联合发布了《建立和完善知识产权交易市场指导意见》，提出了发展知识产权交易市场的指导思想、基本原则和总体目标，要求推进知识产权交易市场体系建设、规范知识产权交易行为、改进知识产权交易配套服务、给予政策扶持、侧重于监督与管理。2008 年 6 月 5 日，国务院颁布《国家知识产权战略纲要》，重点强调本国知识产权战略思想、战略目标、战略重点等。全面实施知识产权、技术标准等有关政策，从而提高本国企业的自主创新能力。

（六）推动创新基地和创新平台建设

自主创新能力的提升，必须有合适的基础和平台。2006 年至今，国家政府部门颁布施行了诸多政策，对创新平台、创新基地的建设有着至关重要的作用。这些平台主要包括两个方面：一是国家工程实验室等科研机构平台，二是企业技术中心和高新技术产业园等企业类平台。

科研机构平台建设方面，发展改革委于 2006 年 7 月 30 日公布了《关于建设国家工程实验室的指导意见》，并于 2007 年 7 月 23 日发布了《国家工程实验室管理办法（试行）》。上述两个文件，主要涉及国家工程实验室建设的指导意见、申报条件、监督管理制度等，并要求构建科学合理化的技术创新体系中的作用。2007 年 3 月 5 日，发展改革委正式颁布《国家工程研究中心管理办法》，《国家工程研究中心管理办法》主要涉及国家工程研究中心的申报、审核、评价、资金补助、变更与处罚政策，以规范国家工程研究中心的建设与运行管理，提高自主创新能力。

企业类平台建设方面，2007 年 3 月 30 日，发展改革委、国土资源部、建设部联合发布了《关于促进国家高新技术产业开发区进一步发展增强自主创新能力的若干意见》，进一步确定了发展国家高新技术产业开发区的最终目标、指导思想、原则以及工作重点。2007 年 4 月 19 日，发展改革委、科技部、财政部、海关总署、税务总局联合发布了《国家认定企业技术中心管理办法》，对国家企业技术中心的认定、评价、调整与撤销、管理与政策作出了明确的规定，以充分发挥国家认定企业技术中心在建立以企业为主体、市场为导向、产学研有效结合的技术创新体系中的作用。为促进企业自主创新能力大幅度提高，国家科技部在 2006 年 12 月 31 日发布了《关于进一步推动科研基地和科研基础设施向企业及社会开放的若干意见》，鼓励科研基地和科研基础设施积极向企业及社会开放。

创新系统中，为将企业的主导作用最大限度地发挥出来，有关部门制定并执行相关政策，积极建设大学科技园、科技企业孵化中心，并进一步加强管理。2006 年 11 月 24 日，科技部、教育部颁布《国家大学科技园认定和管理办法》，提出了国家大学科技园的功能与定位，以进一步发挥大学科技园在培养中心科技企业中的积极作用。2006 年 12 月 7 日，科技部颁布《科技企业孵化器（高新技术创业服务中心）认定和管理办法》，明确了高新技术创业服务中心的最终目标、主要功能等。此外，还明确规定了高新技术创业服务中心的管理与认定以及推动高新技术创业服务中心快速持续发展的相关政策和措施，以更好地支持我国高新技术企业的发展。

除了上述六个方面外，政府还积极出台了其他政策，推动企业自主创新能力大幅度提高，《破产法》的制定与执行即为最典型的案例。2007年6月1日，国家政府部门颁布《中华人民共和国企业破产法》，对我国企业更好地适应社会主义市场经济体制、进一步提升自身核心竞争力有着重要意义。

四、国家自主创新示范区政策研究

（一）中关村国家自主创新示范区新政分析

自2009年3月国务院批复同意中关村科技园区建设国家自主创新示范区以来，中关村示范区的创新发展取得了新的成效。2010年8月，胡锦涛在听取北京市汇报工作时指出，"中关村的发展，关键是要整合好资源，搭建好平台"。12月21日，李克强在视察中关村时赞成北京市提出的首都创新资源平台搭建方案，并要求国家有关部门参加，加快落实国务院批准的中关村"1+6"的鼓励科技创新和产业化的系列先行先试改革政策。可以说，中关村"1+6"先行先试政策是推动中关村创新发展新的重要里程碑。

1. "1+6"政策简介

"1"是指首都创新资源平台。2010年12月31日，在中关村国家自主创新示范区部际协调小组领导机制下，"中关村科技创新和产业化促进中心"（简称"首都创新资源平台"）在京成立。首都创新资源平台由国家有关部门和北京市共同组建，重在进一步整合首都高等院校、科研院所、中央企业、高科技企业等创新资源，采取特事特办、跨层级联合审批模式，落实国务院同意的各项先行先试改革政策。

平台下设重大科技成果产业化项目审批联席会议办公室、科技金融工作组、人才工作组、新技术新产品政府采购和应用推广工作组、政策先行先试工作组、规划建设工作组和中关村科学城工作组 7 个工作机构，由来自北京市 31 个部门及一区十园的 100 余名工作人员常驻办公，来自 19 个国家部委的 37 名负责人参与重大事项的决策审批，围绕重大科技成果转化和产业化项目、先行先试扶持政策等 13 个受理事项开展工作。

"6" 是指中关村深化实施先行先试改革的 6 条新政策。包括：中央级事业单位科技成果处置权和收益权改革试点政策；税收优惠试点政策；股权激励试点政策；科研经费分配管理改革试点政策；高新技术企业认定试点政策；建设全国场外交易市场试点政策。

2. "1+6" 政策解读

——中央级事业单位科技成果处置权和收益权改革试点政策

政策背景：当前，中央级事业单位在处置国有资产、开展科技成果对外投资等活动时积极性普遍不高，该政策将赋予研发单位更大的自主支配权，并能够充分享有转化收益，有助于及时抓住科技成果转化链条上各要素、各单位的积极性，实现科技成果的最大价值。

政策依据：《中央级事业单位国有资产使用管理暂行办法》（财教〔2009〕192 号）；《中央级事业单位国有资产处置管理暂行办法》（财教〔2008〕495 号）；《中央级事业单位国有资产管理暂行办法》（财教〔2008〕13 号）；《关于在中关村国家自主创新示范区开展中央级事业单位科技成果收益权管理改革试点的意见》（财教〔2011〕127 号）；《关于在中关村国家自主创新示范区进行中央级事业单位科技成果处置权改革试点的通知》（财教〔2011〕18 号）。

政策要点：

（1）中央级事业单位科技成果处置，是指中央级事业单位对其拥有的科技成果进行产权转让或注销产权的行为，包括无偿划转、对外捐赠、出售、转让等。

（2）中央级事业单位科技成果处置权限。一次性处置单位价值或批量价值在 800 万元以下的，由所在单位按照有关规定自主进行处置，并于一个月内将处置结果报财政部备案；一次性处置单位价值或批量价值在 800 万元以上（含 800 万元）的，仍按现行规定执行，即由所在单位经主管部门审核同意后报财政部审批。

（3）科技成果收益分段按比例留归单位，纳入单位预算统筹用于科研及相关技术转移工作，其余部分上缴中央国库。按照科技成果价值在 800 万元以下、800—5000 万元、5000 万元以上三种情况分别予以规定（见表 4-3）。

表 4-3　中央级事业单位科技成果处置权和收益权分配

科技成果价值	收益分成额度		留归单位比例（%）	上缴中央财政比例（%）
800 万元以下	全部收益		100	0
800—5000 万元（含 800 万元）	第一段	收益 $\times \dfrac{800\text{万}}{\text{科技成果价值}}$	100	0
	第二段	收益 $\times \left(1-\dfrac{800\text{万}}{\text{科技成果价值}}\right)$	90	10
5000 万元以上（含 5000 万元）	第一段	收益 $\times \dfrac{800\text{万}}{\text{科技成果价值}}$	100	0
	第二段	收益 $\times \left(\dfrac{5000\text{万}-800\text{万}}{\text{科技成果价值}}\right)$	90	10
	第三段	收益 $\times \left(1-\dfrac{5000\text{万}}{\text{科技成果价值}}\right)$	0	100

注：对利用其拥有的科技成果对外投资形成的股权（权益）进行初次处置产生的收益，不包括二次或多次转让股权（权益）产生的收益。

政策突破：

该政策对中央事业单位科技成果收益的概念进行了明确，特别是将中央及事业单位利用其拥有的科技成果对外投资形成的股权（收益）进行初次处置产生的收益纳入范围。明确收益分段按比例留归单位，纳入单位预算统筹用于科研及相关技术转移工作，其余部分上缴国库。

——税收优惠试点政策

政策背景：各类高新技术企业和民办非企业科研机构已经成为科技成果转化的重要力量，但他们为转化职务科技成果给予本单位技术人员股权奖励时，不能享受"财税字〔1999〕45号"文件规定的科研机构、高等院校相应的政策待遇，影响了科技成果转化和高新技术企业做强做大。该政策针对研究开发费用加计扣除、职工教育经费税前扣除和股权奖励个人所得税进行试点。

政策依据：《对中关村科技园区建设国家自主创新示范区有关研究开发费用加计扣除试点政策的通知》（财税〔2010〕81号）；《对中关村科技园区建设国家自主创新示范区有关职工教育经费税前扣除试点政策的通知》（财税〔2010〕82号）；《对中关村科技园区建设国家自主创新示范区有关股权奖励个人所得税试点政策的通知》（财税〔2010〕83号）；《关于贯彻落实国家支持中关村科技园区建设国家自主创新示范区试点税收政策的通知》（财税〔2010〕2948号）。

政策要点：

（1）在《对中关村科技园区建设国家自主创新示范区有关研究开发费用加计扣除试点政策的通知》（财税〔2010〕81号）中规定，企业在示范区内从事《国家重点支持的高新技术领域》及国家发展改革委等部门公布的《当前优先发展的高技术产业化重点领域指南（2007年度）》和中关村国家自主创新示范区当前重点发展的高新技术领域规定项目的研究开发活动，其在一个纳税年度中实际发生的相关费用支出，允许在计算应纳税所得额时按照规定实行加计扣除。

（2）在《对中关村科技园区建设国家自主创新示范区有关职工教育经费税前扣除试点政策的通知》（财税〔2010〕82号）中规定，自2010年1月1日起至2011年12月31日止，对示范区内的科技创新创业企业发生的职工教育经费支出，不超过工资薪金总额8%的部分，准予在计算应纳税所得额时扣除；超过部分，准予在以后纳税年度结转扣除。

（3）在《对中关村科技园区建设国家自主创新示范区有关股权奖励个人所得税试点政策的通知》（财税〔2010〕83号）中规定，对示范区内科技创新创业企业转化科技成果，以股份或出资比例等股权形式给予本企业相关技术人员的奖励，技术人员一次缴纳税款有困难的，经主管税务机关审核，可分期缴纳个人所得税，但最长不得超过5年。83号文件第一条所称分期缴纳个人所得税，是指获得股权奖励的技术人员按照实际发生的股权转让次数，在每次取得股权转让收益后缴纳个人所得税。

政策突破：

一是将企业为研发人员缴纳的"五险一金"、医药企业发生的临床试验费等列入加计扣除范围；二是将职工教育经费税前扣除比例由2.5%提高到8%，且超过部分准予在以后纳税年度结转；三是对以股份或出资比例等股权形式给予本企业相关技术人员的奖励，技术人员可在五年内分期缴纳个人所得税。

——股权激励试点政策

政策背景：以往，中央单位股权激励试点方案审批，一是缺乏审批实施细则，审批主体不够明确，审批责任不清。二是审批程序复杂，周期长。该政策针对以上问题作出了补充规定。

政策依据：《中关村国家自主创新示范区企业股权和分红激励实施办法》（财企〔2010〕8号）；《中关村国家自主创新示范区企业股权激励登记试行办法》（京工商发〔2010〕94号）；《财政部科技部关于〈中关村国家自主创新示范区企业股权和分红激励实施办法〉的补充通知》（财企〔2011〕1号）。

政策要点：

（1）在《财政部科技部关于〈中关村国家自主创新示范区企业股权和分红激励实施办法〉的补充通知》（财企〔2011〕1号）中，根据《实施办法》第三十一条第三款，教育部（财务司、科技发展中心）、工业和信息化部（财务司）、中科院（计划财务局）等主管部门及机构（以下简称"主管部门"），按照资产管理权属，负责对企业股权和分红激励方案进行审批。

（2）企业股权和分红激励方案申报前，应当由中央级事业单位审核通过。主管部门自受理企业股权和分红激励方案之日起 20 个工作日内，提交书面审定意见，符合条件的形成审批文件，正式行文批复。

（3）主管部门应当结合本部门实际，研究制定具体管理程序和工作流程，并对外公布。

政策突破：

该政策对中央级事业单位全资与控股企业股权和分红激励方案的审批主体及程序、审批时限等进行了补充规定，进一步完善了审批的主体、责任和程序，大大提高了股权激励的审批效率。

——科研经费管理改革试点政策

政策背景：以企业为主体、市场为导向、产学研相结合的技术创新体系尚不完善，企业牵头联合科研机构、高等院校承担科技计划项目的数量不多；国家科技计划与科技创新领军人才和创新团队结合不够紧密，科研人员用于争取国家科技计划项目的精力投入过多；科研经费支出预算安排过细，直接用于激励科研人员的支出不足，影响了科技人员的积极性和创造性；重大需求和应用对自主创新的直接拉动作用不够，制约了科技成果产业化；有利于科技成果转化和产业化的科技计划项目的立项管理、经费分配、使用和评价体系尚不完善。

政策依据：《民口科技重大专项资金管理暂行办法》（财教〔2009〕218号）；《中关村国家自主创新示范区科技重大专项项目（课题）经费间接费用列支管理办法（试行）》（中示区组发〔2010〕15号）；《关于在中关村国家自主创新示范区开展科研项目经费管理改革试点的意见》（财教〔2011〕20号）。

政策要点：

在《关于在中关村国家自主创新示范区开展科研项目经费管理改革试

点的意见》（财教〔2011〕20号）中规定开展间接费用补偿机制试点。在总结科技重大专项列支间接费用经验的基础上，对试点项目中相关国家科技计划项目实行间接费用补偿机制。开展科研项目经费分阶段拨付试点。根据项目实施进度和关键节点任务完成情况进行分阶段拨款。开展科研项目后补助试点。开展增加科研单位经费使用自主权试点。完善试点项目中相关国家科技计划项目预算调整程序，扩大科研单位在项目内部各项费用间预算调整的权限，增加经费使用自主权。

政策突破：

科技部与北京市建立了项目部市会商机制，组织招标、征集一批重大科研和产业化项目，由企业联合高校、院所或产业技术联盟实施，纳入科技部项目支持计划。国家发展改革委、工业和信息化部、卫生部等部委均表示将参照此方式加大对中关村企业的支持力度。

——高新技术企业认定试点政策

政策背景：针对新创企业不能参加认定、核心技术知识产权全球独占许可标准不符合实际、评价指标体系中专家主观评分占比高达40%，难以客观反映企业创新能力等问题制定此类政策。

政策依据：《关于印发〈高新技术企业认定管理办法〉的通知》（国科发火〔2008〕172号）；《中关村国家自主创新示范区技术秘密认定管理暂行办法》（京科发〔2011〕471号）；《关于完善中关村国家自主创新示范区高新技术企业认定管理试点工作的通知》（国科发火〔2010〕90号）。

政策要点：

在《关于完善中关村国家自主创新示范区高新技术企业认定管理试点工作的通知》（国科发火〔2010〕90号）中规定，企业从事战略性新兴产业，且近三个会计年度的研究开发费用总额占销售收入总额的比例达到10%以上的企业，可以技术秘密作为核心自主知识产权申报。示范区内注册满半年不足一年的企业，符合科技人员与研发人员所占比例的规定，且研究开发费用总额占成本费用支出总额20%以上的，可申请认定高新技术企业，发蓝底证书，自颁发证书之日起有效期为一年，不享受税收优惠，企业注册满一年后，可按规定重新认定。以定性和定量相结合的原则，在认定组织工作中发挥技术专家的技术专长，对企业核心自主知识产权水平、科技研发及成果转化能力进行评价；科技研究开发管理水平、企业总资产和销售额增长率指标由认定机构组织评价。

政策突破：

结合示范区建设的实际需要，对中关村示范区内的企业在认定条件上进行了调整：一是示范区内注册满半年不足一年的企业可以参加认定；二是对核心自主知识产权的范畴进行了扩充，增加了反映创新成果的国防专利、技术秘密等类别，并对技术秘密的概念进行了解释等。对符合战略性新兴产业及研发费占比达到10%的企业，允许以技术秘密作为知识产权申报。

——建设全国场外交易市场试点政策

政策背景：为给中小企业融资开辟新路，中国场外交易市场建设正逐步前行，近期随着地方股权交易中心的扩容，区域性柜台交易市场讨论的升温，市场正期盼着政策吹来更多暖风。"1+6"新政2011年刚提出时，未对该政策作具体解释，指明关于在中关村代办股份报价转让试点基础上，建立统一监管下的全国场外交易市场，将由证监会研究提出意见。

政策依据：2012年6月28日，沪深交易所分别发布了《关于完善上海证券交易所上市公司退市制度的方案》和《关于改进和完善深圳证券交易所主板，中小企业板上市公司退市制度的方案》。

政策要点：全国性场外交易市场建设将分两步走，第一步是从中关村试点扩大到全国的高新园区企业，第二步是进一步扩大到全国所有股份公司。考虑到我国中小企业数量众多，地区之间发展不平衡，企业规模、成长阶段和业态模式存在较大差别，我国场外市场建设将从市场需求出发，总体设计、分步实施，把自上而下与自下而上结合起来，逐渐实现分层构建。

政策突破：

截至 2011 年，中关村代办股份转让试点已有 160 家企业参与，挂牌企业总数达到 106 家，其中 2011 年新增挂牌企业 23 家。36 家挂牌公司完成或启动了 43 次定向增资，融资 19 亿元，平均市盈率 22 倍。代办股份转让试点有效地促进了企业的发展，挂牌企业 2010 年平均营业收入增长 28%，2011 年上半年平均营业收入同比增长 30%，多家挂牌公司成功在创业板上市。试点工作在有效控制风险的前提下，为全国场外交易市场建设积累了经验、奠定了基础。证监会同意在总结中关村代办股份转让报价试点工作经验的基础上，加快建设统一监管下的全国场外交易市场。这是对中关村代办股份转让系统的充分肯定。

3. 其他重要政策介绍

——中关村人才特区政策

面向以海外高层次人才为代表的国家发展所特需的各类人才，建设"人才智力高度密集、体制机制真正创新、科技创新高度活跃、新兴产业高速发展"的中国特色人才特区。

支持人才特区建设，实行 13 项特殊政策，入选"千人计划"、"海聚工程"和"高聚工程"的中关村人才，可享受相应待遇。

政策依据：《关于中关村国家自主创新示范区建设人才特区的若干意见》（京发〔2011〕5 号）

政策要点：

兼职。人才特区内高校教师、科研院所研究人员可以创办企业或到企业兼职，开展科研项目转化的研究攻关，享受股权激励政策；在项目转化周期内，个人身份和职称保持不变。企业专业技术人员可以到高校兼职，从事专业教学或开展科研课题研究。

资助。为入选"千人计划"、"海聚工程"等项目的高层次人才提供 100 万元人民币的一次性奖励。为高层次人才创办的企业优先提供融资担保、贷款贴息等支持政策。对承担国家科技重大专项和北京市重大科技成果产业化项目的高层次人才，由北京市政府科技重大专项及产业化项目统筹资金给予支持。

住房。北京市采取建设"人才公寓"等措施，为高层次人才提供一万套定向租赁住房。

——重大产业化项目股权投资政策

北京市政府设立重大科技成果转化和产业化投资专项资金（以下简称"产业化投资资金"），在中关村国家自主创新示范区开展试点，以股权投资方式，支持重大科技成果在京转化和产业化。产业化投资资金体现市政府政策引导性，不以盈利为目的。探索政府资金使用新模式，加快推进重大自主创新成果在京转化和产业化。

政策依据：《中关村国家自主创新示范区重大科技成果转化和产业化股权投资暂行办法》（京科发〔2009〕574号）

政策要点：

产业化投资资金根据"政府出资、市场运作、重在激励、及时退出"的原则进行投资运作，资金主要来源于北京市重大科技项目和产业化项目资金。

北京市科技重大项目和产业化项目资金联席会议统筹重大科技成果转化和产业化股权投资工作，成立由市财政局、市发改委、市经信委、市科委、中关村管委会和北京经济技术开发区管委会等部门组成的专项工作组（以下简称"专项工作组"），具体负责组织实施。

产业化投资资金的出资比例原则上不超过参股企业注册资本的30%。除产业化投资资金外，其他货币资金和实物资产的出资应不低于企业注册资本的30%，鼓励采取包括科技成果作价入股在内的多种股权激励方式，鼓励采取多元化投资方式吸引社会资金共同投资。

被投资企业应采取股权奖励、股权出售、股份期权、科技成果收益分成以及其他激励方式，对作出突出贡献的科技人员和经营管理人员进行激励。

产业化投资资金所得年度分红可按一定比例奖励给被投资企业中作出突出贡献的科技人员和经营管理人员。

产业化投资资金形成的股权优先转让给被投资企业的科技人员、经营管理团队及原始股东。转让价格为产业化投资资金的出资本金及本金以中国人民银行公布的同期活期存款利率计算的收益之和。

——政府采购政策

新技术产品政府采购和应用推广工作组负责推动实施新技术、新产品政府采购和重大应用示范工程,促进新技术、新产品的应用和推广。

政策依据:《北京市人民政府关于在中关村科技园区开展政府采购自主创新产品试点工作的意见》(京政发〔2008〕46号)

政策要点:

首购:由使用财政性资金的采购单位对首购产品进行首先购买。

订购:由使用财政性资金的采购单位对国家和本市需要研究开发的重大创新技术和产品等确定自主创新产品供应单位。

首台(套)重大技术装备试验和示范项目:由使用财政性资金的采购单位对首台(套)重大技术装备优先采购的行为。其中,试验项目是指项目业主单位所采用的首台(套)重大技术装备在国际上首次应用;示范项目是指项目业主单位所采用的首台(套)重大技术装备在国内首次应用。

推广应用:由使用财政性资金的采购单位或项目业主单位对已经生产并投放市场、质量可靠、处于国际国内领先技术水平、符合国家相关产业政策的,且已列入国家或北京市自主创新产品目录的自主创新产品,在政府储备或政府投资项目中优先应用。

在政府投资项目中,市发展改革委等有关部门应将项目业主单位承诺采购自主创新产品作为申报立项的条件,并明确采购自主创新产品的具体要求。在市、区县两级政府投资的重点工程中,国产设备及产品的采购比例一般不得低于总价值的60%;在同等条件下,应优先采购中关村的自主创新产品。

——中关村科学城建设

以新一代信息技术、生命科学、航空航天、新材料、新能源、节能环保和新能源汽车等战略性新兴产业为切入点，以重大科技成果转化和产业化项目为重要抓手，通过资源优化整合、体制机制创新、城市规划管理创新，进一步激发创新资源活力，促进高等院校、科研院所、中央企业、高科技企业、社会组织、地方政府协同创新。

政策依据：《北京市人民政府关于加快建设中关村科学城的若干意见》（京政发〔2011〕14 号）

政策要点：

依靠体制机制创新，盘活科技资源；以需求拉动创新，促进多种资源有效链接；盘活存量空间资源提升创新创业承载能力。

（二）张江国家自主创新示范区新政分析

2000 年，上海市政府颁布了《上海市促进张江高科技园区发展若干规定》，这部被简称为"张江十九条"的市政府规章，形成了园区集中高效的办事机制，也拉开了张江十余年辉煌的序幕。由于缺少必要的行政授权和委托以及集中高效的办事机制，张江的优势在当前的形势下难以得到全面发挥。同时，张江在管理体制上几经变化，层次多、决策难、职责不明的问题已经凸显，影响到自主创新和科学发展示范带动作用的发挥。十多年前的张江，正是依赖"先行先试"实现了跨越式发展；十余年后，在产业发展环境亟待改善的关口，张江必须再次"先行先试"，谋求突破。在此背景下，上海市围绕股权激励、人才集聚、财税支持、金融服务、管理创新 5 个重点方面的要求，结合浦东综合配套改革及张江高科技园区的特色，制定了旨在鼓励自主创新、扶持企业发展的"张江新十条"。

1. "张江新十条"政策介绍

2011 年 8 月，浦东新区政府正式发布《关于推进张江核心园建设国家自主创新示范区的若干配套政策》，即张江"新十条"。"新十条"的发布，标志着张江在人才集聚、股权激励等方面加快了先行先试的步伐。而新发布的条款立足张江现阶段的转型需求，为创新驱动打开新的发展空间，充分体现了浦东敢闯敢试的特点。

"新十条"定位于浦东自主改革内容对核心园"率先示范"的支持，立足于与市里先行先试政策衔接基础上的"差异化"，立足于浦东综合配套改革的既有优势，并结合了张江创新示范新内涵。

第一条：设立"代持股专项资金"，推动股权激励

设立以国资为主导、规模为5亿元的"代持股专项资金"，对符合股权激励条件的团队和个人，经批准后，给予股权认购、代持及股权取得阶段所产生的个人所得税代垫等资金支持。

第二条：推行"张江聚才计划"，加速高端人才集聚

（1）建立以市场为导向的人才评价标准，从不同角度补充完善人才评价体系；对经核心园管委会组织评审认定的创新团队和人才，提供各方面的支持；结合浦东新区"百人计划"，汇聚海内外高层次人才。

（2）为园区人才提供便利。为外籍高层次人才及其配偶、未成年子女和外籍高端技术人员申请长期居留许可提供便利；为持有居住证的人才，提供出入境和子女就学等便利。

第三条：建造限价商品房，定向配售给核心园人才

在临港新城主城区建造限价商品房，定向配售给核心园的引进人才、专业技术骨干、管理人员自住。

第四条：拓展提升教育资源，满足人才子女入学需求

政府支持、多方并举，积极拓展优质教育资源，整体提升区域基础教育水平；对于经认定的核心园创新创业人才，其子女在学前教育、义务教育阶段入园入学安排上予以优先照顾。

第五条：加大专项配套力度，激励研发创新

对核心园企业、机构、新型产业组织获得国家重大科技专项、市重大科技专项，新区给予一定比例资金配套支持。

第六条：加大财税支持力度，降低企业创新成本

积极支持核心园科技创新创业企业的发展，鼓励企业加大研发和教育投入，政府给予一定比例奖励。

第七条：发挥国资创投的引导功能，提高投资活力和效率

（1）国资创投支持高端人才创业。每年安排一定资金，通过国资创投公司以股权投资方式支持高端人才的早中期创业；国资创投可根据项目情况以"成本加利息"方式退出。

（2）完善以功能为导向的国资创投运作模式，制定决策程序、评估方案、退出流程、责任豁免等相关操作细则；完善以市场为导向的国资创投运作模式，探索管理团队持股等有效激励机制，提升国资创投的活力与效率。

第八条：加强投融资服务，支持中小企业发展

（1）深化银政合作。按照"风险共担、限额补贴、征信先行、专业运作、监管创新"的原则，以企业融资信用信息征集为基础，不断深化引入由多家商业银行共同参与的银政合作模式，多元化地满足中小企业的融资需求；支持银行扩大放贷规模，对解决企业融资问题有突出贡献的机构给予风险补偿和奖励。

（2）推进非上市股权交易平台（OTC）运作。按照市政府关于 OTC 中心的交易规则与监管办法，鼓励企业进入 OTC 中心挂牌交易，对交易各方给予引导和支持，为科技型企业早期融资创造条件。

第九条：鼓励核心园二次开发，促进土地集约节约利用

探索产业转型过程中的土地管理政策及房屋资源管理办法，促进园区产业用地集约节约利用。鼓励园区企业在二次开发中，可按规划增加容积率，利用存量工业用地建设研发类建筑；鼓励园区开发主体收购存量用地，根据园区转型发展的需要，合理确定园区基本产业、服务业和配套生活用地的布局和比例。

第十条：鼓励园区企业参与园区管理，积极营造市场化环境

（1）核心园管委会和开发主体积极引导，发挥园区发协委、社团组织、行业协会、留学生服务中心、产业联盟等在园区管理中的作用。

（2）进一步加强研发服务、市场服务平台建设，加强孵化载体建设，引入市场机制，为不同主体之间的合作创造良好的环境和服务。

2. "张江新十条"政策解读

根据"新十条"，张江将推行"张江聚才"计划，加速高端人才集聚。除了建立以市场为导向的人才评价标准，还从不同角度补充完善了人才评价体系。同时，对经核心园管委会组织评审认定的创新团队和人才，提供各方面的支持。此外，结合浦东新区"百人计划"，加快汇聚海内外高层次人才。

值得注意的是，在"张江新十条"中，与人才直接相关的就有4条，包括"建造限价商品房，定向配售给核心园人才"、"拓展提升教育资源，满足人才子女入学需求"等。

2011年6月，上海市政府正式批转《张江国家自主创新示范区企业股权和分红激励试行办法》的通知。作为国家自主创新示范区核心区的张江高科技园区，对此的支持态度在"新十条"中也得到了体现——张江高科技园区将设立以国资为主导、规模为5亿元的"代持股专项资金"，对符合股权激励条件的团队和个人，经批准后，给予股权认购、代持及股权取得阶段所产生的个人所得税代垫等资金支持。比如，企业改制，国有企业要拿出10%来给团队，这10%可能价值2000万元，若这个团队暂时拿不出来，代持股专项基金可以替他们垫付。企业上市、股份可以转让的时候，这个团队再还给代持股专项资金。

除了打造更好的人才事业发展环境之外，"张江新十条"还透露出一种对资本市场活力的向往。"张江新十条"的关键词之一就是"向资本市场高度开放"，包括：发挥国资创投的引导功能，提高投资的活力和效率；加强投融资服务，支持中小企业发展；加大专项配套力度，激励研发创新等，比如，对企业、机构、新型产业组织获得国家重大科技专项、市重大科技专项的，新区政府将给予一定比例资金配套支持。

3. 其他重要政策介绍

据不完全统计，1999 年以来推动张江园区发展的各项政策有百余条。这些政策具有针对性强、各级政府的有关政策上下一致以及涉及面广等特征，相关政策有效推动了张江园区创新集群的发展。

——推动张江园区快速发展的两项规定（意见）

除 1992 年浦东开发开放中有关成立张江园区的决定外，在推动张江园区发展的过程中，有两项规定（意见），不仅使张江园区的发展拥有了不同于其他园区的特殊政策而得到快速发展，而且也为张江园区的发展作出了前瞻性规划。

（1）2000 年上海市政府出台的《上海市促进张江高科技园区发展的若干规定》（注：此规定已于 2001 年 7 月出台《上海市促进张江高科技园区发展的若干规定》时失效，后者也于 2004 年和 2007 年经过两次修改）。该规定第一次将张江园区的开发建设以条例形式予以规范，其核心和最大突破是以技术创新区和浦东软件园为启动领域，在张江园区实行自由企业制度。正是在这个规定的鼓励和支持下，园区当年就实现了开园以来最高的年增长率，进入了较快速发展的第二个阶段。

（2）2003 年浦东新区政府出台的《关于张江高科技园区实施行政审批和政府服务"零收费"的意见》（2003）。2004 年 1 月起，张江园区率先对第一批 61 个项目试行行政审批和政府服务"零收费"，这不仅意味着张江园区内企业的行政费用有了很大减轻，而且也标志着张江园区在体制创新和改革中有了较大进展，管理和服务水平得到提升。正是得益于这种体制机制的不断创新和改革，2004 年以后的三年中，园区内工业企业数量得以翻番，并形成张江园区快速发展的第三阶段。

——中央、地方、园区制定的三大类政策

张江园区是在各级党委和政府的领导和支持下发展起来的，依据不同的政策制定者，推动张江园区创新集群的主要政策可分为中央政府、地方政府和园区三大类。

（1）中央政府制定的政策。据不完全统计，1999年以来，推动张江园区发展的相关国家政策约有8条。这些政策主要从中小企业市场拓展、成果转换和创新资助等各个方面支持和鼓励张江园区科技创新和高科技企业发展，从而在国家战略层面为各级政府具体落实和制定相关政策提供了宏观性指导意见，为张江园区创新集群创造了良好的社会经济环境。

（2）上海市政府与浦东新区政府出台的政策。除配套措施外，上海市政府和浦东新区政府还出台了若干条地方性支持意见，其中专门针对张江园区发展的政策有13项，共计约40条。其中，《上海市促进张江高科技园区发展的若干规定》（2001）和《关于进一步推进张江高科技园区自主创新的实施意见》（2006），对张江园区的创新集群发展的推动作用尤为突出。

（3）张江园区出台的有关办法或意见。1999年以来，在各级政府的支持下，张江园区（包括张江功能区）出台了约19个完善园区发展规划、支持企业发展和提高园区服务水平的有关办法和意见。与前两类政策相比，张江园区出台的意见或办法相对而言比较微观，涉及面更广更细。

——探索多样化的投融资形式，制定吸引高科技人才和创新土地开发机制的政策

张江园区的发展离不开资金、人才和土地等诸要素，这三个方面是现有政策主要关注的对象。从政策实施手段划分，可以分为金融政策、税收政策等。

（1）探索多样化的投融资形式，为创新集群提供开拓资金来源。除了对企业实行税收优惠或对有关行政服务实行"零收费"等手段减轻企业负担外，张江园区对投融资的多种形式从制定法规、条例等方面给予支持。

首先，允许科技入股。《关于促进科技成果转化的若干规定》（1999）明确以高新技术成果向有限责任公司或非公司制企业出资入股的，高新技术成果的作价金额可达到公司或企业注册资本的35%等。

其次，成立风险基金。上述政策明确规定，可采用投资、贷款贴息、补助资金和风险投资等形式支持成果转化活动。

最后，成立担保融资基金。《浦东新区科技发展基金管理办法》（2007）对新区科技型中小企业融资予以担保。

（2）从科研补贴、住房补贴到照顾家属等方面大力吸引人才。为了吸引和留住更多、更好的人才，张江园区不仅充分利用国家相关人才激励政策，而且还争取各级政府对张江人才实行积极扶持。

首先，从科研、住房等方面实行资助，如《上海市促进高新技术成果转化的若干规定》（2004 年修订），规定从事经认定的高新技术成果转化项目的海外留学生在沪取得的工薪收入，在计算个人应纳所得税额时，可按规定享受加计扣除。

其次，通过研究生联合培养基地进一步吸引和培养人才。如《上海市张江高科技园区研究生联合培养基地暂行管理办法》明确规定，联合培养期间，园区对研究生在企业进行课题研究阶段给予一定的资金资助。

最后，配偶（含农业户口）及未成年子女可以随调、随迁来沪，切实关心引进人员的家庭生活。

（3）"公司开发、政府回租"等土地开发创新机制及开展"腾笼换鸟"工作提高了园区土地利用率。张江技术创新区内采取"公司开发、政府回租"的形式突破原有的房地产开发形式。例如，《上海市促进张江高科技园区发展的若干规定》明确，对于进驻软件园的企业，政府采取直接向高科技项目提供房租补贴等措施，以减少创业者进入园区的初期投入。2007 年浦东新区政府又出台了《张江功能区域关于开展"腾笼换鸟"工作的实施意见（暂行）》（2007），通过替换和淘汰劣势企业，大力引进产业能级较高的科技型、自主创新型龙头企业，以提高土地利用率。

（三）东湖国家自主创新示范区新政分析

自 2009 年 12 月国务院批复武汉东湖高新区建设中国第二个国家自主

创新示范区以来，湖北省、武汉市相继出台了 14 项优惠政策助推示范区建设发展，支持在开展股权激励和科技成果转化奖励、科技金融改革创新、新型产业组织参与国家科技重大专项、政府采购和示范推广、促进创新创业的财税政策、高层次人才引进和培养、高新区管理体制改革创新等方面进行探索。

1. "鄂 14 条"政策介绍

"鄂 14 条"政策主要包括：《东湖国家自主创新示范区企业股权和分红激励试点办法》和《工作细则》、《关于推进东湖国家自主创新示范区企业信用体系建设的实施意见》、《关于东湖国家自主创新示范区开展企业信用贷款试点工作的实施办法（试行）》、《东湖国家自主创新示范区关于融资补贴风险补偿专项资金管理暂行办法》、《关于东湖国家自主创新示范区鼓励担保机构从事融资性担保业务的实施办法》、《关于鼓励东湖国家自主创新示范区创业投资企业发展的实施意见》、《东湖国家自主创新示范区开展政府采购自主创新产品实施细则》、《武汉市自主创新产品目录》、《武汉市技术先进型服务企业认定管理办法》、《省工商局关于支持服务东湖国家自主创新示范区建设的意见》、《市工商局关于支持东湖国家自主创新示范区建设的意见》、《关于强化企业技术创新主体地位提升企业自主创新能力的若干意见》和《关于东湖国家自主创新示范区对高级人才奖励的实施意见》。

2. "鄂 14 条"政策解读

"鄂 14 条"支持示范区建设的配套政策主要围绕产业升级和企业创新展开，其具体内容大致包括七大方面。

第一，股权激励和科技成果转化方面。根据财政部、科技部有关文件精神，制定出台了《东湖国家自主创新示范区企业股权和分红激励试点办法》和《工作细则》两个政策文件。

主要面向示范区内国有控股的院所转制企业、高新技术企业、高等院校和科研院所以及科技成果作价入股的企业、其他科技创新企业的技术人员和企业经营管理人员进行激励。

第二,科技金融改革创新方面。根据科技金融创新试点的要求,东湖高新区出台了五项政策,切实解决中小企业融资难的问题。这五项政策中,《信用体系建设实施意见》和《信用贷款试点实施办法》建立了政府引导、市场化运作的区域性信用体系,除了对试点企业的信用评价费用补贴、贷款贴息奖励外,还对试点银行的风险进行补贴。《融资补贴风险补偿专项资金管理暂行办法》通过高新区财政预算安排不少于3000万元的启动资金,建立企业各类融资风险分担的资金池,专项用于涉及引导银行、担保等服务机构,以及企业融资过程中需要政府资金予以支持的方面,鼓励银行、风险投资、担保机构为高新区的科技型中小企业开展融资服务。《鼓励担保机构从事融资性担保业务实施办法》对担保机构提供融资性担保服务的按担保额的0.5%的补贴比例,并通过建立担保机构、政府、企业一体的融资风险分担机制,鼓励担保机构为缺乏土地、房产等抵押物的科技型中小企业开展融资担保服务,成为示范区解决中小企业融资难的创新之举。《鼓励创业投资企业发展的实施意见》中建立了鼓励创业投资企业高管的激励机制,允许外商独资、中外合作的创业投资企业,依据国际惯例制定内部收益分配机制和奖励机制,对符合条件的投资机构投资示范区初创期企业给予风险补贴,引导创投机构积极投资示范区初创期企业,加快中小型科技企业的发展。

第三,政府采购自主创新产品方面。东湖国家自主创新示范区出台了《东湖国家自主创新示范区开展政府采购自主创新产品实施细则》,发布了《武汉市自主创新产品目录》(以下简称《目录》),烽火通信的烽火FTT13光纤接入设备等90种自主创新产品列入2010年自主创新产品目录,对列入《目录》的自主创新产品,将在政府采购、重大工程采购等财政性资金采购中优先购买,并在高新技术企业认定、促进科技成果转化和相关产业化政策中给予重点支持。

第四,鼓励创新创业财政税收政策试点方面。武汉市科技局、商务局、财政局、国税局、地税局、发改委和东湖国家自主创新示范区联合出台了《武汉市技术优先型服务企业认定管理办法》，对认定的技术先进型服务企业，减按 15% 的税率征收企业所得税；企业发生的职工教育经费按不超过企业工资总额 8% 的比例据实在企业所得税税前扣除，超过部分准予在以后纳税年度结转扣除；对企业离岸服务外包业务收入免征营业税。

第五，市场主体准入方面。湖北省、武汉市工商部门先后出台了《支持东湖国家自主创新示范区建设的意见》，放宽了出资限制、经营管理限制、企业名称核准和公司住所登记条件，允许以专利、标准等知识产权作价出资创办、联办高新技术企业；经示范区认定为高新技术人才的投资人可将研发技能、管理经验等人力资本作价出资创办、联办高新技术企业；示范区内公司股东用经省科技部门认定的高新技术作为对公司出资的，可以不受出资比例的限制。

第六，组织申报国家科技重大专项方面。武汉市人民政府出台了《关于强化企业技术创新主体地位提升企业自主创新能力的若干意见》，鼓励企业为主体的产学研联盟优先承接国家重大科技专项，对科技企业承担的科技部、国家发改委、工信部等部委组织实施的重大科技专项项目，市财政将予以专项资金配套。支持产业技术创新联盟联合开展行业核心技术攻关，对获批国家级战略联盟和省级战略联盟的牵头企业，分别给予 100 万元、50 万元的奖励。

第七，高层次人才引进和培养试点方面。2009 年，武汉市委市政府出台了《关于在东湖高新区建设人才特区的若干意见》，东湖高新区出台了《关于实施 3551 人才计划的暂行办法》和《实施细则》。2010 年，东湖高新区又出台了《关于东湖国家自主创新示范区对高级人才奖励的实施意见》（以下简称《实施意见》）。《实施意见》中对于符合条件的高级人才，按其上一年度所缴工薪个人所得税省、市、区、三级地方留成部分100% 的标准予以奖励，以鼓励各类高级人才在示范区创业和工作。

14 项新政几乎涵盖各个方面，相比中关村，在股权激励、融资创新和高层次人才引进等三方面，东湖国家自主创新示范区的办法更加灵活，有些政策甚至国内领先。

首先，与中关村试点相比，东湖高新区除扩大实施企业范围外，还扩大了股权激励范围、简化了实施流程。在股权激励范围上，明确了股权奖励、股权出售的激励对象，并新增了绩效奖励和增值权奖励两种短期奖励方案。这使得高新区在股权激励模式上形成了股权激励的长期方案、科技分红的中期方案与上述短期方案并存的局面。而简化实施流程，则使得当下审批时间大大缩短。

其次，东湖国家自主创新示范区还创建了多层级的融资体系，助力中小企业发展。建立区域性信用体系，设立融资补贴和风险补偿专项基金，鼓励担保和创投。除对试点企业有补贴和奖励外，还将对试点银行的风险进行补贴，当信用贷款出现损失时，承担本金部分最终损失的30%（单笔贷款补偿不超过500万元）。同时将安排不少于3000万元的启动资金，建立企业各类融资风险分担的资金池；对融资性担保服务将按担保额0.5%的比例补贴，为中关村补贴比例的两倍。

再次，在科技金融改革创新中，高新区已筛选了142家企业作为新三板后备企业。总规模200亿元的武汉循环经济产业投资基金，正式获得国家发改委批准。还推进了知识产权质押融资试点，与部分银行签订战略合作协议，获得了一定的知识产权质押贷款授信额度，并已在生物城开设"金融超市"，目前已有几十家基金公司入驻，专为生物产业研发提供融资支持。

最后，个税返奖比例达100%，为国内最高。高层次人才落户高新区后，经企业统一申报，符合标准就将获得奖励。具体奖励标准为：按其上一年度所缴纳工薪个税额，按100%标准予以奖励。据悉，目前同类奖励标准较高的地区，北京为80%、成都为70%、长沙为50%，东湖高新区将更具竞争力，而这一奖励措施有效期三年，具有良好的持续性。

3. "黄金十条"

2012年8月27日，为落实全国科技创新大会精神，武汉市推动科技成果转化的 10 条新政正式出台，被称为"黄金十条"，将强力推动武汉东湖高新区科技成果转化体制机制创新。

借鉴美国硅谷、斯坦福大学，中关村等世界知名园区和高校的经验，武汉出台《促进东湖国家自主创新示范区科技成果转化体制机制创新的若干意见》（即"黄金十条"），旨在充分释放在汉高校、科研院所科技人员创新创业活力，为其提供更多自由空间、解决后顾之忧。"黄金十条"新政极具突破性，力度领衔全国，有些为武汉独创。这是继武汉东湖高新区出台有关"资本特区"、"人才特区"等创新政策之后的又一重磅武器。

"黄金十条"新政，从专项资金"搭桥"股权激励，到科技企业注册资本"零首付"，以及鼓励天使基金，均着眼制约成果转化和科技创新的若干关键环节，突破障碍，充分释放科研人员、大学生等创业创新主体的活力，加快科技成果转化。

"黄金十条"新政亮点颇多，如设立首批 5 亿元股权激励代持专项资金，对股权激励团队和个人给予支持等。具体如下：

——允许留岗创业

系列政策的首条，即允许和鼓励在汉高校、科研院所与事业单位科研人员留岗创业，3—8 年内保留其原聘专业技术岗位等级不变，档案工资正常晋升，创业所得归个人所有。

政策还支持科技人员流动，鼓励科技人员在企业与科研院所、高校之间双向兼职。

鼓励在汉高校允许在校学生休学创业，到孵化器创业的学生，创业时间可按相关规定计入学分，创业之后可重返学校完成学业。

政策背景：

此条政策借鉴了斯坦福大学的理念。东湖高新区在 20 世纪 90 年代曾与高校协商，允许教授留职创业，创业 3 年后，教授、高校双向选择。但这一措施未能坚持至今。

——鼓励"知识"转化

政策规定，东湖高新区开展国有知识产权管理制度改革试点，在汉高校、科研院所知识产权一年内未实施转化的，在成果所有权不变更的前提下，成果完成人或团队拥有处置权。转化收益中至少70%成果归完成人或团队所有。

对促成专利技术在东湖高新区内转化的推广转化机构，按专利技术转让或实施许可合同金额的2%给予奖励，最高可给予50万元奖励。

政策背景：

此条政策借鉴了美国《拜杜法案》的理念。按其规定，由美国政府出资的科研成果，其知识产权归属发明人所在科研机构所有。

东湖出台的这一政策比中关村相关政策更为具体。中关村已试行中央级事业单位科技成果处置权改革，改革内容为，一次性处置单位价值或批量价值在800万元以下的，由所在单位按照有关规定自主进行处置。

2010年出台的《湖北省科学技术进步条例》对科技成果处置权和收益权作出过明确规定：职务成果形成后一年内未实施转化的，成果完成人在不变更成果权属的前提下，可以创办企业自行转化或以技术入股方式进行转化；职务成果转让所得净收入或技术入股所形成股权的70%，奖励给成果完成人和为成果转化作出重要贡献的人员。

——降低创业门槛

注册资本100万元以下的（不含1人有限公司），允许注册资本"零首付"，可在核发营业执照后6个月内缴足首期出资，其余部分在2年内依法缴足。

企业登记注册实行"零收费"。企业在运行中，涉及省级以下的行政服务性收费事项一律取消；国家规定的行政收费事项按收费标准的下限收取。支持产业技术创新联盟登记为法人。

政策背景：

本政策旨在从注册登记环节减少限制，降低创业门槛。在注册资本限制上有突破。目前，注册一人有限公司最低注册资本 10 万元人民币，2 人或以上投资注册的有限公司最低注册资本 3 万元人民币。通过企业登记注册资本"零首付"进一步降低对科技人员创业限制。

——奖励天使投资

在东湖高新区的天使投资的机构或个人，对其在东湖高新区所缴纳的企业所得税或个人所得税、营业税市级和区级留成部分，10 年内按照 100%标准给予奖励。

入驻东湖高新区的风险投资机构，对其实际缴纳的营业税、企业所得税市级和区级留成部分，5 年内按照 100%标准给予奖励。

对银行、担保机构为东湖高新区科技型企业提供科技信贷服务形成的本金损失，最高可给予30%的风险补偿，单笔补偿最高可达500万。

政策背景：

硅谷是天使投资发展最为成熟和典型的地区，美国政府为促进天使投资发展出台了一系列投资收益税率政策，如所得税减免。与硅谷和沿海相比，东湖高新区急需能承担初创期项目风险、能为初创企业提供全面辅导的天使投资人和天使投资机构。

——资助技术创新

《促进东湖国家自主创新示范区科技成果转化体制机制创新的若干意见》规定，支持高校、科研院所在东湖高新区建设新型产业技术研究院，对经认定的新型产业技术研究院，自认定之日起，前 2 年每年最高可给予 2000 万元的运营经费支持，第 3—5 年每年最高可给予 1000 万元的运营经费支持。

鼓励其通过市场运作实现收支平衡，支持企业建立研发机构，对经国家主管部门批准的国家级企业研发机构，最高可给予 200 万元的一次性奖励。

政策背景：

目前，一些地方政府对新型研究机构支持主要集中在前期阶段，如东莞市对东莞华中科技大学制造工研院，在建院阶段支持6000万元现金，后期在争取国家、省级科技项目和人才项目上给予配套。东湖高新区除在建设期给予支持政策外，此次还特别在后期增加了运营经费上的支持。

——改革职称评定

开展非公领域科技人员职称评定制度改革，建立东湖高新区非公领域科技人员职称评审绿色通道。

政策背景：

东湖高新区有2万多名科研人员，大量就职于非公领域，过去职称评定问题没有得到很好解决。

——孵化器用地优惠

在东湖高新区内按照规划建设运营科技企业孵化器和加速器，限定租售对象和租售价格的，按工业用地标准供地。

——落实股权激励

设立首批5亿元的股权激励代持专项资金，对符合股权激励条件的团队和个人，给予股权认购、代持及股权取得阶段所产生的个人所得税代垫等资金支持。允许将省、市、区所投资的科技型企业中，国有股份3年内分红以及按投入时约定的固定回报方式退出的超出部分，用于奖励科技领军型人才和团队。

政策背景：

此条政策借鉴张江、南京有关政策，有新探索。通过股权激励代持专项资金重点解决国有企业，高校、科研院所下属企业产权制度创新，是推动东湖股权激励改革的新途径，能有效促进企业建立长效人才激励机制。

4."资本特区"

作为国家第二个国家自主创新示范区，东湖国家自主创新示范区已成为中国科技金融机构最集中地区之一，日渐成为资金融通高效区、金融创新示范区、金融机构积聚区，以及全球资本汇聚的洼地。

据最新统计，截至2012年年底，21家银行在光谷设立了分支机构，其中 8 家为科技支行，银行网点总数达到 106 个；股权投资及投资管理机构 150 多家，新增近 100 家，股权资本总额增长到 156 亿元；上市公司 32 家，利用资本市场累计融资 422.82 亿元，新三板扩大试点后 10 家企业完成挂牌；光谷联交所等 7 家交易所，累计交易总额超过 1000 亿元；企业贷款总额 812.4 亿元，其中创新性融资总额超过 170 亿元，占比达 48%。

东湖国家自主创新示范区按全国最优原则，出台了二十几项政策组成的金融创新支持体系。该政策体系具有四个特点：奖励补贴力度大，最高奖励 5000 万元；政策优惠期限长，对天使投资的政策优惠期长达 10 年；政策支持的金融业态基本实现全覆盖；鼓励金融新业态的发展。

东湖国家自主创新示范区支持金融政策集锦[①]：

（1）按注册资本或营运资金的 1% 给予奖励，最高奖励 2000 万元。

（2）重点引进的金融机构总部最高可奖励 5000 万元。

（3）营运补贴涉及购房、租房补贴，税收优惠，投资奖励等。

（4）购建办公用房给予每平方米 1000 元一次性补贴。

（5）按照房租市场指导价前 3 年按 30%、后 2 年按 15% 比例给予办公用房租金补贴。

（6）对一般金融机构，自开业年度起，营业税前 2 年按市、区两级地方留成的 100%、后 3 年按 50% 补贴；自盈利年度起，企业所得税前 2 年按市、区两级地方留成的 100%、后 3 年按 50% 予以补贴。

（7）设立政府创投引导基金，对天使投资、风险投资予以资金支持，按一定比例参股。

（8）天使投资租赁自用办公用房的，每年按照房租市场指导价的 50% 给予补贴。

（9）对天使投资连续 10 年给予税收奖励。连续 10 年按营业税市、区两级地方留成部分的 100% 给予奖励；自盈利年度起，连续 10 年按市、区

---

① 参见 http://cjmp.cnhan.com/cjrb/html/2013-03/20/content_5135643.htm.

两级地方留成部分的 100% 给予奖励。

（10）鼓励股权投资机构投资企业。对股权投资机构投资资本特区两家以上企业的，按当年投资额的 1% 给予奖励。按对初创期中小高新技术企业投资额的 10% 给予风险补贴。

（11）股权投资企业引进并投资的中小高新技术企业在注册后 3 年内，年度纳税额达到 200 万元以上的，给予股权投资企业一次性 20 万元奖励。

（12）对融资租赁公司从事融资性售后回租业务，承租方出售资产的行为，不征收增值税和营业税。对物业售后回租业务，发生的契税实行先征后补。

（13）按小额贷款公司发放的科技型中小企业贷款额度的 1% 给予贷款奖励。

（14）股权投资机构投资项目退出或者获得收益后，按上缴企业所得税地方财政留成部分的 60% 给予奖励。

（15）对天使投资发生的实际投资损失，按不超过本金损失 50% 的标准给予补偿。

（16）对科技银行或支行，按贷款额度的 1% 给予风险补贴。对科技型中小企业客户首笔业务一般，按计提准备的 75% 给予业务增量补贴。

（17）信用贷款及知识产权类质押贷款，按照贷款本金部分最终损失的 30% 给予风险补偿。对按期还本付息的信用贷款企业，按照银行贷款基准利率的 30% 给予贷款贴息奖励。

（18）融资性担保机构为示范区科技型中小企业提供担保且资本金放大倍数在 4 倍以上的，按照其提供的融资性担保额度的 1% 的标准给予担保补贴，单个担保机构每年担保最高补贴金额为 1000 万元。

（19）根据合作担保机构提供的融资性担保业务规模，按每年新增担保额的 0.5% 的比例计算，给予合作担保机构担保补贴，每家合作担保机构每年担保补贴金额不超过 1000 万元。

（20）购房租房补贴。对新引进注册资本超过 10 亿元的金融机构的高管人员，给予每人住房或租房补贴 20 万元。

（21）税收补贴。金融机构高管连续 5 年按实际缴纳"工资、薪金所得项目"个人所得税市、区两级财政留成部分的 100% 给予补贴。

（22）教育卫生服务。为金融机构高管人员及其配偶和未成年子女在户口或者居住证、子女教育以及医疗等方面提供优质服务。

东湖高新区建设"资本特区"以来，各大银行很重视中小科技企业的信贷产品开发与创新，加大对中小客户服务力度。针对中小企业融资额度小、融资时效性要求高、贷款期限短频率高、融资利率弹性大等特点，通过对各信贷要素的重新组合，开发出适合中小企业融资的金融创新产品达一百多种。

这些金融创新产品包括综合授信、信用担保贷款、买方贷款、异地联合协作贷款、项目开发贷款、进口贸易贷款、出口贸易贷款、自然人担保贷款、委托贷款、无形资产担保贷款、金融租赁、应收账款类贷款、预付货款类贷款、信用贷款等十几大类，具体业务涵盖贷款、组合授信、供应链融资、联保、理财、租赁、综合金融服务等多方面。

这些创新金融产品都是在整合银行各种传统业务品种之上，重新组合各信贷要素，创造适合中小企业融资的成体系的创新金融产品。其目的是让东湖示范区所有中小企业，可根据企业的上下游交易关系、所处的交易期间以及自身的资产特点，获得合适的融资产品以解决资金短缺问题。

五、国家自主创新示范区发展的政策建议

我国自 20 世纪 90 年代以来出台了一系列的政策、法律、法规，不断完善推进创新政策支持体系建设，尤其是 2006 年颁布的《国家中长期科学和技术发展规划纲要（2006—2020 年）》作为宏观管理的纲领性文件确定了我国自主创新活动的指导方针、发展目标和总体部署，明确了创新

活动的重点领域、重大专项和前沿技术，指明了科技体制改革与国家创新体系建设的方向和采取的政策与措施，是我国十五年自主创新活动的总纲性规划文件，极大地推动了我国自主创新事业的发展，也是政府政策对企业技术自主创新支撑的重要体现。但是随着国际政治经济形势的变化、科学技术的快速进步，结合我国在实施中的具体情况，需要加强创新体系运行的整体协调，及时对总纲性规划补充完善，可通过出台相关配套政策和补充文件的形式确保自主创新活动的顺利开展。同时为保证国家总纲性规划的整体有效性，中央政府应当引入协调各级区域创新体系的指导方针以更好地协调各地区自主创新工作。

　　自主创新活动是一种需要长期积累才能形成的能力，持续和系统的政策才能培植自主创新的能力和环境，特别是在保证不同创新政策的一致性与连贯性，改善创新系统的有效性以及优化创新资源配置等方面必须具有连续性和长期性。需要政府各部门统一行动，加强中央与各级政府之间在科技政策与创新政策方面的协调，主要包括跨部门的横向政策协调性和中央与地方的纵向政策协调。横向政策协调是把产业政策、贸易政策、教育政策、财政政策、金融政策等各项政策与自主创新政策相融合，政府各部门在制定本部门政策时要体现创新目标；纵向政策协调就是保证中央各部门的创新政策在实施过程中得到地方政府的支持和配合，如建立区域创新产业群，加强区域创新服务等。通过构建连续性和系统性的创新政策体系，实现创新的关联效应最大化，为自主创新创造更好的基础条件，实现科技创新与现实生产力的良性循环。

（一）科技研发投入方面
——与经济发展相称的财政科技投入

　　财政科技投入是自主创新能力提高的必要条件和根本保证。改革开放以来，虽然我国政府财政科技投入的总量呈逐年增加趋势，但目前的财政科技投入总量和财政科技投入强度仍比较低，特别是与众多发达国家的财政科技投入水平相比还有较大差距，难以适应自主创新能力加速提高的客观需求。为此，应采取各种措施建立健全我国财政科技投入规模随经济发展而稳定增长的机制，推动财政科技投入强度达到应有的高度。根据发达国家经验和做法，我国应积极完善科技法律体系，通过立法保障财政科技投入的规模和强度，即应尽快制定科技投入法，从而对国家到地方的各级财政科技投入作出指导性或强制性的规定，在法律和计划的指导下编制完成各级财政科技投入经费预算，尤其是对政府研发投入占 GDP 比重的研发强度提出明确而具体的要求。通过此类硬性规定，确保我国政府财政科技投入水平不断提高，并同时发挥和利用其强大的导向功能和乘数效应，积极引导、吸附和带动社会各类资金流向研发和创新活动，推动全社会科技投入大幅度增长和科技创新快速发展。

——与自主创新力相辅的科技财政投入

基础研究、共性应用技术研究、社会公益研究、产业技术研究等，是决定一个国家原始性创新和自主创新能力的基础要素。国际经验表明，如果对创新基础要素投入不足，将不利于未来创新能力的提高。长期以来，美国、德国、日本等创新型国家都很重视政府科技经费投入结构的合理安排，始终不断加大基础研究等的投入力度，其比重都能稳定和保持在15%—20%。总体而言，目前我国的财政科技投入结构一定程度上还缺乏合理性，表现为偏重应用研究和试验发展方面的资金投入，忽视基础研究、公益研究、产业技术研究等投入，对创新基础性要素的财政支持力度还比较弱。在我国当前科技发展已初具规模和经济社会发展的新阶段新时期，政府财政应把科技投入重点放在周期长、投资多、风险大、见效慢、企业和私人研究机构不愿也无力投资的基础研究和社会公益研究及其研究工作的基础条件上，切实加大相关投入力度，成为相关投入主体。同时，财政还应集中资金重点投入一些外溢性和辐射性强、资金和技术等壁垒高的战略性项目和关键性战略产品的研究，促使其取得突破性成果，为经济发展创造坚实基础。

（二）财税激励体系方面

要建立激励自主创新的财税政策体系，健全企业创新的利益补偿机制和风险分担机制，引导企业从拼劳力、拼资源向依靠自主创新和自主品牌转变。对企业创新实施税收优惠能够提高企业创新的投资收益和补偿企业创新的风险损失，从而激发企业的创新投资热情。针对目前我国科技税收政策存在的突出问题，应采取措施加快完善科技税收政策体系，打造出适宜科技进步和创新的税收政策环境。一是通过推进高新技术企业增值税转型改革，充分发挥预算内资金和国债资金对企业自主创新的支撑引导作用，增加专项经费投入，扶持高新技术企业和科技型中小企业的自主技术创新。通过贷款贴息、无偿资助和资本金投入等形式，支持企业自主创新项目和公共创新平台建设。二是应根据创新活动和高新技术研发的特点，把税收政策的侧重点由对企业的总体收入和所有结果实行优惠转变为对其科研项目和研发环节实行优惠。三是实施所得税前抵扣，有目的地提高企业用于研究开发新产品、新技术、新工艺的各项费用抵扣应纳所得税的比例，规定企业从营业收入中提取一定比例的技术开发准备金，并在税前列支。按当年实际发生技术开发费用的一定比例，抵扣当年应纳税所得额。四是实行以间接优惠方式为主的科技税收政策，注重对企业税基的抵免，强调事前扶持和激励，如对企业投入的研发经费允许税前列支、允许企业按销售收入的一定比例提取科技发展准备金、普遍实施加速折旧政策等。五是完善进口环节的各项税收政策，如设立企业自主创新专项资金，对企业建设技术中心、购买国外先进研发设备等活动给予一定资助。对于符合国家规定条件的企业技术中心、国家工程（技术研究）中心等，进口规定范围内的科学研究和技术开发仪器和设备，可免征进口关税和进口环节增值税；对于承担国家重大科技专项、国家科技计划重点项目和国家重大技术装备研究开发项目以及重大引进技术消化吸收再创新项目的企业，进口国内不能生产的关键设备、原材料及零部件时，可免征进口关税和进口环节增值税。六是制定扶持企业风险投资的优惠政策，实行投资收益税收减免或投资额按比例抵扣应纳税所得额等税收优惠政策，支持投资于中小高新技术企业的创业风险投资企业进一步发展。对于符合条件的国家大学科技园、科技企业孵化器等，在一定期限内可免征营业税、所得税、房产税和城镇土地使用税；对于其他符合条件的科技中介机构，可开展技术咨询和技术服务，研究和制定出必要的税收扶持政策。七是鼓励社会资金捐赠创新活动，鼓励个人、社会团体和企事业单位通过公益性社会机构向各类科技型中小企业技术创新基金捐赠，捐赠资金可以按有关规定在缴纳企业和个人所得税时予以扣除。八是根据国家产业政策的基本目标和要求，将科技税收优惠政策由以往主要向某些行政省区、经济特区、高科技园区和经济技术开发区等区域倾斜转变为明显向产业倾斜，即针对整个高科技产业、传统产业的技术改造及其他需要积极鼓励发展的产业实行普遍的平等的税收优惠。九是扩大税收支持企业研发政策的惠及面，使不同规模、不同性质的企业均能因研发活动而享受到相应的税收优惠。

（三）政府采购体系方面

创新导向的政府采购能够有效推动企业自主创新，进而提升国家的创新能力和科技竞争力。我国的政府采购政策始于 20 世纪 90 年代中期，由于实行时间较短，支持创新的政府采购政策方法手段尚处于探索阶段。为此，应借鉴发达国家经验，加快完善我国支持创新的政府采购政策。一是应不断扩大政府采购的规模，提高其占国民生产总值的比重，特别是要有计划地扩大政府对技术创新产品的采购额度，以增加对创新产品的市场需求来激励企业创新。二是制定和完善对国产高新技术产品的政府首购政策，切实发挥其对企业创新产品市场和消费需求的示范和引导作用，进而直接支持和推动本国企业技术创新。三是研究和制定利用政府采购国外技术产品带动我国企业创新的相关政策和措施，达到增强本国企业产品技术国际竞争力的目的。四是政府采购对象应向有创新活力的中小企业倾斜，实行专门鼓励和扶持中小企业自主创新的政府采购政策，如一些政府采购合同应给予符合条件的中小企业以适当的价格优惠，规定中小企业获得一定数量的政府采购份额，保障中小企业享有转包大型企业获得的大额采购合同的一定比例的权利等。

（四）投资融资环境方面

风险投资能够促进创新成果尽快产业化，进而激励企业持续开展创新活动。针对目前我国风险投资业发展现状及存在的问题，应加快调整和完善风险投资政策体系，尤其要充分发挥财政政策在风险投资发展中的巨大作用。要加大科技金融改革创新力度，创新投融资体制机制，建立技术与资本高效对接平台，实现技术创新与金融创新"两轮驱动"。

金融创新是推动技术创新活动开展的重要保障。良好的投融资环境是培育、发展高新技术产业和战略性新兴产业的"温床"。为此，示范区应加快开展先行先试的科技金融改革，重点围绕战略性新兴产业和高技术产业发展、科技成果市场化和产业化、创新型企业做强做大等战略目标，聚集整合各类金融服务资源，完善投资、担保、贷款的联动机制，建立政府资金与社会资金、股权融资与债券融资、直接融资与间接融资有机结合的科技金融体系。一是不断增大政府直接对风险投资提供财政补贴的力度。政府应对向高技术风险企业投资的风险投资者给予一定的投资补助金；为高技术风险企业提供种子资金，分担风险投资者的投资风险；为高技术风险企业提供亏损补贴，减少风险企业和风险投资者的损失；为风险创业企业取得银行贷款提供财政全额贴息或部分贴息；等等。二是探索政府直接以风险投资者身份向某些高新技术项目和创新企业进行资金投入的各种方式，如投资于私人创投公司、设立创投基金、出资与私人资金组成混合型基金等。三是改革和完善针对风险投资的税收优惠政策，如适当降低风险投资企业的所得税率，对产生亏损企业的风险投资者实行税收减免，对风险投资者获得的利息、股息和红利免征所得税等。四是努力做强主板市场，壮大中小企业板市场和创业板市场，完善股份代办转让系统和产权交易市场，加快建设债券市场，健全多层次资本市场体系。推进政策性银行建设，发展社区银行和中小商业银行，鼓励创办小额贷款公司等准金融机构，完善与中小企业规模结构和所有制形式相适应的多层次银行体系。五是尽快启动"新三板"扩容进程，促进代办股份系统在东湖高新区试点。加快设立有升有降的转板制度，引入做市商制度。设立和发展由社保资金、保险资金，大型企业及其他投资机构出资的产业投资基金和自主创新基金，扩大创业投资引导资金规模。要积极完善天使投资机制、探索有限合伙制治理结构、建立国有及国有控股创投和股权投资类企业业绩激励机制、创新创业投资企业风险补贴机制，畅通示范区股权投资渠道，使示范区成为天使投资、创业投资和股权投资基金发展最活跃的区域。还要积极探索中期票据、短期融资券、公司债等多种适合示范区企业的债券融资方式。六是创新信用担保机制。坚持"政府推动、社会参与、市场运作"的原则，建立健全以政府为主体的政策性信用担保体系、按市场规则运行的商业性担保体系和以企业合作为特征的互助型担保体系，支持和推广商会联保、行业协会联保和网络联保等新型融资担保模式，推广知识产权质押担保融资。建立信用激励和约束机制，完善再担保机制，增强科技担保服务能力。

（五）知识产权保护方面

示范区内的广大中小企业的创新战略选择应以集成创新和消化吸收再创新为主，逐步培养创新能力，形成"金字塔"型自主创新战略的三级递进路径。国家要鼓励引进国外先进技术，定期调整鼓励引进技术目录，进行科学的评估和论证，提高技术引进的适用性和有效性。要建立国家引进技术和重大装备的消化吸收创新基金，大幅增加引进技术消化吸收的创新投入，加强管理和考核，将是否通过消化吸收形成了自主创新能力作为引进技术项目验收和评估的重要内容。要对企业消化吸收再创新给予政策支持，加大企业消化吸收再创新的投入强度，将企业消化吸收再创新形成的先进装备和产品纳入政府优先采购的范畴，推动企业的技术创新由重引进向重消化吸收转变。

地方政府部门要通过奖励、补贴等措施支持示范区内的企业、高等院校、科研院所及相关人员获得专利权，进行商标注册和著作权登记。鼓励示范区内的企业强强联合，成立专利联盟、标准联盟，提高原创性、高水平的自主知识产权拥有量，制定行业、产业技术标准，逐步实现技术专利化、专利标准化、标准国际化。知识产权管理部门要逐步建立和完善面向示范区企业的知识产权教育、培训体系。要研究制定知识产权保护法规、规章，建立知识产权预警、申诉及维权援助机制，充分发挥行业协会和知识产权法律服务机构的作用，建立示范区知识产权保护联盟，形成强有力的知识产权保护网。示范区内的高等院校、科研院所、企业要贯彻落实《中华人民共和国专利法实施细则》对职务发明人"一奖两酬"的规定，加大奖酬力度，不断探索新方式，激励发明创造的积极性。

（六）产学研合作方面

要全面推进技术创新工程和成果转化机制创新，建立产学研相结合的技术创新体系，切实改变科技与经济"两张皮"现象。

作为创新型国家和区域创新系统建设的"探路石"，国家自主创新示范区不仅要成为科技创新的"龙头"，也要成为成果转化的"模范"。为此，要全面整合区域创新资源，努力推进技术创新工程，促进产学研紧密结合，逐步建立起以市场为导向、企业为主体的自主创新体系。首先，要增强企业在区域创新系统中的主体地位，重视高等院校和科研院所在知识创新和技术创新中的作用。其次，要加快建设有利于推进自主创新的科技基础条件平台和公共技术平台，充分聚集技术、人才、设备等创新要素，开展原始创新、引进消化吸收再创新和集成创新，力争取得更多更大的突破性成果。再次，要积极探索合作创新模式，鼓励企业之间，企业与高等院校、科研院所等创新主体之间组建专利联盟、标准联盟、技术联盟和产业联盟，或以项目和课题为纽带开展合同创新、项目合伙创新、基地合作创新、基金合作创新以及研究合作创新，构建以企业为主体的协同创新机制。要积极鼓励和支持产业界、企业界参与国家重大科研项目，切实发挥企业在产学研结合中的核心作用。最后，要完善产学研结合机制，促进科技链与产业链的联动，提高科技成果的创新性、可转化性和市场化潜力。逐步建立集产权交易、科技成果交易、知识产权交易为一体的多功能技术交易市场，完善创新成果信息发布平台，健全科技成果向企业转移的体制机制，引导更多的高新技术和先进适用技术流向示范区企业，加速科技成果转化。要促进孵化器市场化、专业化和网络化发展，鼓励大学、企业和其他机构兴办科技企业孵化器，不断完善科技孵化体系，推进科技成果市场化。

地方政府应引导企业与高校、科研机构之间打破成见，增进了解和信任。根据具体情况鼓励和引导它们开展以下多种形式的合作。

合作开发。由企业根据生产经营的需要，提出创新项目，委托高校、科研机构研究开发或联合开发，以项目为纽带，充分利用高校和科研机构的人才、技术、信息资源和企业的资金、管理和市场优势。

联合建立科技创新开发中心。鼓励在高校和科研机构的应用研究和技术开发机构中，引入企业的资金和管理模式，建立面向市场的创新开发中心；支持高校和科研院所的应用研究和技术开发机构直接进入企业，成为企业的技术开发机构，或联合建立企业技术开发中心。

联合建立中试基地。由企业出资，高校和科研机构参与，建立中试基地，将高校和科研机构的科技成果在中试基地进行孵化和在工艺中放大，再将科技成果转化为生产力，并逐渐产业化，以提高技术成果的成熟度，降低市场风险。中试基地可建在科技创新优势企业和工程研究机构中。

组建股份制科研经济实体。鼓励和引导科技人员以技术或创新成果入股，与企业或其他主体共同建立股份制科研经济实体，共享利益、共担风险。

独资设立科研及生产性经济实体。鼓励企业、高校和科研机构在区域内设立研究开发机构或科技型企业，就地转化科技成果。对在区域内设立科研机构或经济实体的单位，可给予有关政策优惠。

开展人才培训。利用高校的教学和培训职能，定期或不定期将企业的科技人员和管理人员选送到高校进行先进技术和管理培训。同时，高校与科研机构的科技人才也可进入企业进行实际案例操作。

建立协调机制。由政府牵头，会同有关职能部门与高校、科研机构建立产学研协调小组，加强相互间的沟通和信息交流；组织企业技术难题招标，收集和发布高校、科研机构科技成果信息；协调解决产学研合作中出现的各种问题。

（七）创新人才政策方面

要加速推进人才机制创新，实施高端领军人才聚集工程，要敢于"试水"和"破冰"，建立创新企业的股权激励机制、创新利益分配机制，激发管理人才和科技人才自主创新的积极性和主动性，促进人才"第一资源"和科技"第一生产力"的有效对接。

实施人才培养计划，应该坚持以产业发展需要为基准，以技术应用为主线，在人才培养的目标上注意面向市场、围绕产业发展的方向来确定，在人才能力体系设置上突出以产业发展的技术创新需要为核心，在人才知识结构的设计上注重围绕一线生产的技术应用来规划。在培养模式的设计上，应用型人才的培养过程必须更加强调与一线生产实践的结合，必须更加重视实践训练环节。政府的人才培训资金要优先考虑重点产业、重点项目、重点学科和优势企事业等用人主体的人才培养需求，优先保障技术领军人才、核心技术人才、高层次人才的培养需求，优先满足本地紧缺的、亟须的技术创新人才的培养需求。

示范区要加快实施"以用为本"的人才战略，积极营造选才、引才、留才、用才的综合环境，引导和支持创新人才特别是高端领军人才向示范区集聚。一是要建立市场导向的人才培养机制，不断创新高等院校和科研院所的教育模式和教学内容，努力培养能满足市场需要、具有良好创业创新意识和创业创新能力的高端人才和企业家队伍。积极推动企业与高等院校和科研院所开展合作培养项目，重点培养能学以致用的实用型人才。二是要建立竞争有序的人才流动机制。努力打破人才流动的国籍、户籍、行业、部门、身份、档案、人事关系和所有制性质等限制，促进人才资源优化配置。三是要建立科学合理的人才引入机制。坚持高端引领的原则，贯彻落实国家"千人计划"、"高端领军人才集聚工程"等人才引进计划，在示范区聚集一批战略科学家和创新创业领军人才。探索"项目+人才"的引进模式，围绕重大科研项目，鼓励支持各类人才向示范区重点领域、重点项目集聚。要开辟人才引进的"绿色通道"，鼓励和支持建立国家创新人才培养示范基地、国家海外高层次人才创新创业基地、各类人才培训基地、人才储备中心、博士后培养和引智示范基地等人才集聚平台。同时，还要建立配套完善的人才服务机制，为高端领军人才在示范区生活和工作提供全方位、人性化、专业化服务。积极开展创新企业股权激励试点，探索有利于自主创新和科技成果转化的激励分配机制，调动技术人员及经营管理人员的积极性和创造性。四是要大力吸收和引进海外高层次人才和高水平创新团队。因势利导，制定并实施吸引优秀人才归国的相关政策，为其在工作、学习和生活上提供优惠条件和后勤保障；鼓励高技术专家加盟企业，完成"科学家+企业家"的对接；积极引进博士到企业的博士后工作站从事研发和自主创新等工作，加快科研成果转化；采取"刚性引进"和"柔性引进"相结合的方式，吸引来自高等院校、科研机构等地的各类人才进入企业工作。五是要加快落实示范区内企业、高等院校、科研院所开展股权和分红激励试点工作，并逐步放宽实施门槛，扩大试点范围，让更多创新型中小企业参与试点。支持国有投资平台参与示范区重点企业和院所的改制和重组，探索利用国有股权收益部分激励企业团队的试点。要积极探索技术和管理要素按贡献参与分配的实现形式，创新企业分配激励机制。支持和鼓励示范区内企业、高等院校、科研院所对作出突出贡献的技术人员和经营管理人员实施职务科技成果入股、股权奖励、股份期权、科技成果收益分成等多种形式的股权和分红激励机制。六是要建立有利于激励自主创新的多元化人才评估考核体系和奖励制度。对科研、技术支持、行政及科学管理等各类型人员进行分类别的管理，建立不同领域、类型的人才评估体系，明确评估指标及要素；建立以政府奖励为导向、社会奖励及用人单位奖励为主体的奖励制度，把发现、培养并凝聚科技人才特别是高层次人才作为奖励的重要内容；建立完善科学技术的信用制度，对承担科技项目和管理的机构、人员进行相应的信用监督，加强科研氛围和学术道德建设；深化企业人事制度改革，充分调动创新型人才的工作积极性、主动性和创造性。

（八）系统化政策方面

要健全多层次创新服务体系，完善各类主体共生共荣的创新链和产业集群创新网络，使示范区成为战略性新兴产业的集聚地。

国家自主创新示范区是高新技术产业和战略性新兴产业的聚集区和先行区，应在建设创新集群和探索集群创新方面先行先试，发挥示范效应。要以市场机制为导向，综合考虑现有产业基础和区域资源环境特点，合理规划示范区产业，力争在高新技术产业和战略性新兴产业发展方面有所突破，建成具有国际竞争力的高新技术产业和战略性新兴产业集群，引领、支撑经济发展方式转变。要研究制定具有区域特色的产业集群发展规划，突出产业链整体设计和战略联系，合理选择主导产业，努力打造支柱产业，注重引导产业集群内部专业化分工和配套协作。要有效集成企业、政府、教育科研机构、金融机构、孵化器等创新实体，加强交通、网络等基础设施建设，健全包括人才市场、技术市场、现代物流服务体系等在内的生产要素市场体系，培育和规范法律、会计、咨询、评估等各类专业性中介服务机构。完善各类主体共生共荣的创新链和产业集群创新网络，完善专业化创新服务体系，营造产业集群化发展的良好环境。

要加快推进示范区行政管理体制创新，建立从中央到地方的强有力的纵向领导体制和各部门高效联动的横向协调机制，形成推动示范区建设的强大合力。

政府是推进制度创新、文化创新、管理创新等创新配套环境的主导力量。国家自主创新示范区建设必须充分强调和发挥政府的宏观管理和调控职能作用。要充分发挥"举国体制"和"集中力量办大事"的优势，建立高效率的领导体制和管理机制，引导和支持技术、资本、人才等创新要素的集聚与集成，形成推动示范区建设的强大合力，实现自主创新的重大突破。一方面要采取"地方为主，国家支持"的管理模式，建立上下联动的高效的领导体制，促进中央与地方政府形成政策"合力"。中央与地方政府要增进互动，共同参与研究制定示范区的发展规划和政策方针，要加强各项政策的配合、协调和互补，建立健全政策的执行、反馈和调整机制。比如，要促进示范区发展规划与国家中长期科技发展规划、国家产业振兴规划、"两型社会"建设规划、"十二五"发展规划等进行对接。另一方面要建立横向协调机制，加强部门间的统筹协调，建立科学决策、协作配合、监督有力的管理体制。加强中央各部门间、地方各部门间的沟通协调，构建科学分工、协调配合的工作机制。建立以政府为主体，企业、中介机构、行业协会共同参与示范区的日常管理机构，协调推进各项政策措施的具体落实，加强对政府公共服务职能履行和政策执行的监督。同时，还要不断强化示范区政府的服务职能，在规范行政审批、公共服务外包、电子政务建设等方面率先突破，建立便捷高效的行政管理体制。

（九）创新政策评估方面

创新政策评估是对一个国家或地区的创新政策及其绩效进行分析与评价。从国外主要创新国家的经验来看，基本上都建立了较为完善的创新政策评估机制，该机制在这些国家形成稳定和科学的创新活动运转体系、扭转创新政策执行过程中出现的偏差和根据政策导向调整科研经费等方面发挥了重要作用。我国系统的创新政策评估机制起步较晚，还处于初始阶段，未形成规范化的评估管理体系。现有的评估机制为各级政府部门创新政策制定过程提供反馈的评估功能极为有限，不能满足创新活动的需要。这就要求我国必须建立系统的创新评估机构，完善评估程序，从经济和社会效益角度系统评估创新政策。创新政策评估机制从横向看，应包括国家创新体系、创新政策及其绩效评价，以及政府或国际组织对具有综合性与政策性重大的创新规划和计划的评估；纵向看，应包括用于创新政策制定的前评估、用于创新政策执行跟踪检查的中期评估和评价创新政策绩效的后评估。通过创新政策评估机制的逐步完善，将使我国的创新政策更具有针对性和实践性，使创新计划、政策和创新项目的实施达到预期的效果。

（十）信用体系建设方面

从发达国家创新经验看，自主创新能力与科技信用有着正相关关系，增强自主创新能力必须有良好的科技信用基础。目前，我国创新信用的政策体系正在创建之中，需要做的工作相当多。创新信用的制度层面，要完善创新项目审批与成果鉴定制度、经费监管制度、创新人员信用评价制度和对创新失信行为的惩戒制度等政策法规；创新信用的管理层面，要完善创新信息的管理、健全创新成果交易规则、提高社会监督力度等政策法规；创新信用的技术层面，要建立健全信用评价的技术规范、评价指标、评价方法、评价模型、科技信用风险预警、监督机制、征信平台和标准以及信用信息共享数据标准等政策法规。以上完善创新信用政策体系的措施将为我国自主创新活动提供良好的环境。

（十一）社会文化环境方面

区域创新系统内特有的创新社会文化环境，主要是区域内各创新主体共享并相互传递的创新知识、创新态度、创新习惯行为模式等的总和。它深深地影响着每个创新主体的创新行为。良好的创新文化氛围,对于激励和培育创新思维、造就创新人才、产生创新成果,具有积极的作用。政府应引导营造"鼓励创新、容忍失败"的创新文化氛围和宽松、自由的学术氛围。倡导植根于团队合作的科技创新活动,鼓励自由探索和原始创新、敢于标新立异、不怕失败挫折的精神。硅谷形成过程中除了结构性生产要素(知识信息、风险基金、高技术人才)以外,企业家文化以及硅谷建立在工作基础上的、在创业社区中得到加强的网络文化——"企业家集体",都是其创新环境生存和发展的基本要素。政府可通过搭建各种创新文化平台促进创新主体之间的知识、信息共享和创新协作,形成彼此之间长期合作的关系,加速隐性知识的开发、转移、扩散和有效利用。

(十二) 硬环境建设方面

基础设施是区域创新系统的科技创新得以顺利进行的物质基础和先决条件,基础设施的完善程度直接影响着区域系统的科技创新能力。区域创新系统内信息缺乏是各创新主体进行科技创新的主要障碍之一。为此,加强示范区内创新硬环境建设,政府的政策选择应从以下两方面着手:第一,要加大投资力度,完善区域内交通、通信、水电和大型仪器设备等基础设施建设。鼓励和引导社会资本投资于区域创新系统的基础设施建设。对于大型仪器设备,要引导在各创新主体之间建立多种形式的共享机制,提高使用效率和运转效益。第二,推动信息网络和共性技术平台的建设。在推进各类技术专业网络建设的同时,要将它们联结成一个网络系统。

第五章　自主创新的立法保障与构想

一、国外创新立法保障概述

（一）立法在创新活动中的作用

法律是对现实的合理规范，也是对未来的引导促进。自主创新离不开法律的有效保障。

美国是目前世界上对创新实施立法保护最完整的国家之一。1982 年制定的《小企业创新发展法》是美国第一部旨在鼓励中小企业提高技术水平、加大创新力度、推进技术创新成果转化的法律，其后又相继出台《史蒂文森—怀特勒创新法》、《国家竞争技术转移法》、《联邦技术转移法》、《专利法》、《知识产权法》、《商标法》、《反垄断法》等法律，建立了一个涉及多方面、多维度地推进创新发展的法律体系。英国是最早对创新制定政府产业扶持的国家，从 1981 年开始先后颁布了《实现我们的潜能——科学、工程和技术战略》、《我们的竞争——建设知识型经济》、《变革世界中的机遇——创业、技能和创新》等政府白皮书。韩国是对创新实施立法扶持最多的国家，1992 年至今，共制定实施了大约 90 部推动科技进步和科技成果转移转化方面的法律，其中包括《科学技术促进法》、《科技振兴法》、《政府合同法实施细则》等。

在瑞典的创新型国家体制中，议会与政府负责制定国家创新政策。政府向议会递交的科技政策提案由教科部负责起草，并由教科部全面协调各类相配套的政策。议会中设立科技顾问委员会，主要成员由学者、专家、科技人员和企业代表组成，教科部长任主席。其中一名科技顾问负责科普工作，主要职责是促使社会成员关心科技事业，提高科学研究的社会影响力。同时，议会与政府负责分配国家提供的科研经费。政府通过顺畅的运转渠道和科研机构下拨科研经费。科研人员对获得的政府资助经费，拥有自主支配的权利。近年，瑞典议会颁布的主要创新政策有如下几项。

《研究政策法案》在 2000 年 9 月由瑞典议会通过，是目前开展创新活动的主要政策依据。它针对高等院校科研人员新老交替问题，提出加强基础研究和研究生教育。针对专业和学科分类过细、研究力量太过分散的问题，提出鼓励开展跨专业、多学科的联合研究，特别是集中力量加强生物、信息、材料、环境等重点领域的研究。为此，提出通过组织结构创新，成立国家创新局，进一步完善国家创新政策的运行机制与管理体系。

《创新体系中研究开发与合作》是 2001 年 9 月获得瑞典议会批准的。其重点是确立国家创新局、半公立性质的工业研究所在瑞典国家创新体系中的地位和作用，阐明它们各自的功能及活动范围。该文件规定，国家创新局是政府部门内最主要的一个科研资助机构，面向全社会，接收来自科研院所、高等院校和企业设置的研究机构，以及其他非营利研究机构等提交的项目申请，通过评定审核给予一定经费资助。它也为半公立的工业研究所提供部分资助款项。同时，该文件要求重组原有的半公立工业研究所，让其获得产业界的支持，将其改造成高效、灵活、具有一定国际竞争力的科研机构。该文件还要求把生物技术、信息技术、微电子和材料技术作为重组半公立工业研究所的优先领域。

《瑞典增长和复兴政策》于 2001 年 10 月由瑞典议会批准实施。它是一个针对区域发展问题的政策文件，目的是通过制定统一规范，推动各省区建立协调的政策体系。该文件规定，各省区必须依据中央政府的要求制订相应的发展战略，确定对当地重点领域的经费投入，同时合理划分当地政府与中央政府在推动经济发展方面的职责。该文件还规定，从2003年开始，各省区都要建立一个专门的行政机构，让其有权处置政府的区域发展资金，推进地区的基础设施建设，并要求它编制出省区的发展计划。在这个省区域发展计划中，如何推进和完善地区创新体系建设，是其重要的组成部分。

（二）主要国家创新法规分析

1. 国家创新系统的政策法规体系

从世界各国各地区的实践来看，主要创新强国基本上都构建了系统性的国家自主创新政策法规体系以支持自主创新活动。日本制定了根据国情变化而逐步演进的经济和科技长期发展规划，确立了先向应用研究领域倾斜，随后将重点放在基础研究的发展方向。英国颁布的《英国十年科学与创新投入框架计划》以中长期科技发展规划为依托，对全社会科技资源整合，实现科技效益最大化。法国政府汲取了20世纪90年代的教训，重视运用政策和计划促进创新活动，颁布了一系列法律，逐步建立了完善的政府支持科研创新体系，发挥了积极的主导作用。俄罗斯为了营造创新的良好环境，围绕国家创新体系制定分阶段实施科技计划并颁布了多项相关法规，保证了科技实力迅速恢复。韩国从20世纪50年代末开始着手创新政策体系建设，从鼓励技术引进和仿制转向引进技术的消化和吸收，到现在的自主创新阶段，韩国制定了相应的政策法规，保持连续性和系统性。新加坡通过连续制订科技五年计划，采取锐意进取的创新战略，引导经济结构优化升级，迅速走上工业化道路。美国虽然没有制订统领全国科技发展的长期计划，但是该国政府以"目标"、"重点"的形式来界定重要的经济决策，充分利用政策法规、财政预算和专利制度支持创新活动，正从以私企市场体制为基础走向由政府制定重大的经济决策阶段。

2. 创新成果保护的政策法规体系

美国是最早实行专利制度的国家之一，通过将保护专利权写入宪法，制定了包括《知识产权法》、《技术转移法》、《技术扩散法》、《拜杜法案》等在内的一系列配套的创新成果保护法规，形成了完整、系统的创新成果的政策法规保护体系，使美国成为全球科技最发达的国家。日本在 2003 年实施的《知识产权基本法》中指出，为保护创新成果的知识产权，应采取加快专利权等权利的授权、完善处理侵权的诉讼手续、对侵权现象采取必要措施等基本对策。该法成为日本实施知识产权立国战略的支柱。

3. 创新项目遴选和资助政策机制

重大自主创新项目的遴选和资助政策机制发挥着科技进步中的"标杆"作用和政策导向。日本在制订不同阶段的《科学技术基本计划》时，根据本国的实际需要，由政府组织专家分析当前科技前沿问题，并开展系统调查，挑选出重大创新项目予以资助。法国在 2006 年发布的《2010 年关键技术》报告中预测分析了能满足未来需要的五大领域和 83 个具有潜力的重大项目和关键技术，为创新活动的开展确定方向。俄罗斯政府制定了《2002—2006 年俄罗斯科技优先发展方向》等文件，将纳米技术、激光技术和生物技术定义为优势领域，制订了重点发展、优先扶持计划，并对这些领域的重大项目予以资助，使它们达到或超过世界先进水平。

4. 支持企业成为创新主体的政策

通过政策引导，从技术创新的决策、投资、研究开发、创新利益分配和科技成果转化等方面全方位树立企业的主体地位，使企业成为自主创新的主体。德国高度重视企业创新活动，制定了《工商企业研究开发人员增长促进计划》等多项政策，让企业成为技术创新主体，形成强有力的推动企业开展创新活动的政策体系，为创新成果产业化打下了坚实的技术基础。韩国以政策鼓励企业成立研发机构，使企业研究所的数量超过 10000 个，是政府科研机构的近 500 倍；韩国企业每年的研发投入占国家研发总投入的75%，企业研究人员每千人注册的专利数量名列世界首位。英国政府将对企业的扶持，尤其是对中小企业创新的扶持作为战略重点之一，通过税收政策激励、资金投入、鼓励企业参与国家重大战略技术计划的实施以及知识转移体系建设等政策措施支持企业科技创新活动。新加坡政府制订和实施的几个创新计划主要侧重于提升中小企业的创新能力，仅位居前500名的中小企业2007年就创造了6.65亿新元的利润，比1999年增长了近10倍。

5. 创新人才梯队教育与培训政策

英国教育与就业部通过制订和实施庞大的"终身学习"计划，建立全国统一的学习中心，满足了企业与个人终身学习的需要；同时鼓励研究生到工业领域去工作，提高工业界吸收新技术的能力。德国通过颁布一系列职业培训的政策法规，建立了以校企合作的"双元制"职业培训形式为代表的职业培训体系，将理论与实践有机地结合起来。该国政府还通过建立特殊研究领域的青年研究小组、设立"青年教授席位"、建立青年科学院、实施埃米诺特计划和哈森贝格计划等措施，大力培养青年科技人才。这些国家通过政府政策促进了优秀科技人才向企业集聚，加快了创新型人才的培养和发展。

6. 创新成果产品转化的政策机制

发达国家高度重视创新成果的转化和产业化，创新成果转化率高达60%以上。美国继1980年国会通过《拜杜法案》之后，先后出台了二十多项有关技术转移的政策法规，消除创新成果转化过程中的障碍。美国政府还设立了专门负责科技成果转化的机构——国家技术转让中心，通过管理创新和建立风险投资机制的途径来推动科技成果转化。德国政府通过政策构建"科研创新体系"和产学研一体化链条，促使科研机构、高校和企业结成密切合作的创新联盟来推动创新成果转化，缩短科研成果的转化时间。20世纪70年代以来，英国政府采取多种措施，促进政府主导下的产学研合作体制的发展，出现了包括教研公司模式、科学园区模式、联系计划模式和法拉第合作伙伴研究中心模式等多样化的产学研合作模式，加强了政府与学界、产业界之间的联系，使国家的资源集中于具有战略性的科技领域，拓宽了高校的经费来源，促进了科技成果转化。日本为了促进科研成果转化，在 1999 年设立国家级的技术转移机构（TLO）负责发掘和评价高校研究人员的科研成果并使之专利权化，从应用企业收取使用费返还给研究者，提高了成果转化效率。韩国政府通过制定《产业技术研究组合培养法》、《大德研发特区发展目标》等法规和政策，促进了集研究、学术和工业化于一体的大德高科技园区的快速发展，并带动了周边地区不同类型产业圈的崛起，现成为韩国创新研究、人才培养、产业化和培育新产业基地和韩国经济增长的加速器。

7. 多种形式支持创新投入的机制

各国政府采用了多种形式的投入机制支持创新活动的开展。英国工贸部发布的英国科学与创新投资十年规划明确提出用于研究开发的总投入从 2004 年占 GDP 的 1.9%提高到 2014 年 2.5%的水平。英国政府公共财政对企业创新活动的资助与投入主要通过支持公共部门、非营利科研机构与企业之间的产学研合作项目来实现，政府设立的科研基金对有产业背景的项目给予倾斜。美国政府在 2005 年和 2007 年颁布的《国家创新法》和《美国竞争力法》都强调了增加研究投资力度。2009 年发布的《美国创新战略：推动可持续增长和高质量就业》中提出的具体措施包括：将 GDP 的 3%用于研发；将国家科学基金会、能源部科学办公室和国家标准与技术局三大重点科研机构的研发预算增加一倍，为新兴产业的发展奠定基础；政府对高风险、高回报、跨学科研究及科研和工程新从业人员提供更多的支持；从总统预算中拨出 750 亿美元资金，使研究和实验税收抵免政策常态化，增强企业对投资、创新和发展的信心。法国政府通过设立国家级启动基金对国家级重要技术领域（信息技术、生物技术、能源相关技术、多媒体及通信技术、环境保护技术）提供创新支持，针对中小型创新企业在启动阶段缺乏资金的状况，由地方各级政府联合大学、科学中心和地区开发商设立地区性启动基金帮助解决。在俄罗斯制定的《科技领域风险投资机制的主要发展方向》中提出具有俄罗斯特点的"基金之基金会"，即不对项目进行资金投入，而是成为建立区域性基金会的共同创办者，由区域性基金会对风险企业进行投资。

二、中国自主创新的法律保障现状

随着社会发展，科学技术作为生产力的作用日益显现出来，并且深入到人们生活的方方面面。而法律作为生产关系的上层建筑，对科学技术的发展和进步所产生的各种社会关系加以调整和规制，意义尤为重要。科技立法是对国家发展科技的重大方针政策加以法制化。科技活动作为一种社会活动离不开良好的法律环境，科技决策、计划、部署、管理和方针政策，离开了法律的确认、支持和保障，就难以实现权威性、持久性和有效性。我国的科技立法从 20 世纪 80 年代后期开始进入加速发展时期，在三十多年的时间里，已经取得了很大的成就。从 20 世纪 80 年代后期开始，我国重要的科技法律，特别是新修订的《中华人民共和国科学技术进步法》的颁布，确立了适用于整个科学技术活动领域内的法律原则和基本制度，同时也为确立更为具体的科技法律、法规提供了法律依据，成为了我国科技立法体系中的基本法（见表5-1）。

表 5-1　20 世纪 80 年代以来我国重要科技法律概览

序号	颁布时间	法律名称	颁布部门	时效性
1	1987.06.23	《中华人民共和国技术合同法》	中国人大常委会	失效
2	1985.09.06	《中华人民共和国计量法》	中国人大常委会	有效
3	1988.12.29	《中华人民共和国标准化法》	中国人大常委会	有效
4	1993.02.22	《中华人民共和国商标法》（修订）	中国人大常委会	有效

序号	颁布时间	法律名称	颁布部门	时效性
5	1993.07.02	《中华人民共和国科学技术进步法》	中国人大常委会	有效
6	1993.07.02	《中华人民共和国农业技术推广法》	中国人大常委会	有效
7	1993.09.02	《中华人民共和国反不正当竞争法》	中国人大常委会	有效
8	1996.05.15	《中华人民共和国促进科技成果转化法》	中国人大常委会	有效
9	1999.04.30	《中华人民共和国商标法实施细则》（修订）	中国人大常委会	有效
10	2000.07.08	《中华人民共和国产品质量法》（修订）	中国人大常委会	有效
11	2000.08.25	《中华人民共和国专利法》（修订）	中国人大常委会	有效
12	2001.10.27	《中华人民共和国著作权法》（修订）	中国人大常委会	有效
13	2001.10.27	《中华人民共和国商标法》（修订）	中国人大常委会	有效
14	2002.06.29	《中华人民共和国中小企业促进法》	中国人大常委会	有效
15	2002.06.29	《中华人民共和国科学技术普及法》	中国人大常委会	有效
16	2007.12.29	《中华人民共和国科学技术进步法》（修订）	中国人大常委会	有效

此外，中国还加入了一些相关的国际条约，国内的法规逐渐与国际接轨。目前，已先后加入了《世界知识产权组织公约》、《保护工业产权巴黎公约》、《录音制品公约》、《专利合作条约》和《商标国际注册马德里协定》等国际公约。根据中国涉外民事法律规定，参加的这些国际条约已经成为中国国内法的一个组成部分，并且是处理涉外知识产权法律问题时优先适用的基本准则。

虽然中国在推进科技立法方面取得了较为显著的成绩，但新形势下科技立法仍存在不少问题，需要进一步完善。

内容庞杂没有形成体系。从表5-1可以看出，虽然具有较高效力的科技法种类很多，但大部分属于不同的法律部门。如《中华人民共和国反不正当竞争法》、《中华人民共和国产品质量法》、《中华人民共和国中小企业促进法》等属于经济法部门，而《中华人民共和国专利法》、《中华人民共和国著作权法》、《中华人民共和国商标法》属于民法部门。

部分法律已不适应现今发展。从 5-1 表序号 1—9 可以看出，法律的颁布时间大致是 20 世纪 80 年代中后期以及 90 年代，有的距今已有二十多年了，早已不再适应现在的经济发展。特别是早期的法律颁布是以计划经济为背景的，已不符合社会主义市场经济的要求。

科技创新的法律法规不够健全。近几年来，我国政府对技术创新的发展已越来越重视，不仅制定了"科教兴国"和"科技优先"的发展战略，而且实施了多项技术创新发展计划，有效地促进了我国的技术创新活动，使技术创新取得了很大的成就，缩小了我国技术同世界先进水平的差距。然而，我国技术创新的发展现状仍不容乐观，主要表现在技术创新的能力低下、R&D 资金投入不足、政府对技术创新的重视不够等。

三、完善自主科技创新的立法构想

法律体系不是抽象的数字或者指标系数，它是由特定国家法律制度的发展路径和社会对法律的需求所决定的。构建完善的科技法律体系不仅符合科学发展观的要求，同时也是建设创新型国家的需要。为此，我们提出进一步完善中国科技立法的几点建议。

（一）完善现有科技法体系

我国不仅需要专门性的科技立法，而且其他相关立法都应当考虑到科技进步方面需要的制度与规范，使整个法律体系成为和谐一致，既各有其功能又相互配合的有机整体，以共同营造科技进步的法律环境。因此，我国科技立法的系统性应体现出：各学科、各行业、各个研究环节的协调性；科技研究与科技应用、生产、流通、服务的整体性；科技管理的规划性。其中，科技管理的规划性包括科技机构的设置、科技计划的制订、科技人员、科技情报、科技设施、科技基金、高新科技、技术市场、科技成果、科技鉴定与评价等的规划管理。

以新修订的《中华人民共和国科学技术进步法》为指导，加强其他法律法规的创立与完善。新的《科技进步法》从6个方面对制约我国科技进步的制度性问题作出了修订。因此，其必然存在与其他科技法律法规相冲突的问题。对不符合《科技进步法》规定和精神的法规政策，有关方面要及时修改或废止；对需要制定实施细则的，要有计划、有步骤、有重点地研究制定，从而创立并完善符合科技进步的法律法规。

（二）加大科技立法的实施力度

目前，国家制定科技政策和颁布科学技术法律，以国家意志干预和促进高新技术的工业应用是一种国际性趋势。为促进科技进步，我国颁布了许多有关人才、财税金融、资金等方面的政策，但这些政策措施多以政策法规的形式出现，很少采取法律的形式，因此有必要把规范科技进步的各种方针、政策措施提升到法律高度，使之具有法律权威和可操作性。

目前的科学技术立法简单勾画了我国的科技法律制度体系，但是大多数还是纲领性的、倡导性的内容。在立法普遍性和强制性上，针对民法、经济法、行政法、刑法等领域的相应立法，应制定更加具体的内容，补充考虑科技进步的相应制度，使科技法规更具备法律的操作实用性。此外，只有加强对法律责任的确定，严格法律责任，加大追究力度，才能使科技法的实施真正落到实处。

（三）以建立创新型国家为目标

新版《科技进步法》将提高自主创新能力，建设创新型国家写入法律，进一步明确了我国的科技发展战略和基本方针、政策。同时我们应该在贯彻并发展科学发展观重要思想基础上完善科技法律体系。科学发展观的核心是以人为本，本书认为，应该对此处的"人"作扩大性解释，即此处的人不仅包括自然人，还应该包括法人。因为对于科学发展与进步而言，法人的作用有目共睹。因为法人在经济实力上与自然人相比具有更大的优势，同时也便于法律规制。《知识产权法》对于专利权的保护方面，其对于自然人与法人的专利也做了区分。因此，此处宜作扩大性解释。

面对国际上科技经济一体化、世界经济发展进入新的发展时期、竞争进一步加剧的总体态势，我们不论是对科技进步与经济和社会发展关系的认识，还是科技政策法规对科技创新保障的理解，都应该比过去更加深刻。把科技决策、科技开发、科技管理、科技成果纳入到法制化的轨道刻不容缓，科技活动全面走向法治已成为必然。

四、关于制定《国家自主创新促进条例》的议案

目前，自主创新的科技政策与法律问题已受到国内外广泛关注，我国还没有一部专门的法规来规范与促进自主创新，现有的各项政策条例也是各行其是，在实施过程中不配套、不一致、不协调的情况时有发生，由国务院有关部门制定自主创新专门法规，将有利于把分散在各行政法规、规章乃至政策文件中关于自主创新的内容整合固定集中起来，切实保障自主创新、建设创新型国家战略的实施。

（一）制定自主创新专门法规是推动新兴产业发展，加快经济发展，加快经济发展方式转变，建设创新型国家的客观要求

中共十八大报告强调指出，科技创新是提高社会生产力和综合国力的战略支撑，必须摆在国家发展全局的核心位置，要大力发展新能源、新材料、节能环保、生物医药、信息网络和高端制造业，加大战略性新兴产业的投入和政策支持。在知识产权保护、税收优惠、以企业创新为主体等方

面，国家都有一些相关鼓励的政策，各地也都不一样，可以通过自主创新专门法规对全国各地的鼓励政策进行规范。通过这样一部法规围绕自主创新工作，协调有关主管部门，从而统一各方面的鼓励支持政策，要求各个部门、各种社会资源统一提供支持，合理配置国家、民间、产业联盟和地方政府的自主创新资源，做到有法可依。制定通用性执行办法，对于加快为我国高新技术及高新技术产业发展创造良好的法制环境，从而推动高新技术的快速发展和产业结构调整，提高经济运行质量，促进经济增长方式的转变和经济社会全面协调发展将具有重大意义。

（二）制定自主创新专门法规是推动企业加快技术创新，发展市场主体，壮大企业竞争实力的必然要求

当前，因为发展模式、市场条件、政策和体制环境等多方面原因，不少企业尤其是民营中小企业技术创新能力不强、热情不高。国务院制定自主创新专门法规可以从各方面加大企业自主创新的外在压力和内在动力，促使企业把创新作为自身发展的头等大事，使企业真正成为技术创新的主体、研究开发的主体和科技成果应用的主体。专门法规还可以进一步消除各种体制机制性障碍，打破行业和市场垄断，创造各类企业公平竞争的环境，整合为企业技术创新服务的科技资源，健全科技中介服务体系，为企业创新活动提供社会化、市场化服务。同时，专门法规还有利于制定完善推动产学研结合的机制和政策，促进产学研结合的有效模式，扶持发挥民营企业的重要作用，加大对中小企业的政策支持。

（三）制定自主创新专门法规是推动科研院所加快知识创新、改变科研评价体系的内在需要

在企业自主创新的过程中，科研院所的主要职能在研究开发阶段非常关键。目前，科研院所普遍存在自主创新不够、模仿行为较多的问题，这与科研评价体系"唯论文"的一刀切倾向、创新激励机制不健全不无关系。自主创新专门法规应着眼于逐步建立市场化的科研评价体系，并针对科研的不同类别建立分类评价体系，加强顶层设计，建立将国家战略目标和经济社会发展需求转化为科技研究创新目标的机制，着力解决科研机构行政化的倾向，推进科研人事管理制度改革，逐步实行以科研项目为载体的聘任制，实行按需设岗、竞争择优、有序流动的管理方法，充分调动科研人员积极性，促进科技人才资源优化配置，提高科技成果的创新性和转化率。

（四）制定自主创新专门法规是世界发达国家加强本国经济竞争实力的普遍做法

当前，以增强自主创新能力为核心的国际高科技竞争日趋激烈，发达国家先声夺人，其自主创新体系配套措施完善，制度保障有力，政府宏观引导与调控能力突出，政策实践各显其能。法国针对本国 20 世纪 90 年代在以信息技术为代表的高新技术竞争中有所落后的状况，制定了《国家创新与科研法》，以解决"创新"这个核心问题；日本自 1981 年始先后创建了三项重要制度以保证科技创新；荷兰在政府贸工部下成立"荷兰技术发展中心"，负责行使科技开发的规划、管理、指导等职能，特别是负责国家部分科技投资的使用和推进技术开发成果的转化与应用；韩国制定了较为完备的鼓励技术开发和转化的税收政策；美国先后制定了购买美国产品法、联邦采购法等，其中专门针对技术创新成果采购方面的内容对创新型企业有政策倾斜。

（五）制定自主创新专门法规是改变当前我国自主创新落后状况、提高国家自主创新能力的迫切要求

由于缺少拥有自主知识产权的核心技术，我国不少行业存在产业技术空心化的危险。企业自主创新能力薄弱，已成为制约我国经济社会发展的瓶颈。企业研发经费投入不足，高级科技人员流失严重，以企业为主体的创新体系尚未形成，国家相关优惠政策难以发挥应有作用等一系列问题亟待解决。加速自主创新制度化、法制化，其实质是在保护创新者利益和积极性的同时，促进技术合理、有偿地扩散。应进一步完善自主创新配套政策体系和市场环境，把知识产权保护和促进自主创新渗透在创造、保护、利用和扩散的全过程，把自主创新管理落实到技术、经济、贸易管理等各有关部门的工作中，把自主创新成果的产业化与建立产品和企业的品牌结合起来，才能最终形成长期竞争力。因此，制定自主创新专门法规既是贯彻落实党的十八大和中央重大决策的需要，又是规范和促进国家自主创新事业科学发展，提升国家自主创新能力的紧迫要求。

（六）制定自主创新专门法规已具有可行性

目前，各地对制定自主创新专门立法都相当积极。北京市人大常委会已于 2010 年 12 月 23 日审议通过了《中关村国家自主创新示范区条例》，广东省人大常委会于 2011 年 11 月审议通过了《广东省自主创新促进条例》，武汉市在此前后制定了《武汉东湖新技术开发区条例（草案）》，均为制定国家级专门立法提供了重要参考与依据。

本书建议：请全国人大常委会督促国务院有关部门制定《国家自主创新促进条例》，将之纳入新一届立法规划；请全国人大常委会督促国务院指定科技部为此事牵头部门，发改委、财政部、教育部、人保部等相关部门参与配合，共同起草《国家自主创新促进条例》；建议《国家自主创新促进条例》立法重点放在促进上，基本框架为总则、科技研发与知识产权、成果转化、人才服务与管理、激励保障、法律责任、附则等。

五、国家自主创新促进条例立法建议稿

这里参考北京市和广东省等地区比较成熟的立法思路和经验，提出

《国家自主创新促进条例（立法建议稿）》，供研究参考。

国家自主创新促进条例（立法建议稿）

第一章　总　　则

第一条　为了提高自主创新能力，推动经济发展方式转变，促进经济社会发展，根据有关法律、法规，结合国家自主创新工作实际，制定本条例。

第二条　本条例适用于国家行政区域内研究开发与创造成果、成果转化与产业化、创新型人才建设及创新环境优化等自主创新促进活动。

第三条　本条例所称的自主创新，是指公民、法人和其他组织主要依靠自身的努力，为拥有自主知识产权或者独特核心技术而开展科学研究和技术创新，运用机制创新、管理创新、金融创新、商业模式创新、品牌创新等手段，向市场推出新产品、新工艺、新服务的活动。

第四条　促进自主创新应当坚持以企业为主体，以市场为导向，以高等学校、科学技术研究开发机构为支撑，产学研相结合，政府引导，社会参与的原则。

第五条　各级人民政府领导本行政区域内的自主创新促进工作，组织有关部门开展自主创新战略研究，确定自主创新的目标、任务和重点领域，发挥自主创新对经济建设和社会发展的支撑和引领作用。

各级人民政府科学技术主管部门负责本行政区域内自主创新促进工作的组织管理和统筹协调。

各级人民政府其他有关部门在各自的职责范围内，负责自主创新促进的相关工作。

第六条　各级人民政府应当根据国民经济和社会发展规划组织编制自主创新规划，并根据自主创新规划制订年度计划。

各级人民政府应当加大财政性资金投入，并制定相关的产业、技术等政策，引导社会资金投入，保障自主创新经费持续稳定增长，使其与自主创新活动相适应。

第二章　科技研发与知识产权

第七条　各级人民政府应当鼓励和支持开展原始创新、集成创新和引进消化吸收再创新活动，创造具有市场竞争力的自主创新成果。

第八条　国务院设立的国家级自然科学基金，以及与国家相关部门联合设立的自然科学基金，应当资助高等学校、科学技术研究开发机构、企业、科学技术社会团体和科学技术人员开展基础研究和科学前沿探索，提高原始创新能力，创造原创性成果。

第九条　各级人民政府应当支持企业、事业单位通过技术合作、技术外包、专利许可或者建立战略联盟等方式，对各种现有技术进行集成创新，促进产业关键共性技术研发、系统集成和工程化条件的完善，形成有市场竞争力的产品或者新兴产业。

第十条　国务院应当根据国家的产业政策和技术政策，编制鼓励引进先进技术、装备的指南，引导企业、事业单位引进先进技术、装备，并进行消化、吸收和再创新。

限制引进国内已具备研究开发能力的关键技术、装备，禁止引进高消耗、高污染和已被淘汰的落后技术、装备。

第十一条　利用财政性资金或者国有资本引进重大技术、装备的，应当编制引进消化吸收再创新方案，明确消化吸收再创新的计划、目标、进度，并经省级以上人民政府科学技术主管部门联合有关部门组织的专家委员会进行论证。

经批准引进重大技术、装备的，应当按照前款规定编制的方案进行消化吸收再创新。

通过消化吸收拥有自主知识产权或者独特核心技术、形成自主创新能力，应当作为对引进重大技术、装备进行评估和验收时的重要依据。

第十二条　各级人民政府应当整合本级有关自主创新财政性资金，坚持统筹使用，分项管理。

各级人民政府确定利用财政性资金设立自主创新项目，应当坚持宏观引导、平等竞争、同行评审、择优支持的原则；确定利用财政性资金设立自主创新项目的项目承担者，应当按照国家有关规定执行。

各级人民政府财政、科学技术主管部门应当会同有关部门建立和完善有关自主创新财政性资金的绩效评价制度，提高有关自主创新财政性资金的使用效益。

第十三条　利用财政性资金或者国有资本购置、建设的大型科学仪器设施，应当依法履行共享使用义务，为公民、法人和其他组织开展自主创新活动提供共享服务。

鼓励以社会资金购置、建设的大型科学仪器设施所在单位向社会提供共享服务。

各级人民政府应当采取有效措施，支持公民、法人和其他组织共享大型科学仪器设施开展自主创新活动。

第十四条　申请利用财政性资金或者国有资本新购、新建大型科学仪器设施的，申请报告或者项目可行性研究报告应当包括共享服务承诺，明确共享时间、范围、方式等内容。

国家已有大型科学仪器设施的共享服务能够满足相关科学研究和技术开发活动需要的，主管部门不再批准利用财政性资金新购、新建大型科学仪器设施。

第十五条　国家科学技术主管部门负责对大型科学仪器设施共享进行统筹协调，建立和完善大型科学仪器设施共享服务平台，向社会提供大型科学仪器设施共享的信息查询、服务推介等服务管理工作。

第十六条　各级人民政府及其科学技术、发展改革、经济和信息化等有关主管部门应当在政策、规划、资金、人才、场所等方面支持在产业集群区域和具有产业优势的领域建立公共研究开发平台、公共技术服务平台、科学技术基础条件平台等公共创新平台，为科技型中小企业技术创新提供关键共性技术研究开发、信息咨询、技术交易转让等创新服务。

第十七条　支持企业、高等学校和科学技术研究开发机构共建博士后科研工作站、博士后创新实践基地、产学研创新联盟或者产学研结合基地，引导人才、资金、技术、信息等创新要素向企业集聚，推进产学研合作。

第十八条　各级人民政府应当促进军用与民用科学技术在基础研究、应用研究开发、创新成果转化与产业化等方面的衔接与协调，推动军用与民用科学技术有效集成、资源共享和交流协作。

第十九条　鼓励与我国香港特别行政区、澳门特别行政区、台湾地区的企业、高等学校、科学技术研究开发机构、科学技术社会团体联合开展科学技术攻关、共建科学技术创新平台等自主创新合作，推进创新要素的流动、组合、集成和共享。

第二十条　企业、高等学校、科学技术研究开发机构、科学技术社会团体和科学技术人员依法开展国际科学技术合作与交流，合作设立研究开发机构的，省级以上人民政府及其有关部门应当在出入境管理、注册登记、信息服务等方面提供便利条件。

境外的企业、高等学校、科学技术研究开发机构、学术团体、行业协会等组织，可以依法在国家独立兴办研究开发机构。

第二十一条　各级人民政府及其有关部门应当设立软科学研究项目，支持开展战略规划、政策法规、项目论证等方面的软科学研究，促进自然科学与人文社会科学的交叉融合，为科学决策提供理论与方法。

第二十二条　各级人民政府应当依法保护企业、事业单位的商业模式创新活动，制定激励扶持政策，引导企业、事业单位采用合同能源管理、重大技术设备融资租赁、电子商务等商业模式提升商业运营能力。

第二十三条　各级人民政府应当加强自主品牌与区域品牌的培育和保护工作，重点推进战略性新兴产业、先进制造业、现代服务业、优势传统产业、现代农业等产业领域的企业品牌建设。

第二十四条　各级人民政府应当制定和实施知识产权战略，促进专利权、商标权和著作权等知识产权的创造和运用，加强对自主知识产权的保护和管理。

第二十五条　各级人民政府应当支持企业发展成为具有自主知识产权、自主品牌和持续创新能力的创新型企业。

第二十六条　各级人民政府应当制定激励扶持政策，有条件地设立技术标准专项资金，支持企业、事业单位、行业协会主导或者参与国际标准、国家标准、行业标准和地方标准的制定和修订，推动自主创新成果形成相关技术标准。

第二十七条　自主知识产权首次转化使用，项目所在地的各级人民政府应当制定有关政策措施，在项目立项、土地、场所等方面给予支持。

第三章　成果转化

第二十八条　各级人民政府应当制定相关扶持政策，通过无偿资助、贷款贴息、补助资金、保费补贴和创业风险投资等方式，支持自主创新成果转化与产业化，引导企业加大自主创新成果转化与产业化的投入。

第二十九条　各级人民政府应当定期发布自主创新技术产业化重点领域指南，优先支持高新技术产业、先进制造业、现代服务业和战略性新兴产业自主创新成果的转化与产业化活动。

支持企业、高等学校、科学技术研究开发机构利用留学人员科技交流会、高新技术成果交易会等人才与科技信息交流平台，吸引国内外高层次人才实施创新成果转化与产业化。

第三十条　高等学校、科学技术研究开发机构和企业按照国家有关规定，可以采取科技成果折股、知识产权入股、科技成果收益分成、股权奖励、股权出售、股票期权等方式对科学技术人员和经营管理人员进行股权和分红激励，促进自主创新成果转化与产业化。

经各级人民政府科学技术主管部门会同有关部门组织认定的创新型企业，可以优先承担自主创新重大专项，其相关研究开发和产业化涉及的资金及用地优先予以保障。

第三十一条　各级人民政府应当支持高等学校、科学技术研究开发机构和企业完善技术转移机制，引导高等学校、科学技术研究开发机构的自主创新成果向企业转移或者实施许可。

使用国家财政性资金的自主创新成果，项目承担者应当在项目验收之后三个月内向国务院科学技术主管部门报送成果信息及其技术转移情况。自主创新成果信息及其技术转移情况应当通过统一的信息平台向社会公开，但依照国家有关规定不能公开的除外。

第三十二条　高等学校、科学技术研究开发机构将其职务创新成果转让给他人的，应当从技术转让所得的净收入中提取不低于百分之三十的比例，奖励完成该项创新成果及其转化作出重要贡献的人员。

高等学校、科学技术研究开发机构采用技术作价入股方式实施转化的，应当从职务创新成果作价所得股份中提取不低于百分之三十的份额，奖励完成该项创新成果及其转化作出重要贡献的人员。

高等学校、科学技术研究开发机构可以与完成该项创新成果及其转化作出重要贡献的人员约定高于前两款规定比例的奖励。

第三十三条　利用国家财政性资金资助的自主创新项目，项目立项部门应当与高等学校、科学技术研究开发机构和企业等项目承担者就项目形成的创新成果约定知识产权目标和实施转化期限，并在项目验收时对约定事项进行考核评价。

第三十四条　利用国家财政性资金设立的科学技术基金项目或者科学技术计划项目所形成的发明专利权、计算机软件著作权、集成电路布图设计专有权和植物新品种权，由项目承担者依法取得，但法律、法规另有规定的除外。

项目承担者应当依法实施前款规定的知识产权，采取保护措施，并向项目立项部门提交实施和保护情况的年度报告。约定的实施转化期限届满之日起两年内，项目承担者和创新成果完成人没有依法或者依照约定实施转化的，国务院为了国家安全、国家利益和重大社会公共利益的需要，可以许可他人有偿实施或者无偿实施。

第三十五条　高等学校、科学技术研究开发机构取得的具有实用价值的职务创新成果，在约定的实施转化期限届满之日起一年内未实施转化的，在不变更职务创新成果权属的前提下，创新成果完成人可以根据与本单位的协议或者经本单位同意，进行创新成果转化，并依法或者依协议享受权益。

高等学校、科学技术研究开发机构主要利用财政性资金项目取得的具有实用价值的职务创新成果，本单位在约定的实施转化期限届满之日起三年内仍未实施转化的，在不变更职务创新成果权属的前提下，经项目立项部门同意，创新成果完成人可以实施转化。

第三十六条　各级人民政府有关主管部门应当完善促进自主创新成果转化与产业化的科学技术人员考核评价制度。

有关主管部门应当将自主创新成果转化与产业化情况作为科学技术人员项目申报、成果奖励的依据，并作为职称评审、岗位聘用的评价内容，但基础理论研究等学科除外。

第三十七条　各级人民政府及其有关主管部门应当支持知识产权服务机构、技术交易机构、科技咨询与评估机构、科技企业孵化器、创业投资服务机构和生产力促进中心等科学技术中介服务机构的发展。建立和推行政府购买科技公共服务制度，对科技创新计划、先进技术推广、扶持政策落实等专业性、技术性较强的工作，可以委托给符合条件的科学技术中介服务机构办理。

科学技术中介服务机构应当为企业、高等学校、科学技术研究开发机构提供研发服务、知识产权服务、检测服务、创意设计、技术经纪、科学技术培训、科学技术咨询与评估、创业风险投资、科技企业孵化、技术转移与推广等科学技术中介服务，促进自主创新成果的转化和产业化。

科学技术中介服务机构应当将业务范围、执业人员、中介服务情况等基本信息报送各级人民政府科学技术主管部门，并由各级人民政府科学技术主管部门向社会公布。

第三十八条　科学技术中介服务业应当建立行业自律制度。科学技术中介服务机构及其从业人员，应当遵守相关法律、法规，按照公平竞争、平等互利和诚实信用的原则开展业务活动。

科学技术中介服务机构及其从业人员不得有下列行为：

（一）提供虚假的评估、检测结果或者鉴定结论；

（二）泄露当事人的商业秘密或者技术秘密；

（三）欺骗委托人或者与一方当事人串通欺骗另一方当事人；

（四）其他损害国家利益和社会公共利益的行为。

第三十九条　各级人民政府可以根据本地产业布局、经济可持续发展等需要批准建立高新技术产业开发区，支持高新技术产业开发区发展成为国家自主创新示范区。

第四十条　各级人民政府应当支持高新技术产业开发区的建设、发展，引导高新技术产业开发区发展特色和优势高新技术产业、先进制造业、现代服务业和战略性新兴产业。

第四十一条　各级人民政府应当支持发展民营科技企业，推动具备条件的民营科技产业园区和产业转移园区发展成为省级以上高新技术产业开发区。

第四十二条　各级人民政府应当促进主导产业集聚发展，提高专业化配套协作水平，完善产业链，促进发展形成专业镇或者产业集群。

第四十三条　各级人民政府应当支持农业基础研究、新品种选育和新技术研究开发，对地域特征明显且申请条件成熟的特色、优势农产品实行地理标志保护。

第四十四条　鼓励公民、法人和其他组织开展资源与环境、人口与健康、文化创意、节能减排、公共安全、防震减灾、城市建设等领域的自主创新活动，应用先进创新技术及成果促进社会事业发展。

第四十五条　各级人民政府可以依法发起设立或者参与设立创业投资引导基金，引导社会资金流向创业投资企业，引导创业投资企业向具有良好市场前景的自主创新项目、初创期科技型中小企业投资。

第四十六条　鼓励和支持建立科技金融机构，开展知识产权质押融资、保险、风险投资、证券化、信托等金融创新服务。保险机构可以根据自主创新成果转化与产业化的需要开发保险品种。

第四十七条　鼓励创新型企业上市融资，支持未上市的创新型企业在证券公司代办股份转让系统挂牌。

第四十八条　各级人民政府应当健全政府采购制度，对公民、法人或者其他组织研究开发形成的新技术、新产品、新成果，在性能、技术等指标能够满足政府采购需求的条件下，政府采购应当购买；首次投放市场的，政府采购应当率先购买。

第四章　人才服务与管理

第四十九条　各级人民政府应当定期制定人才发展规划和紧缺人才开发目录，加强创新型人才的培养和引进工作。

各级人民政府应当优先保证对人才建设的财政投入，保障人才发展重大项目的实施。

第五十条　各级人民政府应当制定和完善培养、引进人才的政策措施，并为人才在企业设立、项目申报、科研条件保障和出入境、户口或者居住证办理、住房、子女入学、配偶安置等方面提供便利条件。

各级人民政府科学技术主管部门应当会同有关部门组织引进优先发展产业急需的创新科研团队和领军人才。

第五十一条　各级人民政府应当支持企业、高等学校、科学技术研究开发机构建立人才培养机制，以及开展岗位实践、在职进修、学术交流等人才培训活动。

第五十二条　鼓励高等学校、科学技术研究开发机构选派科学技术人员参与企业自主创新活动，开展成果转化的研究攻关；鼓励企业选派专业技术人员到高等学校、科学技术研究开发机构开展自主创新课题研究。

第五十三条　企业、高等学校、科学技术研究开发机构等有关单位应当结合本省自主创新的目标、任务和重点领域开展相关的创新实践活动，培养急需、紧缺的人才。

企业、高等学校、科学技术研究开发机构等有关单位应当建立完善人才激励机制，完善岗位工资、绩效工资、年薪制和奖励股票期权等分配方式。

第五十四条　鼓励有关单位和科学技术人员在自主创新活动中自由探索、勇于承担风险。

对于以财政性资金或者国有资本为主资助的探索性强、风险性高的自主创新项目，原始记录证明承担项目的单位和科学技术人员已经履行了勤勉尽责义务仍不能完成的，经立项主管部门会同财政主管部门或者国有资产管理部门组织的专家论证后，可以允许该项目结题。相关单位和个人继续申请利用财政性资金或者国有资本设立的自主创新项目不受影响。

第五十五条　公民、法人或者其他组织从事自主创新活动，应当恪守学术道德，不得弄虚作假或者抄袭、剽窃、篡改他人创新成果。

公民、法人或者其他组织在申请政府设立的自主创新项目、科学技术奖励及荣誉称号，以及申请享受各种创新扶持政策时，应当诚实守信，提供真实可靠的数据、资料和信息。

第五十六条　国家设立的自主创新项目管理机构，应当为承担项目的科学技术人员和组织建立科研诚信档案，并建立科研诚信信息共享机制。科研诚信情况应当作为专业技术职务职称评聘、自主创新项目立项、科研成果奖励等的重要依据。

第五章　激励保障

第五十七条　各级人民政府科学技术、发展改革、经济和信息化、财政、税务等有关部门应当落实国家和省促进自主创新的税收、金融等优惠政策，加强宣传引导工作，制定办事指南，简化办事程序，为企业、事业单位和科学技术人员享受有关优惠政策提供便捷服务。

第五十八条　科学技术重点基础设施、重大科学技术工程等建设项目应当纳入土地利用总体规划、城乡规划和政府投资计划。

对高新技术企业和创新型企业的生产性建设用房、科研机构科研用房，以及工程技术中心、企业技术中心、企业研究开发院、重点实验室、中试基地、科普场馆等建设工程，依照国家规定减免城市基础设施配套费。

第五十九条　产业园区的战略性新兴产业、高新技术产业的研究开发项目用地，依法可以采取协议出让等方式取得，但不得擅自转让、改变用途；确需转让或者改变用途的，应当报请有批准权的人民政府批准。

第六十条　各级人民政府应当逐步提高科学技术经费的财政投入总体水平，财政用于科学技术经费的增长幅度，应当高于本级财政经常性收入的增长幅度。

引导社会加大对自主创新的投入，逐步提高研究与开发经费占地区生产总值的比例，到 2015 年全社会研发经费达到 GDP 的 2.2%，到 2020 年实现占 GDP 的 2.5%。

第六十一条　对高等学校、科学技术研究开发机构和企业自筹资金研究开发并具有自主知识产权的自主创新项目，各级人民政府可以采取后补助方式予以财政性资金资助。资助资金应当用于该项目在本省的后续研究开发、成果转化和产业化活动。

第六十二条　利用国家财政性资金设立的自主创新项目，承担项目人员的人力资源成本费可以从项目经费中支出，最高不超过该项目经费的百分之三十；其中，软科学研究项目和软件开发类项目，人力资源成本费最高不超过该项目经费的百分之五十。

第六十三条　利用国家财政性资金设立的自主创新项目的主管部门，应当建立评审专家库，建立健全自主创新项目的专家评审制度和评审专家的遴选、回避、问责制度。

利用财政性资金设立的自主创新项目及其承担者的情况，应当由项目主管部门向社会公开，但依照国家有关规定不能公开的除外。

第六十四条　财政性自主创新资金应当专款专用，任何组织或者个人不得虚报、冒领、贪污、挪用、截留。

各级人民政府审计机关和财政主管部门应当依法对财政性自主创新资金的管理和使用情况进行监督检查。

第六十五条　各级人民政府应当建立科学技术奖励制度，创新奖励模式，对在科学技术进步活动和自主创新工作中作出重要贡献的单位和个人给予奖励。

鼓励社会力量设立科学技术奖项，对在科学技术进步活动和自主创新工作中作出重要贡献的单位和个人给予奖励。

单位和个人在申报或者推荐各类科学技术奖项时，应当提供真实可靠的科研数据和评审材料，不得骗取或者协助他人骗取科学技术奖励。

第六十六条　单位和个人可以依法捐赠财产或者设立科学技术基金资助国家自主创新活动，并可以依法享受税收优惠政策。

第六十七条　国家科学技术主管部门应当会同国家统计机构建立健全自主创新统计制度，对国家自主创新发展状况进行监测、分析和评价，全面监测自主创新活动、能力、水平和绩效。

国家自主创新主要统计指标应当定期向社会公布。

第六十八条　国家应当建立自主创新考核制度，考核省（区）市人民政府推动自主创新的工作实绩。

第六十九条　各级国有资本经营预算应当安排适当比例的资金用于国有企业自主创新，并逐年增加。

国有企业应当加大自主创新投入，建立健全自主创新人才建设机制和创新收益分配制度。

各级人民政府有关部门应当完善国有企业考核评价制度，应当将企业的创新投入、创新能力建设、创新成效等情况纳入国有企业及其负责人的业绩考核范围。

第七十条　各级人民政府应当引导社会培育创新精神，形成崇尚创新、勇于突破、激励成功、宽容失败的创新文化。

机关、企业、事业单位、社会团体、新闻媒体应当开展科学技术普及和宣传工作，鼓励和支持开展群众性技能竞赛、技术创新和发明创造活动，提高公众科学素质。

第六章 法律责任

第七十一条 违反本条例第十条第二款规定，未按照指南规定进行消化吸收再创新的，由当地人民政府科学技术主管部门责令其限期改正；逾期不改正的，不予通过验收，并由其主管部门对直接负责的主管人员和其他直接责任人员依法给予处分，三年内不得申请省级以上自主创新项目和科学技术奖励。

第七十二条 违反本条例第十三条第一款规定，不依法履行共享使用义务的，由国家科学技术主管部门责令改正，通报批评，并由其主管部门对直接负责的主管人员和其他直接责任人员给予处分；拒不改正的，大型科学仪器设施管理单位三年内不得申请省级以上自主创新项目和科学技术奖项，且不得利用财政性资金新购、新建大型科学仪器设施。

第七十三条 违反本条例第十四条第一款、第三十一条第二款规定，不依照规定报送相关信息的，由主管部门责令改正；拒不改正的，给予通报批评。

第七十四条 违反本条例第三十八条第二款规定，由主管部门责令改正，并予以警告，没收违法所得，并处违法所得一倍以上五倍以下的罚款；没有违法所得的，处一万元以上三万元以下的罚款；情节严重的，依法由相关部门吊销营业执照和资格证书；给他人造成经济损失的，依法承担民事责任；构成犯罪的，依法追究刑事责任。

第七十五条 违反本条例第五十五条第二款、第六十五条第三款规定，提供虚假数据、资料、信息或者评审材料的，由主管部门给予通报批评，取消已获得的荣誉称号或者科学技术奖项，追回已资助的财政性资金，并记入科研诚信档案；情节严重的，依法给予处分，五年内该单位或者直接责任人员不得申报自主创新项目或者科学技术奖项。

第七十六条 违反本条例第六十四条第一款规定，虚报、冒领、贪污、挪用、截留财政性自主创新资金的，依照有关规定责令改正，追回有关财政性资金和违法所得，依法给予行政处罚；对直接负责的主管人员和其他直接责任人员依法给予处分；构成犯罪的，依法追究刑事责任。

第七十七条 科学技术等主管部门及其工作人员违反本条例规定，有下列情形之一的，由监察机关或者其主管部门对直接负责的主管人员和其他直接责任人员依法给予处分；构成犯罪的，依法追究刑事责任：

（一）未按照本条例第十一条第一款规定组织专家委员会对引进消化吸收再创新方案进行论证的；

（二）未按照本条例第十四条第二款规定，予以批准新购、新建大型科学仪器设施的；

（三）未依法对财政性自主创新资金的管理和使用情况进行监督检查的；

（四）有其他滥用职权、玩忽职守、徇私舞弊行为的。

第七章 附　则

第七十八条 实施本条例需要制定配套规章或者其他具体办法的，由各级人民政府或者有关行政管理部门研究制定并发布实施。

第七十九条 本条例自＊＊＊＊年＊月＊日起施行。

附录一　东湖国家自主创新示范区条例
（草案）

第一章　总　则

第一条　为了推动湖北武汉东湖新技术开发区加快建设国家自主创新示范区，充分发挥其示范和辐射带动作用，促进高新技术产业和经济社会发展，根据有关法律、法规，制定本条例。

第二条　东湖国家自主创新示范区（以下简称示范区）是经国务院批准，依靠创新、开放驱动发展，推动资源节约型和环境友好型社会建设的示范园区。

示范区包括武汉东湖新技术开发区规划建设区域和省人民政府、武汉市（以下简称市）人民政府根据总体规划和发展需要委托武汉东湖新技术开发区管理的其他区域。

第三条　本条例适用于示范区管理、服务及相关活动。

第四条　示范区建设应当紧紧围绕使市场在资源配置中起决定性作用和更好发挥政府作用，坚持"解放思想、增强活力，创新驱动、绿色发展，开放合作、辐射带动"原则，全面深化改革，加快转变政府职能，创新体制机制，促进自主创新，依托"武汉·中国光谷"品牌，重点发展战略性新兴产业，积极培育和发展现代服务业，打造创新型高技术产业集群，争创国内一流、国际领先的示范性园区。

第五条　鼓励和支持各类市场主体开展创新创业活动，培育创新创业文化，激发创新创业内生动力和活力，营造鼓励创新创业、宽容失败的环境氛围。法律、法规未禁止的事项，公民、法人和其他组织可以在示范区内先行先试。

示范区为各类创新创业主体提供优质、高效公共服务，并通过设立专项资金、提供运营场所、简化审批程序、争取财政税收优惠政策等方式集聚和激活创新要素，提升自主创新能力与对外开放水平。

第六条　加快投资自由化、贸易便利化体制机制创新，积极搭建国际化发展平台，加强国际交流与合作，建立与国际投资和贸易规则体系相适应的行政管理体系，优化发展环境，提升国际化水平。

第七条　建立健全企业及个人信用信息征信体系，建立信息征信系统和监管信息系统共享机制，积极推动信用资讯和信用产品运用，推行守信激励和失信惩戒联动机制。

第八条　示范区经济社会发展改革未达预期效果，但改革创新方案制定和实施符合有关规定，同时个人和所在单位未非法牟取私利、未与其他单位或者个人恶意串通损害公共利益，且相关人员已经履行了勤勉尽责义务的，免予追究行政责任。

第二章　管理与服务

第九条　武汉东湖新技术开发区管理委员会（以下简称管委会）根据省、市人民政府授权和本条例规定，按照经济社会全面协调可持续发展的要求，依法管理示范区经济和社会发展事务，承担相应的法律责任。

第十条　省、市人民政府应当加强对示范区建设的组织领导，健全完善重大事项协调会商机制，及时研究改革发展中的重大事项，支持示范区推进体制机制创新和加快发展。

省、市人民政府发展改革、经信、科技、财政、环境保护、住房城乡建设、国土资源、工商等相关部门和金融机构以及司法机关应当按照职责，制定支持示范区改革发展的具体措施，推动、服务示范区发展。

第十一条　管委会按照精简、统一、效能的原则，根据市场需求和转变政府职能的要求，在省、市机构编制管理部门核定的机构总数内，科学、自主设立或调整工作机构，并报省、市机构编制管理部门备案。

除法律、行政法规规定外，省、市人民政府有关部门在示范区内不再设立派出机构。确需设立派出机构的，应当依法充分授权。派出机构应当简化、整合办事程序，并接受管委会的组织协调。

省、市人民政府有关部门任免派出机构主要负责人前应当书面征求管委会的意见。

第十二条　管委会在机构编制管理部门核定的编制总数内，建立健全以全员聘用制为核心的干部人事制度，探索创新符合示范区实际的多种形式的选人用人机制、薪酬激励机制和人才交流机制。省、市人民政府及其有关部门应当关心、支持示范区优秀人才的交流和使用。

第十三条　示范区享受一级财政管理权限，财政收支纳入市级财政预算管理，接受市人民代表大会及其常务委员会的审查和监督。

支持示范区按照财政体制规定，统筹使用各类财政资金，推动科技创新、人才引进、产业发展、开放合作、生态环保、基础设施建设等经济社会发展。

在《东湖国家自主创新示范区发展规划纲要（2011—2020年）》期间，示范区内征收的各项税收收入中留存省、市财政部分，全额返还示范区，专项用于示范区科技创新。省、市人民政府对示范区税收返还资金使用情况进行检查监督和绩效评价。

第十四条　推行相对集中行使行政许可权、行政处罚权、行政强制权，优化执法环境，提高行政效率，实现办事不出园区，行政执法管理扁平化。

管委会及省、市人民政府有关部门及其依法设立的派出机构，应当公布行政权力清单，对涉及市场监管、社会管理和公共服务等事项，应当建立合作协调和联动执法工作机制，防止重复、多头执法。

除法律、行政法规另有规定外，公民、法人或者其他组织不服管委会工作部门作出的具体行政行为而提出行政复议申请的，由管委会受理；不服管委会作出的具体行政行为而提出行政复议申请的，由市人民政府受理。

第十五条　属于省、市人民政府及其有关部门实施的行政许可或者行政审批事项，委托管委会负责实施。

法律、法规规定由省、市人民政府或其有关部门先行审核，再报省级以上人民政府及其工作部门许可或审批的事项，委托管委会负责审核。

第十六条　完善政务信息公开制度，加强政务信息化建设，推进大数据政务信息应用，并通过多种方式，为创新创业主体提供及时、便捷、准确的信息服务。

第十七条　规范行政决策程序，完善行政决策风险评估机制，加强重大决策跟踪反馈和责任追究。

建立健全公众参与重大行政决策的规则和程序，主动征询各类市场主体的意见和建议，完善行政决策信息和智力支持系统，增强行政决策透明度和公众参与度。

第十八条　加强市场监管，建立和维护竞争有序的市场秩序，将诚信建设作为社会建设的重要内容，推进政务诚信、商务诚信、社会诚信、司法诚信建设。对信用良好的企业和个人实施便利措施，对失信企业和个人建立信用约束和市场化退出机制。

第十九条　实行企业年度报告公示制度和企业经营异常名录管理制度。示范区内企业应当按照规定报送企业年度报告，并对年度报告信息的合法性、真实性负责。企业年度报告向社会公示，涉及国家秘密、商业秘密和个人隐私的除外。

第二十条　省、市人民政府有关部门及管委会根据示范区的发展需求，实行以事中、事后监管为主的动态监管，优化管理流程和管理制度。

管委会及其工作机构应当加强自身建设，转变职能，简政放权，创新公共服务方式。在不违反法律、行政法规和不降低公共服务质量的前提下，可以将部分公共服务事项委托企业或中介机构等社会化组织办理。

第二十一条 设立示范区咨询委员会，为示范区拟订改革发展方案和实施重大决策提供咨询意见。咨询委员由人大代表、政协委员、专家学者、企业家代表、行业代表等组成。

第三章 规划与建设

第二十二条 管委会应当以国家发展战略为指导，根据省、市国民经济和社会发展规划、城市总体规划、土地利用总体规划、环境保护规划等，结合示范区发展需要，按照资源节约、环境友好原则和发展循环经济的要求，会同市人民政府有关部门编制总体规划、经济发展和社会事业发展规划，促进经济社会和生态环境协调发展。

第二十三条 示范区应当根据《东湖国家自主创新示范区发展规划纲要》，制定示范区产业发展规划，实施产业发展战略，建设高新技术产业基地、先进制造业基地、现代服务业基地和科技文化产业基地，合理设置专业园区，统筹产业布局，构建具有比较优势和核心竞争力的现代产业体系。

第二十四条 示范区应当围绕国家战略需要，突出本地优势，优先发展光电子信息产业，加快发展生物、节能环保和高端装备制造等战略性新兴产业。

第二十五条 优化示范区产业空间布局，按照关联功能集中、制造服务分离、产业专业聚集和土地集约利用的原则，合理布局和完善产业培育、高端制造、研发创新、科技商务、总部经济等五大功能分区。

第二十六条 示范区坚持促进人与自然和谐的理念和保护优先的基本原则，推广资源节约、环境友好型生产生活方式，建立最严格的环境资源保护制度、损害赔偿制度和责任追究制度，以创新机制为核心，加快生态文明制度建设。

示范区制定产业优先发展目录，大力支持低能耗、低排放企业发展，鼓励企业实施清洁生产、保护和改善环境，禁止发展高能耗、高消耗和高污染产业项目。

完善生态保护红线、排污许可管理及总量控制、规划和建设项目环评等制度，坚持开发建设、绿化、生态环境保护同步规划、同步实施、同步验收。开展排污权交易、环境污染责任保险试点。

第二十七条 统筹示范区与周边地区基础设施、公共设施和其他配套设施的开发建设与利用管理，实施城乡管网综合同步建设，完善配套功能，推进城乡一体化建设。

公民、法人和其他组织按照示范区统一规划，可以采取独资、合资、合作、联营或项目融资等方式，投资示范区市政基础设施、信息基础设施和其他公共设施项目建设。

第二十八条 统筹安排，合理、高效、优化利用土地资源。建立土地利用审查机制和土地节约集约利用评价及动态监测机制。除国家另有规定外，示范区出让和经营国有土地的各项收入，应当作为示范区基础设施建设资金实行专项管理。

第二十九条 示范区内以协议方式取得的国有土地使用权及其地上建筑物，在国有土地使用权出让合同中有明确限定转让条件的，不得擅自转让。

前款规定的国有土地使用权依法转让的，管委会根据国家有关规定享有优先收储权。

第四章 科技创新

第三十条 鼓励公民、法人和其他组织在示范区设立科技型企业、教育科研机构、中介机构、社会组织和其他类型的创新主体，开展自主创新活动。

第三十一条 鼓励境内外企业在示范区建立研发机构。建立健全由市场决定的技术创新立项和实施机制，支持企业加大研发投入和科技成果转化投入。

支持高等院校、科研院所、企业按市场化机制建立新型产业技术研究机构。鼓励研究机构建立科技成果转化、产业化体制机制。

支持示范区内企业联合高等院校、科研院所和其他创新主体组建产业技术创新联盟。符合条件的产业技术创新联盟可以申请登记为法人。

第三十二条　示范区设立专项资金支持科技企业孵化器和加速器的建设和发展。鼓励企业、高等院校、科研院所及其他组织和个人设立各类创新创业孵化服务机构，为创新创业主体提供投融资、市场推广、加速成长等深度服务，以及搭建专业技术公共平台、中试基地等创新服务平台。

第三十三条　示范区内高校、科研院所等事业单位的科技成果，可以自主处置，科技主管部门和资产管理部门不再审批。单位应当与项目完成人约定项目所产生的科技成果的所有权、处置权及收益分配比例。一年内未实施转化的，在所有权不变的前提下，完成人书面告知单位后，可以自主实施转化。转化收益中至少百分之七十归成果完成人所有。涉及国家安全、国家利益和重大社会公共利益的项目，按照有关法律、法规的规定执行。

省外高校、科研机构在示范区转化科技成果的，按照实现的技术交易额给予一定比例奖励。

第三十四条　支持和鼓励在示范区设立科技成果转移转化、交易交流中心，以及律师事务所、会计师事务所、评估师事务所、人才中介机构等其他各类新型科技中介服务机构，建立产学研主体和科技中介服务机构的利益共享机制。

支持和引导社会组织参与履行社会管理和公共服务职能，推动示范区协同创新、产业发展和品牌推广。

第三十五条　大力推进知识产权创造和运用，对知识产权创造过程中的申请、授权、维持等给予奖励和补贴，对企业知识产权运用给予政策支持。

发展知识产权交易市场，建设有区域特色的知识产权交易场所。支持知识产权服务机构开展知识产权咨询、代理、信息服务、援助、评估及质押融资和托管运营等服务。

鼓励知识产权联盟，支持企事业单位构建专利池，开展知识产权合作，促进知识产权运用。

支持创新主体实施标准战略，牵头或者参与制定国际标准、国家标准、行业标准和地方标准，开展与国际、国内标准化组织的战略合作。

第三十六条 完善知识产权管理和保护制度，建立知识产权侵权预警和风险防范机制，健全知识产权举报、投诉、援助、维权和纠纷调处机制，增强知识产权创造、运用、保护能力和水平。

第三十七条 制订示范区创新创业型人才发展规划，建立健全人才引进、激励、发展和服务机制，建设示范区人才特区。

支持企业根据需要引进高层次人才，特别是高端领军人才。对于示范区需要引进的优秀人才和团队，市人民政府和管委会设立专项资金予以支持，并在创新创业扶持、户口迁移或者办理居留和永久居留手续、社会保障等方面提供优惠政策。

鼓励和支持境内外专家从事与创新创业有关的各类合作活动。

第三十八条 示范区设立股权激励代持基金，支持企业、高等院校、科研院所采取科技成果入股、科技成果折股、股权奖励、科技成果收益分成等方式，对作出贡献的科技人员和管理人员给予股权和分红权激励。

示范区内的企业可以探索建立股票期权激励制度，激励企业核心技术人员、高层管理人员创新创业。企业核心技术人员、高层管理人员达成业绩、服务年限等企业设定条件后，可以按照约定价格购入对应权益。

第三十九条 建立健全高等院校、科研院所与企业的人才双向交流机制，鼓励科研人员在示范区创业或在企业和其他创新主体兼职。创新创业贡献杰出的科技人员，可破格评定相应专业技术职称。

建立和完善高新技术产业高技能人才培训工作机制。支持企业通过为在校学生提供科研、实习条件等方式参与人才培养。

示范区设立专项资金支持科技人员和大学生开展创新创业活动。

第四十条　省、市人民政府应当为示范区自主创新活动提供经费支持。每年拨付科技研发专项资金，支持示范区开展创新能力建设、科技成果转化、创新创业平台建设、产学研协同创新、科技创新奖励。

鼓励和支持示范区内单位和个人按照规定申报和承担国家、省、市重大科技专项、创新能力建设专项、科技基础设施建设、各类科技计划项目和高新技术产业化项目。管委会对国家、省、市级重大专项项目按照相应比例予以配套资金支持。

科研项目承担单位应当建立健全科研和财务管理相结合的内部控制制度，规范使用科研项目资金。示范区内企业要加大研发投入力度，不断提高自主创新能力，强化技术创新的主体地位。

示范区内的企业、高等院校、科研院所承担利用财政性资金资助的科技项目，按照一定比例在项目经费中列支间接费用，用于支付项目实施过程中发生的管理、协调、监督、激励等必要费用。具体办法由市人民政府规定。

第四十一条　建立健全科技资源开放共享运行管理服务模式和激励机制，推进实验室、大型科学仪器设备、科技文献、科技数据等各类科技资源面向示范区内的单位和个人提供服务。财政资金资助的科技资源开放共享所获收入自行支配。自有资金形成的科技资源向社会提供开放利用的，管委会应当给予奖励。

第四十二条　省人民政府有关部门授权管委会负责对示范区内企业进行高新技术企业资格认定工作，并按国家有关规定申报备案。管委会应当积极落实国家有关技术创新的税收优惠政策。

第四十三条　使用财政性资金的采购项目，按照政府采购政策有关规定，在开展政府采购活动中，同等条件下对示范区内创新主体的符合认定条件的首台（套）自主创新设备以及其他新技术、新产品、新服务优先采购。

省、市科技行政管理部门应当将示范区内符合条件的自主创新产品纳入新技术、新产品、新服务目录，并在省内政府采购中对示范区内的新技术、新产品、新服务在同等条件下，予以优先倾斜。

第五章　金融支持

第四十四条　示范区应当构建多层次多元化的投融资体系和金融市场。创造条件引进境内外金融机构和金融服务机构，发挥资本集聚效应，建设资本特区，完善科技、产业、涉外、民生等领域金融服务，为示范区发展提供融资保障。

第四十五条　加大区域要素市场的设立和发展，建设金融资产、知识产权、应收账款等各类要素交易场所，为示范区发展集聚资源要素。

第四十六条　鼓励境内外市场主体在示范区设立风险投资机构，开展创新创业风险投资活动。

设立创业投资和产业发展引导资金，采取阶段参股、跟进投资、风险补助等多种方式，引导和发展创业投资。

支持在示范区内设立私募股权基金、证券机构、保险机构、信托机构及其分支机构，开展股权投资、并购等相关业务。

第四十七条　支持示范区内企业在境内外证券市场公开发行股票、债券。

鼓励各类国有资本发起设立较大规模的科技投融资平台，通过资本运营，积极参与示范区的创业投资。

支持示范区内企业在全国中小企业股份转让系统和区域股权交易市场挂牌，开展股份转让、融资和并购。

引导示范区内中小企业通过发行中小企业集合债券、私募券、短期融资券等方式进行融资。

第四十八条　充分发挥国有银行的金融支撑作用，鼓励设立科技银行、融资租赁、融资担保、小额贷款等各类专业化金融机构，为示范区内企业、创新创业活动提供金融服务。

鼓励各类金融机构开展企业信用贷款、股权质押和知识产权质押贷款等金融服务。

第四十九条　支持示范区内创新主体购买产业研发责任保险、关键研发设备保险、营业中断保险、财产保险、财务代理、产品质量保证保险、高级管理人员和关键研发人员团体健康保险、意外保险、补充医疗保险和补充商业养老保险等保险服务。

完善科技保险奖励补贴机制，对投保科技保险的创新主体，给予补贴、补偿和优惠政策，通过对财政资金的引导促进科技保险长效发展。

鼓励设立保险机构创新保险产品及服务，建立保险理赔快速通道，分散创新创业风险。

第五十条　鼓励各类金融机构开展产品创新和跨业合作，支持民营资本进入金融领域，探索发展互联网金融等新型金融业态和服务，推动科技金融创新。

第五十一条　示范区建立科技型中小企业融资风险补偿机制，为银行、担保、保险、股权投资、小额贷款等机构开展针对示范区内科技型中小企业的股权质押、知识产权质押、信用贷款、信用保险、创业投资等业务提供风险补偿。

管委会应当加强与国家、省、市金融监管部门的沟通与协调，建立金融业务风险防范机制。

第六章　开放合作

第五十二条　示范区应当不断拓展对外开放的广度和深度，加强国际交流与合作，形成与国际接轨的发展环境与经营理念，实施多元化市场战略，引进跨国资本、高端人才和先进技术，整合全球资源，实现开放驱动发展，打造内陆自由贸易区。

第五十三条　积极探索金融服务、商贸服务、航运服务、专业服务、文化服务和社会服务等领域扩大开放，促进贸易和投资便利化，营造有利于各类投资者平等准入的市场环境。

第五十四条　建立完善企业设立、变更、投资一表申请、一口受理、一站办结、高效运作的服务模式，完善信息网络平台，实现不同部门的协同办理机制。

第五十五条　实施工商先照后证登记制和工商营业执照、组织机构代码和税务登记证三证合一登记制度。简化市场主体住所、经营场所登记条件和手续。取得营业执照的市场主体即可从事一般生产经营活动；从事需要许可的生产经营活动的，除法律、行政法规规定需要前置审批事项外，可以在取得营业执照后，再向主管部门申请办理。

申请设立商会类、科技类、公益慈善类、城乡社区服务类行业协会组织，可以直接向民政部门申请登记。其他社会组织成立登记按法律、行政法规、国务院决定等有关规定执行。

第五十六条　积极推行外商投资准入前国民待遇，实施外商投资准入特别管理措施（负面清单）管理模式。对外商投资准入负面清单之外的领域，实行备案管理，但法律、行政法规对国内投资项目保留核准的除外。市场准入负面清单按照国家有关规定执行。

管委会对境外投资一般项目实行备案管理，支持示范区企业到境外开展生产、研发、服务、投资等经营活动。

第五十七条　创新和完善武汉东湖综合保税区监管服务模式，实行"一线放开、二线管住、区内自由"的监管制度，推行保税展示交易等制度，批次进出、集中申报，简化通关作业随附单证，探索建立货物状态分类监管模式，对销售到境内的货物实行选择性征税。

第五十八条　推动国际贸易、仓储物流、加工制造等基础业务转型升级，发展离岸贸易、国际贸易结算、国际大宗商品交易、跨境电子商务等新型贸易业务。

示范区建设综合型物流园区，为园区内企业提供通关、配送、快递、运输、仓储、信息等服务，为国内物流企业入驻提供便利条件。

鼓励跨国公司在示范区内建立地区总部，建立整合贸易、物流、结算等功能的营运中心。

第五十九条 建立外商投资项目国家安全审查工作机制。属于国家安全审查范围的外商投资项目，应当按规定申请进行国家安全审查。

第七章 附 则

第六十条 市人民代表大会常务委员会依据法律和本条例，结合示范区实际，可以就示范区经济和社会发展的有关事项制定地方性法规，报省人民代表大会常务委员会批准后施行。

省、市人民政府有关部门应当根据本条例制定相应的措施和办法，支持示范区的经济和社会发展。

经省、市人民政府批准的共建园区参照本条例施行。

第六十一条 本条例自 年 月 日起施行。

附录二　中国部分科技政策法规名录

国家科技政策法规

（一）国家重点产业发展政策

1. 国务院关于印发《进一步鼓励软件产业和集成电路产业发展若干政策》的通知（国发〔2011〕4号）

2. 国务院办公厅关于促进物流业健康发展政策措施的意见（国办发〔2011〕38号）

3. 国务院办公厅关于加快发展高技术服务业的指导意见（国办发〔2011〕58号）

4. 关于印发《关于加强中央企业科技创新工作的意见》的通知（国资发规划〔2011〕80号）

5. 关于印发《关于进一步加强火炬工作促进高新技术产业化的指导意见》的通知（国科发火〔2011〕259号）

6. 关于印发《鼓励和引导民营企业发展战略性新兴产业的实施意见》的通知（发改高技〔2011〕1592号）

7. 关于印发《海洋工程装备产业创新发展战略（2011—2020 年）》的通知（发改高技〔2011〕1675 号）

8. 关于促进战略性新兴产业国际化发展的指导意见（商产发〔2011〕310 号）

9. 关于加快推进信息化与工业化深度融合的若干意见（工信部联信〔2011〕160 号）

10. 关于印发《交通运输行业研发中心管理办法（暂行）》的通知（交科技发〔2011〕437 号）

11. 关于印发《交通运输行业研发中心认定工作实施细则（试行）》的通知（厅科技字〔2011〕179 号）

（二）"十二五"科技规划政策

1. 关于印发《国家"十二五"科学和技术发展规划》的通知（国科发计〔2011〕270 号）

2. 国务院关于印发《"十二五"节能减排综合性工作方案》的通知（国发〔2011〕26 号）

3. 关于印发《生产力促进中心"十二五"发展规划纲要》的通知（国科发高〔2011〕243 号）

4. 关于印发《国家大学科技园"十二五"发展规划纲要》的通知（国科发高〔2011〕362 号）

5. 关于印发《国际科技合作"十二五"专项规划》的通知（国科发计〔2011〕381 号）

6. 关于印发《医学科技发展"十二五"规划》的通知（国科发计〔2011〕552 号）

7. 关于印发《"十二五"现代生物制造科技发展专项规划》的通知（国科发计〔2011〕587 号）

8. 关于印发《"十二五"生物技术发展规划》的通知（国科发社

〔2011〕588号)

9. 关于印发《科技兴县市专项工作"十二五"规划》的通知(国科发农〔2011〕681号)

10. 关于印发《国土资源"十二五"科学技术普及行动纲要》的通知(国土资发〔2011〕94号)

11. 关于印发《安全生产科技"十二五"规划》的通知(安监总科技〔2011〕170号)

12. 关于印发《"十二五"中小企业成长规划》的通知(工信部规〔2011〕434号)

13. 关于印发《"十二五"产业技术创新规划》的通知(工信部规〔2011〕505号)

14. 关于印发《公路水路交通运输"十二五"科技发展规划》的通知(交科技发〔2011〕234号)

15. 关于"十二五"交通运输科技计划有关问题的通知(厅科技字〔2011〕133号)

16. 农业科技发展"十二五"规划(2011—2015年)(农科教发〔2011〕16号)

17. 北京市国民经济和社会发展第十二个五年规划纲要(京政发〔2011〕69号)

18. "十二五"时期科技北京发展建设规划(京政发〔2011〕46号)

19. 北京市人民政府关于印发《北京市"十二五"时期现代产业建设发展规划》的通知(京政发〔2011〕54号)

20. 北京市人民政府关于印发《北京市"十二五"时期城市信息化及重大信息基础设施建设规划》的通知(京政发〔2011〕56号)

21. 北京市人民政府关于印发《北京市"十二五"时期中小企业发展促进规划》的通知(京政发〔2011〕64号)

22. 北京市"十二五"科学技术普及发展规划纲要(京科发〔2011〕

437 号）

23. 关于印发《北京市"十二五"时期电子信息产业发展规划》等六个规划的通知（京经信委发〔2011〕119 号）

北京市科技政策法规

（一）"科技北京"建设政策

1. 北京市自然科学基金管理办法（北京市人民政府令第 235 号）

2. 北京市人民政府关于进一步促进科技成果转化和产业化的指导意见（京政发〔2011〕12 号）

3. 北京市人民政府关于贯彻国务院进一步促进中小企业发展若干意见的实施意见（京政发〔2011〕17 号）

4. 北京市人民政府关于加快推进军民结合产业发展的指导意见（京政发〔2011〕21 号）

5. 北京市人民政府关于印发《北京市加快培育和发展战略性新兴产业实施意见》的通知（京政发〔2011〕38 号）

6. 北京市人民政府关于印发《首都标准化战略纲要》的通知（京政发〔2011〕39 号）

7. 北京市人民政府办公厅转发市工商局关于进一步支持产业优化升级加强业态调整促进经济发展方式转变工作意见的通知（京政办发〔2011〕62 号）

8. 北京市人民政府关于进一步加大统筹力度支持高技术产业发展的若干意见（京政发〔2011〕73 号）

9. 关于印发《北京市科普工作先进集体和先进个人评比表彰工作管理办法》的通知（京科发〔2011〕89 号）

10. 关于印发《北京市科学技术委员会计划管理费管理办法（试

行）》的通知（京科发〔2011〕200 号）

11. 关于印发《关于促进产业技术创新战略联盟加快发展的意见》的通知（京科发〔2011〕303 号）

12. 关于建设国家现代农业科技城开展科技支撑与成果惠民工程的意见（京科发〔2011〕265 号）

13. 关于印发《北京市科技专项管理办法》的通知（京科发〔2011〕464 号）

14. 关于印发《北京市国际科技合作基地管理办法（试行）》的通知（京科发〔2011〕509 号）

15. 关于印发《北京市科学技术委员会行政复议和行政诉讼应诉办法》的通知（京科发〔2011〕540 号）

16. 关于印发《北京市科技行政处罚裁量权实施办法》的通知（京科发〔2011〕541 号）

17. 关于印发《北京市科学技术奖评审工作行为规范》的通知（京科发〔2011〕651 号）

18. 关于印发《北京市重大科技创新奖评审规则》的通知（京科发〔2011〕653 号）

19. 关于印发《北京市科学技术委员会关于促进可持续发展实验区发展建设的意见》的通知（京科发〔2011〕706 号）

20. 关于印发《北京市可持续发展实验区管理办法》的通知（京科发〔2011〕713 号）

21. 关于公布《北京市自然科学基金发展规划（2011—2020 年）》的公告（京科金办字〔2011〕19 号）

22. 关于印发《北京市中央财政林业科技推广示范资金绩效评价办法》的通知（京财农〔2011〕653 号）

23. 关于印发《北京市中央财政林业科技推广示范资金管理办法实施细则》的通知（京财农〔2011〕738 号）

24. 关于修订《北京市认定企业技术中心项目补助政策实施细则》的通知（京财经〔2011〕1817号）

25. 关于颁布《北京市企业技术中心认定评价管理办法》的通知（京经信委发〔2011〕64号）

26. 关于印发《首都卫生发展科研专项管理办法（试行）》的通知（京卫科教字〔2011〕23号）

（二）中关村国家自主创新示范区

1. 关于印发《中关村国家自主创新示范区发展规划纲要（2011—2020年）》的通知（发改高技〔2011〕367号）

2. 中关村国家自主创新示范区企业登记办法（北京市人民政府令 第234号）

3. 北京市人民政府关于印发《北京市"十二五"时期中关村国家自主创新示范区发展建设规划》的通知（京政发〔2011〕44号）

4. 关于《中关村国家自主创新示范区企业股权和分红激励实施办法》的补充通知（财企〔2011〕1号）

5. 关于在中关村国家自主创新示范区进行中央级事业单位科技成果处置权改革试点的通知（财教〔2011〕18号）

6. 关于在中关村国家自主创新示范区开展科研项目经费管理改革试点的意见（财教〔2011〕20号）

7. 关于在中关村国家自主创新示范区开展中央级事业单位科技成果收益权管理改革试点的意见（财教〔2011〕127号）

8. 关于中关村国家自主创新示范区建设人才特区的若干意见（京发〔2011〕5号）

9. 加快建设中关村人才特区行动计划（2011—2015年）（京发〔2011〕8号）

10. 北京市委、市政府关于贯彻落实《国务院关于中关村国家自主创

新示范区发展规划纲要（2011—2020年）的批复》的实施意见（京发
〔2011〕11号）

11. 北京市人民政府关于加快建设中关村科学城的若干意见（京政发
〔2011〕14号）

12. 北京市人民政府办公厅关于印发《中关村科技园区管理体制改革
方案》的通知（京政办发〔2011〕4号）

13. 关于印发《中关村国家自主创新示范区优化产业布局指导意见》
的通知（中示区组发〔2011〕7号）

14. 关于印发《中关村国家自主创新示范区社会组织登记管理办法》
的通知（中示区组发〔2011〕8号）

15. 中关村科学城发展规划（2011—2015年）（中示区组发〔2011〕
10号）

16. 关于印发《中关村国家自主创新示范区技术秘密鉴定办法（试
行）》的通知（京科发〔2011〕471号）

17. 关于印发《中关村国家自主创新示范区高端产业聚集工程工作方
案》的通知（中科园发〔2011〕6号）

18. 中关村国家自主创新示范区创业投资风险补贴资金管理办法（中
科园发〔2011〕10号）

19. 中关村国家自主创新示范区大学科技园及科技企业孵化器发展支
持资金管理办法（试行）（中科园发〔2011〕22号）

20. 中关村国家自主创新示范区人才公共租赁住房专项资金管理办法
（中科园发〔2011〕25号）

21. 中关村国家自主创新示范区发展专项资金（市级统筹部分）使用
管理办法（中科园发〔2011〕26号）

22. 中关村国家自主创新示范区支持企业改制上市资助资金管理办法
（中科园发〔2011〕31号）

23. 中关村国家自主创新示范区并购支持资金管理办法（中科园发

〔2011〕33 号）

24. 关于印发《中关村国家自主创新示范区股权质押贷款扶持资金管理办法》的通知（中科园发〔2011〕36 号）

25. 关于印发《关于支持中关村国家自主创新示范区新技术新产品推广应用的金融支持若干措施》的通知（中科园发〔2011〕37 号）

26. 中关村国家自主创新示范区战略性新兴产业中小企业创新资金管理办法（中科园发〔2011〕39 号）

27. 中关村国家自主创新示范区企业担保融资扶持资金管理办法（中科园发〔2011〕40 号）

28. 中关村专利促进资金管理办法（中科园发〔2011〕41 号）

29. 中关村技术标准资助资金管理办法（中科园发〔2011〕42 号）

30. 中关村开放实验室实施办法（中科园发〔2011〕46 号）

31. 关于印发《中关村国家自主创新示范区标准创新试点实施方案》的通知（京质监标发〔2011〕161 号）

32. 关于印发《中关村国家自主创新示范区高端领军人才专业技术资格评价试行办法》的通知（京人社专技发〔2011〕113 号）

33. 中关村国家自主创新示范区高端领军人才专业技术资格评价工作规则（京人社专技发〔2011〕200 号）

34. 关于印发《加快建设中关村人才特区行动计划（2011—2015 年）》有关特殊扶持政策办理流程及试点方案的通知（京人才发〔2011〕5 号）

35. 关于印发《中关村国家自主创新示范区现代服务业试点扶持资金管理办法》的通知（京财经一〔2011〕2352 号）

36. 关于在中关村国家自主创新示范区进行北京市市属事业单位科技成果处置权、收益权改革试点的意见（京财文〔2011〕2028 号）

37. 关于加强北京高校与中关村国家自主创新示范区企业人才互动工作的意见（京教研〔2011〕3 号）

（三）财税与金融政策

1. 国务院关于修改《中华人民共和国个人所得税法实施条例》的决定（国务院令第 600 号）

2. 国务院办公厅转发银监会发展改革委等部门关于促进融资性担保行业规范发展意见的通知（国办发〔2011〕30 号）

3. 关于修改《中华人民共和国增值税暂行条例实施细则》和《中华人民共和国营业税暂行条例实施细则》的决定（财政部令第 65 号）

4. 中华人民共和国营业税暂行条例实施细则关于推荐银行科技型中小企业信贷项目咨询专家的通知（国科发财〔2011〕642 号）

5. 关于印发《中央财政林业科技推广示范资金绩效评价暂行办法》的通知（财农〔2011〕3 号）

6. 关于印发《物联网发展专项资金管理暂行办法》的通知（财企〔2011〕64 号）

7. 关于印发《中欧中小企业节能减排科研合作资金管理暂行办法》的通知（财企〔2011〕226 号）

8. 关于印发《动漫企业进口动漫开发生产用品免征进口税收的暂行规定》的通知（财关税〔2011〕27 号）

9. 关于调整三代核电机组等重大技术装备进口税收政策的通知（财关税〔2011〕45 号）

10. 关于国家中小企业公共技术服务示范平台适用科技开发用品进口税收政策的通知（财关税〔2011〕71 号）

11. 关于高新技术企业境外所得适用税率及税收抵免问题的通知（财税〔2011〕47 号）

12. 关于延长国家大学科技园和科技企业孵化器税收政策执行期限的通知（财税〔2011〕59 号）

13. 关于继续执行研发机构采购设备税收政策的通知（财税〔2011〕88 号）

14. 关于软件产品增值税政策的通知（财税〔2011〕100 号）

15. 关于金融机构与小型微型企业签订借款合同免征印花税的通知（财税〔2011〕105 号）

16. 关于印发《营业税改征增值税试点方案》的通知（财税〔2011〕110 号）

17. 关于小型微利企业所得税优惠政策有关问题的通知（财税〔2011〕117 号）

18. 关于扶持动漫产业发展增值税 营业税政策的通知（财税〔2011〕119 号）

19. 关于加强中央高校基本科研业务费管理工作的通知（财教〔2011〕171 号）

20. 关于印发《民口科技重大专项项目（课题）财务验收办法》的通知（财教〔2011〕287 号）

21. 关于印发《国家科技成果转化引导基金管理暂行办法》的通知（财教〔2011〕289 号）

22. 关于印发《国家重大科学仪器设备开发专项资金管理办法（试行）》的通知（财教〔2011〕352 号）

23. 关于加大财政投入支持学前教育发展的通知（财教〔2011〕405 号）

24. 关于调整国家科技计划和公益性行业科研专项经费管理办法若干规定的通知（财教〔2011〕434 号）

25. 关于印发《交通运输科研经费管理暂行办法》的通知（财建〔2011〕322 号）

26. 关于印发《节能技术改造财政奖励资金管理办法》的通知（财建〔2011〕367 号）

27. 关于印发《交通运输节能减排专项资金管理暂行办法》的通知（财建〔2011〕374 号）

28. 关于印发《节能技术改造财政奖励资金管理办法》的通知（财建〔2011〕367 号）

29. 关于开展节能减排财政政策综合示范工作的通知（财建〔2011〕383 号）

30. 关于印发《新兴产业创投计划参股创业投资基金管理暂行办法》的通知（财建〔2011〕668 号）

31. 关于印发《政府采购促进中小企业发展暂行办法》的通知（财库〔2011〕181 号）

32. 关于高新技术企业资格复审期间企业所得税预缴问题的公告（国家税务总局公告 2011 年第 4 号）

33. 国家税务总局关于企业年金个人所得税有关问题补充规定的公告（国家税务总局公告 2011 年第 9 号）

34. 关于印发《研发机构采购国产设备退税管理办法》的公告（国家税务总局公告 2011 年第 73 号）

35. 国家发展改革委办公厅关于进一步规范试点地区股权投资企业发展和备案管理工作的通知（发改办财金〔2011〕253 号）

36. 关于促进股权投资企业规范发展的通知（发改办财金〔2011〕2864 号）

37. 关于支持商业银行进一步改进小企业金融服务的通知（银监发〔2011〕59 号）

38. 关于支持商业银行进一步改进小型微型企业金融服务的补充通知（银监发〔2011〕94 号）

39. 北京市重大科技成果转化和产业项目统筹资金股权投资管理暂行办法（京财国资〔2011〕664 号）

（四）科技人才培养政策

1. 关于印发《国家中长期科技人才发展规划（2010—2020 年）》的

通知（国科发政〔2011〕353号）

2. 关于印发《关于加强女性科技人才队伍建设的意见》的通知（国科发政〔2011〕580号）

3. 关于印发《2010至2020年国家中长期生物技术人才发展规划》的通知（国科发社〔2011〕673号）

4. 关于印发《医药卫生中长期人才发展规划（2011—2020年）》的通知（卫人发〔2011〕15号）

5. 印发《关于支持留学人员回国创业意见》的通知（人社部发〔2011〕23号）

6. 关于印发《"长江学者奖励计划"实施办法》的通知（教人〔2011〕10号）

7. 印发《北京市"百千万知识产权（专利）人才培育工程"实施方案》的通知（京知局〔2011〕228号）

8. 关于印发《北京市博士后工作经费资助管理办法（试行）》的通知（京人社专家发〔2011〕87号）

（五）知识产权与技术转移政策

1. 关于修改《专利代理管理办法》的决定（国家知识产权局令第61号）

2. 专利实施许可合同备案办法（国家知识产权局令第62号）

3. 关于印发《国家知识产权事业发展"十二五"规划》的通知（国知发规字〔2011〕126号）

4. 北京市人民政府关于促进首都知识产权服务业发展的意见（京政发〔2011〕第71号）

5. 关于印发《企业海外知识产权预警指导规程》的通知（京知局〔2011〕139号）

（六）其他相关政策文件

1. 高等级病原微生物实验室建设审查办法（科学技术部令第 15 号）

2. 关于印发《生产力促进中心服务产业集群服务基层科技专项行动实施意见》的通知（国科办高〔2011〕31 号）

3. 关于印发《国家级示范生产力促进中心认定和管理办法》的通知（国科发高〔2011〕173 号）

4. 关于进一步促进科技型中小企业创新发展的若干意见（国科发政〔2011〕178 号）

5. 关于印发《国家级示范生产力促进中心绩效评价工作细则》的通知（国科办高〔2011〕39 号）

6. 关于印发《关于加快发展民生科技意见》的通知（国科发社〔2011〕279 号）

7. 关于印发《新形势下加强县市科技工作意见》的通知（国科发农〔2011〕309 号）

8. 关于印发《国家科技重大专项项目（课题）验收暂行管理办法》的通知（国科发专〔2011〕314 号）

9. 关于开展国家科技基础条件平台认定和绩效考核工作的通知（国科发计〔2011〕318 号）

10. 关于印发《国家高技术研究发展计划（863 计划）管理办法》的通知（国科发计〔2011〕363 号）

11. 关于印发《国家重点基础研究发展计划管理办法》的通知（国科发计〔2011〕626 号）

12. 关于印发《国家国际科技合作基地管理办法》的通知（国科发外〔2011〕316 号）

13. 关于印发《国家国际科技合作专项管理办法》的通知（国科发外〔2011〕376 号）

14. 关于印发《创新型产业集群建设工程实施方案》并组织开展集群

建设试点工作的通知（国科火字〔2011〕153号）

15. 关于印发《科技服务体系火炬创新工程实施方案（试行）》并组织开展科技服务体系建设试点工作的通知（国科火字〔2011〕169号）

16. 关于进一步做好国家高新技术产业化基地工作的通知（国科高函〔2011〕197号）

17. 关于印发《进一步加强基础研究若干意见》的通知（国科发基〔2011〕461号）

18. 关于促进科技和金融结合加快实施自主创新战略的若干意见（国科发财〔2011〕540号）

19. 关于印发《中小企业划型标准规定》的通知（工信部联企业〔2011〕300号）

20. 关于印发《安全生产科技成果推广工作六条纪律》的通知（安监总科技〔2011〕92号）

21. 关于印发《交通运输部科技计划项目信用管理办法（试行）》的通知（厅科技字〔2011〕169号）

22. 关于印发《关于加快推进民营企业研发机构建设的实施意见》的通知（发改高技〔2011〕1901号）

23. 关于加强交通运输科技成果推广工作的意见（交科技发〔2011〕509号）

上海市科技政策法规

（一）产业规划政策法规

1. 关于加快本市高科技产业发展的若干意见（沪委〔1997〕19号）

2. 关于本市加强技术创新发展高科技实现产业化的实施意见（1999）

3. 上海市引进技术的吸收与创新年度计划管理办法（2000）

4. 关于本市鼓励软件产业和集成电路产业发展的若干政策规定（沪府发〔2000〕54 号）

5. 上海市促进张江高科技园区发展的若干规定（沪府发〔2001〕20号）

6. 上海市鼓励引进技术的吸收与创新规定（市人大常务委员会公告2002 年）

7. 关于发布《上海市关于鼓励外商投资设立研究开发机构的若干意见》的通知（沪发改外资〔2003〕004 号）

8. 《上海市鼓励外国跨国公司设立地区总部的暂行规定》实施细则（沪经贸办〔2003〕102 号）

9. 关于《上海市鼓励外国跨国公司设立地区总部暂行规定》的若干实施意见（沪经贸审批〔2003〕823 号）

10. 上海市人民政府关于实施《上海中长期科学和技术发展规划纲要（2006—2020 年）》若干配套政策的通知（沪府发〔2006〕12 号）

11. 上海市科委关于印发《上海市高新技术成果转化项目认定程序（修订稿）》的通知（沪科〔2006〕第 095 号）

12. 上海市人民政府关于修改〈上海市促进张江高科技园区发展的若干规定〉的决定（上海市人民政府令第 69 号 2007）

13. 关于《上海市鼓励跨国公司设立地区总部的规定》若干实施意见（沪府发〔2008〕28 号）

14. 上海市服务外包专业园区认定和管理暂行办法（2008 年）

15. 关于印发《上海市科研计划课题预算编制要求的说明》的通知（沪科合〔2009〕6 号）

16. 关于实施《上海市自主创新产品认定管理办法（试行）》的通知（沪科合〔2009〕012 号）

17. 上海市人民政府办公厅印发关于促进本市服务外包产业发展实施意见的通知（沪府办发〔2009〕16 号）

18. 关于促进上海生物医药产业发展的若干政策规定（沪府办发〔2009〕23 号）

19. 关于加快推进上海高新技术产业化的实施意见（沪府发〔2009〕26 号）

20. 上海市自主创新产品认定管理办法（试行）（2009 年）

21. 上海推进新能源高新技术产业化行动方案（2009—2012 年）（2009 年）

22. 上海市技术先进型服务企业认定管理试行办法（沪科合〔2009〕031 号）

23. 市外经贸委、市财政局、市工商局、市公安局、中国人民银行上海分行关于《上海市鼓励外国跨国公司设立地区总部暂行规定》的若干实施意见（2010）

24. 上海市科学技术进步条例（2010 年 9 月 17 日上海市十三届人民代表大会常务委员会第二十一次会议通过）

（二）科技人才政策法规

1. 上海市人才流动条例（上海市人民代表大会常务委员会 1996）

2. 上海市加强高科技产业人才队伍建设的若干规定（沪府发〔1997〕42 号）

3. 上海市鼓励专业技术人员和管理人员从事高新技术成果转化实施办法（沪人〔1998〕140 号）

4. 关于进一步做好本市高新技术成果转化中人才工作的实施意见（沪府办发〔1999〕42 号）

5. 上海市吸引国内优秀人才来沪工作实施办法（沪人〔1999〕51 号）

6. 上海市科学技术奖励规定实施细则（沪科〔2001〕194 号）

7. 白玉兰科技人才基金管理办法（沪科〔2001〕378 号）

8. 上海市青年科技启明星计划管理办法（包括 B 计划）（沪科

〔2003〕099 号)

9. 上海市优秀学科带头人计划管理办法（含 B 类管理办法）（上海市科学技术委员会 2003-10-28)

10. 上海市居住证暂行规定（2004 年 8 月 30 日上海市人民政府令第 32 号发布)

11. 上海市浦江人才计划管理办法（试行）（上海市人事局 上海市科委 2005-6-29)

12. 鼓励留学人员来上海工作和创业的若干规定（沪府发〔2005〕34 号)

13. 上海市人事局、中共上海市委宣传部、中共上海市金融工作委员会、中共上海市科技教育工作委员会、上海市信息化委员会、上海市港口管理局关于印发《上海市重点领域人才开发目录》的通知（沪人〔2005〕100 号)

14. 上海领军人才队伍建设工作实施办法（沪人〔2006〕107 号)

15. 关于本市推进校企合作培养高技能人才工作的实施意见（沪府办发〔2007〕9 号)

16. 上海市人才发展资金管理办法（沪人〔2007〕15 号)

17. 关于实施《上海中长期科学和技术发展规划纲要（2006—2020)》若干人才配套政策的操作办法（沪人〔2007〕18 号)

18. 上海市科学技术奖励规定（2007 年 3 月 22 日上海市人民政府发布根据 2007 年 1 月 11 日上海市人民政府令第 67 号《上海市人民政府关于修改〈上海市科学技术奖励规定〉的决定》修正并重新公布)

19. 持有上海居住证人员申办本市常住户口试行办法（沪人〔2009〕7 号)

20. 上海市居住证转常住户口试行办法实施细则（沪人社力字〔2009〕23 号)

（三）科技财税政策法规

1. 关于推广应用国家税务总局"免抵退"税管理软件中有关问题处理意见的通知（沪国税进〔2003〕28号）

2. 市地税局关于转发《财政部、国家税务总局关于保险公司开办一年期以上返还性人身保险业务免征营业税的通知》的通知（沪财税〔2006〕19号）

3. 关于印发《上海市技术先进型服务企业认定管理试行办法》的通知（沪科合〔2009〕031号）

4. 关于转发《国家税务总局关于印发〈企业研究开发费用税前扣除管理办法（试行）〉的通知》和本市实施意见的通知（沪国税所〔2009〕14号）

5. 关于转发《国家税务总局关于技术转让所得减免企业所得税有关问题的通知》及本市贯彻实施意见的通知（沪国税所〔2009〕56号）

（四）科技金融政策法规

1. 上海市高新技术成果转化项目专项贷款财政贴息试行办法（沪财企〔1998〕272号）

2. 关于中小企业贷款信用担保管理的若干规定（沪府办发〔1999〕45号）

3. 上海市科技型中小企业技术创新资金管理办法（沪科〔2000〕131号）

4. 上海市科技型中小企业技术创新资金（种子资金）项目实施细则（试行）（上海市科学技术委员会〔2000〕）

5. 上海市创业投资风险救助专项资金管理办法（试行）（沪科合〔2006〕030号）

6. 上海市创业投资企业备案管理操作暂行办法（沪发改调〔2006〕47号）

7. 关于本市担保机构代偿损失实施补偿的暂行办法（财企〔2006〕53号）

8. 国家重大（科技）专项和上海市重大科技项目资金配套管理办法（暂行）（沪府办发〔2007〕19号）

9. 上海市企业自主创新专项资金管理办法（沪经技〔2007〕222号）

10. 关于本市股权投资企业工商登记等事项的通知（沪金融办通〔2008〕3号）

11. 关于本市开展小额贷款公司试点工作的实施办法（沪府办发〔2008〕39号）

12. 上海市自主创新和高新技术产业发展重大项目专项资金管理办法（沪府发〔2009〕8号）

13. 国家重要科技计划项目上海市地方匹配资金管理暂行办法（沪科合〔2009〕7号）

14. 关于完善小额贷款担保工作的实施意见（试行）的通知（沪人社就发〔2009〕14号）

（五）科技企业政策法规

1. 关于本市鼓励软件产业和集成电路产业发展的若干政策规定（沪府发〔2000〕54号）

2. 上海市高新技术企业认定办法（沪科合〔2001〕第015号）

3. 上海市高新技术产业开发区高新技术企业认定办法（沪科〔2001〕第034号）

4. 关于印发《上海市科技企业孵化器孵化企业（项目）入驻管理办法》的通知（上海市科委2002）

5. 关于印发《关于科技创业型小企业界定的实施意见》的通知（上海市科委2002）

6. 关于印发《上海市科技企业孵化器孵化企业（项目）毕业若干规

定》的通知（上海市科委 2002）

7. 上海市企业年度检验承诺备案试行办法（2003）

8. 上海市文化科技创意产业基地文化科技创意企业（机构）认定办法（试行）（浦文广电视〔2005〕51 号）

9. 上海市科技小巨人工程实施办法（沪科合〔2007〕第 012 号修订）

10. 上海市企业自主创新专项资金管理办法（沪经技〔2007〕222 号）

11. 上海市高新技术企业认定管理实施办法（沪科合〔2008〕25 号）

12. 上海市服务外包重点企业认定管理暂行办法（沪商招商〔2008〕25 号）

13. 上海市工商行政管理局十一条进一步支持企业发展的政策意见（沪工商注〔2008〕212 号）

14. 上海市技术先进型服务企业认定管理试行办法（沪科合〔2009〕031 号）

15. 上海市中小企业发展专项资金管理办法（沪经信规〔2009〕258 号）

（六）研发机构与研发平台政策

1. 上海市促进大型科学仪器设施共享规定（2007 年 8 月 16 日上海市第十二届人民代表大会常务委员会第三十八次会议通过）

2. 上海市大型科学仪器设施共享服务评估与奖励暂行办法（沪府办发〔2008〕2 号）

3. 上海市认定企业技术中心管理办法（沪经技〔2008〕291 号）

（七）知识产权政策法规

1. 上海市专利新产品认定实施办法（沪府办发〔2004〕50 号）

2. 知识产权投资入股登记办法（沪工商注〔2006〕246 号）

3. 上海市专利资助办法（沪知局〔2007〕13 号）

4. 上海市发明创造的权利归属与职务奖酬实施办法（2007）

5. 上海市知识产权示范企业认定办法（沪经技〔2008〕606号）

6. 上海市知识产权示范企业专项资金管理办法（沪经信规〔2009〕261号）

7. 上海市技术市场条例（1995年4月7日上海市第十届人民代表大会常务委员会第十七次会议通过，根据1997年7月7日上海市第十届人民代表大会常务委员会第三十七次会议《关于修改〈上海市技术市场条例〉的决定》修正，2003年6月26日上海市第十三届人民代表大会常务委员会第五次会议通过）

（八）科技成果转化与技术转移政策法规

1. 上海市高新技术成果转化项目与专项贷款财政贴息试行办法（沪财企〔1998〕272号）

2. 上海市引进技术的吸收与创新年度计划管理办法（2000-11-1）

3. 上海市鼓励引进技术的吸收与创新规定（已被《上海市人大常委会关于修改〈上海市鼓励引进技术的吸收与创新规定〉的决定》（发布日期：2002年2月1日　实施日期：2002年3月1日）修正）

4. 上海市促进高新技术成果转化的若干规定（沪府发〔2004〕52号）

5. 高新技术成果转化转向资金扶持办法（沪财企〔2006〕66号）

6. 上海市高新技术成果转化项目认定程序（沪科〔2006〕095号）

（九）政府扶持及政府购买政策法规

1. 关于印发《上海市高新技术成果转化项目专项贷款财政贴息试行办法》的通知（沪财企〔1998〕272号）

2. 关于做好科技项目管理中心管理工作的若干意见（沪科〔2000〕第130号）

3. 上海促进高新技术成果转化的财税政策（沪财发〔2001〕1号）

4. 高新技术成果转化专项资金扶持办法（沪财企〔2006〕66 号）

5. 关于实施"上海市青年创业小额贷款项目"的通知（沪团委联〔2006〕26 号）

6. 上海市重大基础设施采购自主创新成果的试行办法（沪建交联〔2006〕796 号）

7. 上海市促进大型科学仪器设施共享规定（2007 年）

8. 上海市大型科学仪器设施共享服务评估与奖励暂行办法发布（沪府办发〔2008〕2 号）

9. 关于改进和加强本市财政科技经费管理的若干意见（沪府办发〔2008〕4 号）

10. 上海市认定企业技术中心管理办法（沪经技〔2008〕291 号）

11. 上海市政府采购自主创新产品操作规程（试行）（沪财库〔2009〕8 号）

12. 上海市自主创新产品认定管理办法（试行）（沪科合〔2009〕12 号）

武汉市科技政策法规

（一）主要地方性法规

1. 武汉市人民政府关于促进东湖国家自主创新示范区科技成果转化体制机制创新的若干意见（武政〔2012〕73 号）

2. 武汉市技术先进型服务企业认定管理办法 （武科〔2010〕107 号）

3. 武汉市人民政府关于强化企业技术创新主体地位提升企业自主创新能力的若干意见（武政规〔2010〕13 号）

4. 武汉市人民政府办公厅关于印发武汉市新兴产业投资贴息补助实施

办法（武政办〔2009〕179 号）

5. 武汉市人民政府办公厅关于进一步优化政府服务促进企业发展的实施意见（武政办〔2009〕37 号）

6. 武汉市人民政府关于印发东湖国家自主创新示范区高级人才个人所得税奖励实施意见的（试行）的通知（武政〔2010〕41 号）

7. 武汉市标准研制资助奖励实施办法（武质技监标〔2009〕8 号）

8. 湖北省人民政府关于支持武汉东湖新技术产业开发区加快五大产业发展的若干意见（鄂政发〔2009〕35 号）

9. 武汉市人才居住证制度暂行规定（武办发〔2009〕7 号）

10. 武汉市人民政府关于推进武汉东湖国家自主创新示范区自主创新产品政府采购的意见（武政规〔2010〕16 号）

11. 武汉市人民政府办公厅关于印发武汉市新兴产业投资贴息补助实施办法（武政办〔2009〕179 号）

12. 武汉市人民政府办公厅关于印发东湖国家自主创新示范区企业股权和分红激励试点工作实施细则的通知（武政办〔2010〕116 号）

13. 武汉市人民政府关于印发东湖国家自主创新示范区企业股权和分红激励试点办法的通知（武政〔2010〕40 号）

14. 武汉市人民政府关于印发鼓励东湖国家自主创新示范区创业投资企业发展实施办法的通知（武政〔2010〕44 号）

15. 武汉市人民政府办公厅关于印发东湖国家自主创新示范区开展企业信用贷款试点工作实施办法（试行）的通知 （武政办〔2010〕117 号）

16. 武汉市人民政府关于印发东湖国家自主创新示范区鼓励担保从事融资性担保业务实施办法（试行）的通知（武政〔2010〕43 号）

17. 中共武汉市委武汉市人民政府关于在武汉东湖新技术产业开发区建设"人才特区"的若干意见（武发〔2009〕3 号）

18. 武汉市人民政府关于印发东湖国家自主创新示范区企业信用体系

建设实施意见的通知（武政〔2010〕42号）

19. 湖北省招标投标管理办法　（湖北省人民政府令第306号）

20. 湖北省地名管理办法　（湖北省人民政府令第28号）

21. 湖北省社会福利机构管理实施细则（试行）（鄂民政发〔2001〕433号）

（二）东湖国家自主创新示范区

1. 关于印发《武汉东湖新技术开发区科技企业孵化器（加速器）建设管理若干规定》的通知（武新管〔2012〕176号）

2. 关于印发《武汉东湖新技术开发区科学技术研究与开发资金管理办法》的通知（武新管〔2012〕120号）

3. 鼓励地球空间信息及应用服务产业发展的实施意见及细则（武新管〔2011〕180号）

4. 促进"领军企业"快速发展的实施意见（武新管〔2011〕206号）

5. 科技企业加速器实施办法及实施细则（武新管〔2011〕162号）

6. 武汉东湖新技术开发区鼓励地球空间信息产业发展的实施意见（武新管〔2009〕174号）

7. 武汉东湖新技术开发区管委会关于印发《东湖高新区知识产权战略实施纲要》的通知（武新管（〔2009〕127号）

8. 武汉东湖新技术开发区管委会关于促进金融后台服务产业加快发展的意见（武新管〔2008〕166号）

附录三　湖北省《促进高校、院所科技成果转化暂行办法》及其政策解读、实施细则

促进高校、院所科技成果转化暂行办法
鄂政发〔2013〕60号

为贯彻落实《中共中央关于全面深化改革若干重大问题的决定》，大力实施创新驱动发展战略，充分调动全省高等院校、科研机构（以下简称"高校"、"院所"）科技人员创新创业积极性，促进科技成果在鄂转化应用，特制定本办法。

一、改革科技成果类无形资产处置方式。授予高校、院所研发团队研发成果的使用权、经营权和处置权。科技成果处置后由研发团队1个月内报所在单位，所在单位2个月内报国有资产管理部门备案。科技成果转让遵从市场定价，可以选择协议定价或者挂牌转让方式。

二、深化科技成果转化收益分配改革。高校、院所研发团队在鄂实施科技成果转化、转让的收益，其所得不得低于70%，最高可达99%。研发团队将个人收益直接用于创办企业或者投入受让企业所形成的股权收入，在形成现金收入后，按国家有关政策缴纳个人所得税。

三、支持高校、院所科技人员创新创业。高校、院所科技人员创办科

技型企业、对科技成果进行转化开发，申请省级创新项目优先给予支持。高校、院所在职称评聘和相关考核工作中，科技人员创办科技型企业所缴纳的税收和创业所得捐赠给原单位的金额，等同于纵向项目经费。经高校、院所同意，科技人员离岗转化科技成果、在鄂创办科技型企业的，保留编制、身份、人事关系，档案工资正常晋升，5 年内可回原单位。

四、积极引导科技成果在鄂转化。高校、院所自主实施具有应用前景的项目，列入省级科技计划引导性项目管理，项目完成后形成的科技成果，在 2 年内以技术入股、技术转让、授权使用等形式在本省转化的，省科技厅按其技术合同成交额给予适当补助。

五、引导社会资本促进科技成果转化。整合现有财政科技专项资金，引导创业风险投资机构、科技小额贷款公司、担保公司和"天使基金"为科技型企业成果转化提供融资服务。建立科技成果转化风险补偿机制。

六、支持高端人才创新创业。鼓励和支持"两院"院士、"千人计划"、"973"和"863"首席专家、"长江学者"、"楚天学者"、省"百人计划"等高层次人才及其创新团队在鄂转化科技成果或科技创业，省级科技、人才计划，每年安排一定资金予以支持。

七、加强科技成果转化服务体系建设。大力发展科技成果转化中介服务机构，加快技术经纪人队伍建设，以政府购买服务的形式支持中介服务机构（个人）的科技成果转化和技术转移活动。积极创建国家中部技术转移中心，完善技术转移服务体系，促进创新能力提升和科技成果转化。

八、支持大学生创新创业。允许在读大学生休学创业，创业实践可按照相关规定计入学分，创业之后可重返原校完成学业。鼓励科技企业孵化器设立"零房租"大学生创业专区。省科技、教育、人社部门每年遴选一批大学生创新创业项目给予支持。

九、创新科技成果转化评价机制。将科技成果转化率和技术合同成交额作为对高校、院所考核评价的重要指标，并与财政投入挂钩。高校、院所高级技术职称评聘，参与技术转移、科技成果转化的科技人员必须占有一定比例。将科技成果转化作为重要指标纳入科技人员考评体系，对在技术转移、科技成果转化中贡献突出的，可破格评定相应专业技术职称。

十、建立促进科技成果转化保障机制。各地、各部门要依据本办法，制定促进科技成果转化的实施细则；各高校、院所要结合实际，认真抓好贯彻落实。中央在鄂高校、院所参照本办法执行。

省相关规定与本办法不一致的，以本办法为准。

本办法由湖北省科学技术厅负责解释。

2013 年 12 月 18 日

《促进高校、院所科技成果转化暂行办法》
政策解读

为促进湖北科技优势转化为发展优势，湖北省政府近期印发《促进高校、院所科技成果转化暂行办法》（以下简称《暂行办法》）。现就本政策有关问题进行解读：

1. 颁布《暂行办法》的重要意义？

答：湖北是科教大省，由于多方面原因，我省科技资源优势没有充分转化为经济社会发展优势，作为技术创新主体的企业数量群体远远不够，科技成果转化中，科技成果处置手续繁琐，程序复杂，定价方式不明确，以技术入股如何征收所得税以及企业在成果转化的风险承担等制约高校、院所科技成果转化有关实质性问题没有得到解决。针对这些问题，根据十八届三中全会决定要求，为充分发挥市场对科技资源配置的决定性作用，《暂行办法》就以上相关问题进行了明晰表述，实质性的突破是将过去的"审批制"改为"普惠制"，更有利于调动高校院所科技人员在鄂转化科技成果的积极性，促进技术转移和科技成果在鄂转化。

2. 如何改革科技成果类无形资产处置方式？

答：《暂行办法》规定：将研发成果使用权、经营权和处置权授予高校、院所研发团队，将科技成果处置由"报批制"改为"备案制"。使用权、经营权和处置权都下放给相关研发团队，减少层层审批，缩短了科技成果转化时间，大大刺激了科技人员转化科技成果的主动性和积极性。这一突破，不仅简化了程序，而且加快了科技成果的转化速度。

3. 以前科技成果转让定价的弊端是什么？现在有哪些改进？

答：以前科技成果转让必须经过评估定价环节，由于评估中介机构对成果的价值不了解，也没有参照系，实际上也是由研发人员提出大致价格，评估机构出一个证明。有时评估价完全与市场脱节，企业难以承受，造成科技成果无法转让。这一次将科技成果定价发言权交给研发团队，是对科技成果定价的一次市场回归。此次《暂行办法》规定，科技成果转让遵从市场定价，可以由受让双方协议定价，也可以挂牌交易。这一改进是科技成果转让定价的重大突破，也将为科技成果的研发和转化带来积极的推动作用。

4. 为什么提高职务成果转化个人或团队收益比例？

答：2008年，湖北省政府出台了《关于深化改革创新机制加速全省高新技术发展的意见》，提出鼓励科技人员从事科技成果转化的"四个70%"政策，这对调动高校、科研院所科技资源优势向经济社会发展一线转化起到了积极作用。本《暂行办法》将研发团队的科技成果转让收益所得从原来的"不高于70%"改为"不得低于70%，最高可达99%"。这一比例的提高，表面上是政府让利，实际上是促使科技成果转化更多的由地下转为地上，旨在发挥政府指挥棒的作用，更好地发挥科技人员的创新创业作用，促进科技成果直接转化或以产学研形式转化。

5. 研发团队转化或转让科技成果，所得的个人收益如何缴税？

答：以前科研人员以技术入股形式转化科技成果时，即使没有现金收入，不论成果转化是否带来现金收益，都需要按照税法规定缴纳个人所得税，是影响通过技术入股转化科技成果制约因素。如果科技成果转化形成的现金收入按国家规定缴纳个人所得税，这个原则没有变。《暂行办法》

规定研发团队将个人收益直接用于创办企业或者投入受让企业所形成的股权收入，在未形成现金收时，暂缓缴纳个人所得税。如今，只有成果转化形成现金收入后，才用缴纳个人所得税，这就会大大提高科研人员转化科技成果的积极性。同时，科技成果以股权形式转让，对受让双方更容易接受，也有利于产学研合作，实现成果产出最大化。

6. 对高校、院所科技人员创新创业有哪些支持？

答：高校、科研院所科技人员创新创业是一种新的技术转移模式，有利于形成技术、资本、市场的有机结合。近年来，全省创新创业"生态"有所改善，但潜力远未充分释放。全省科技型企业总量偏少，远远低于发达地区，在中部地区也仅排名第二，严重制约了我省实施创新驱动发展战略，是当前重点要解决的第一位问题。本《暂行办法》鼓励高校、院所科技人员对科技成果进行转化开发，创办科技型企业，在申请省级创新项目时，给予优先支持，自主实施具有应用前景的项目，列入省级科技计划引导性项目管理。此外，高校、院所在职称评聘和相关考核工作中，科技人员创办科技型企业所缴纳的税收和创业所得捐赠给原单位的金额，可以等同于纵向项目经费，此举更有利于科技人员创业。

7. 科技人员离岗转化科技成果如何保留身份和待遇？

答：目前，高校、院所科技人员在通过创业转化科技成果时往往存在后顾之忧，不能全身心投入创办企业转化成果，造成一些职务成果束之高阁，将科技成果放在书架上、展架上，而不是货架上。为了解决科技人员后顾之忧，促进科技成果转化，《暂行办法》鼓励高校、院所科技人员离岗创办企业转化科技成果，在征得高校、院所同意后，科技人员可以保留编制、身份、人事关系，离岗转化科技成果或者在鄂创办科技型企业，在离岗转化成果期间，高校、院所视为在职，档案工资正常晋升，5年内可回原单位。

8. 政府将从哪几方面着手引导社会资本促进科技成果转化？

答：一是积极引导科技成果在鄂转化。为引导省内高校、科研院所在本省转化科技成果，服务地方经济社会发展，实现湖北由"技术输出大省"向"技术吸纳大省"的转变，《暂行办法》鼓励和支持在鄂高校、科研院所面向省内企业开展技术转移和技术合作。对在本省登记的技术开发、技术转让合同，省科技厅将按技术合同成交额给予吸纳方一定比例经费补贴。

二是引导社会资本促进科技成果转化。科技创新始于技术，成于资本，以产业发展为导向的科技创新尤其需要科技资源、企业家资源与金融资源的有机结合，为此，政府将整合现有财政科技专项资金，提高财政科技投入引导、示范、放大效应。建立科技成果转化风险补偿机制，引导创业风险投资机构、科技小额贷款公司、担保公司和"天使基金"，实行科技型中小企业贷款贴息制度，建立科技型中小企业统贷统还平台，筹建贷款风险池、担保保证金池，为科技型企业成果转化提供融资服务。

9. 为什么鼓励高端人才创新创业？

答：高层次科技人才拥有先进的技术成果和创新理念，是湖北科技人才中最具有竞争力的群体。高端人才创业，可以有效发挥高端人才的带动力和影响力，整合产业、人才和专业技术资源，加速形成产业生态体系，促进产业整体竞争力的提升。为动员更多高端人才利用自有科技成果创业，促进科技成果转化，《暂行办法》鼓励和支持"两院"院士、"千人计划"、"973"和"863"首席专家、"长江学者"、"楚天学者"、省"百人计划"等高层次人才及其创新团队在鄂转化科技成果或科技创业，同时，省级科技、人才计划从2014年起将安排一定资金予以支持。

10. 政府将对大学生创新创业项目予以哪些支持？

答：我国目前大学生就业形势严峻，大学毕业生人数急剧增长，越来越多的大学生面临就业难的问题。一个重要的深层次原因是大学生创业比例太小。随着高等教育大众化程度的提高，通过加强创业教育，培养大学生的创业精神、创业能力，鼓励大学生到生产一线积极创业，无疑是解决大学生就业问题乃至社会就业问题的一种行之有效的途径。《暂行办法》

允许在读大学生休学创业，创业实践可按照相关规定计入学分，创业之后可重返原校完成学业，鼓励科技企业孵化器设立"零房租"大学生创业专区。而且，为解决大学生创业中面临的资金问题，省科技厅从 2014 年起将设立 1000 万元的"湖北省大学生科技创业专项"，重点支持毕业 3 年内的大学生、在校大学生和海外归国留学生在省级以上科技企业孵化器科技创业。同时，省教育厅、省人社厅、团省委等也将设立相应专项支持大学生创业就业。

11. 如何促进技术中介服务于科技成果转化？

答：科技中介服务机构是连接高校、科研院所与企业的桥梁，是促进科技成果转化的关键环节。为促进科技成果转化，加强科技成果转化服务体系建设，下一步省科技厅将大力发展科技成果转化中介服务机构，加快技术经纪人队伍建设；支持科技成果转化中介服务机构向经营专业化、功能投行化、收益股份化、信誉品牌化方向发展；以政府购买服务的形式支持中介服务机构（个人）的科技成果转化和技术转移活动；每年将重点扶持 10 家科技成果转化中介服务机构，对受托组织重大科技成果转化的中介机构，采取工作成本费用前资助、收益股权补助的方式支持。同时，积极创建国家中部技术转移中心，完善技术转移服务体系，促进创新能力提升和科技成果转化。

12. 对高校、院所实施科技成果转化工作评价考核意义何在？

答：以前的管理体制和评价机制，高校、科研院所以争取政府纵向课题、发表论文、科技奖励等作为评价科技人员的主要标准。在这种评价考核导向下，高校、院所往往单纯重视承担科研项目，不重视成果转化，造成成果转化低下。由于长期以来沿袭传统评价考核机制，研究成果本身存在脱离社会市场需求，市场对技术研发方向、路线选择、要素价格、各类创新要素配置的导向作用和决定性作用发挥得不明显、不充分。本《暂行办法》将科技成果转化率和技术合同成交额作为对高校、院所考核评价的重要指标，并与财政投入挂钩。充分发挥市场对资源的决定性作用，今后，对于科技成果转化不高的，财政投入也将相应减少，促使高校、院所与企业紧密结合，高校、院所会更多地组织科研人员在市场中找需求，与企业共同研究开发新产品新项目，通过产学研大力推进科技成果转化。

13. 对于参与科技成果转化的科技人员职称评定有何变化？

答：《暂行办法》要求高校、院所完善和改进现有的职称评定政策与办法，合理设置职称评定系列，将科技成果转化作为重要指标纳入科技人员考评体系，对为科技成果转化的做出贡献的科技人员优先考虑并予以政策倾斜。在高校、院所高级技术职称评聘中，参与技术转移、科技成果转化的科技人员必须占有一定比例。尤其对在技术转移、科技成果转化中作出突出贡献的，可破格评定相应专业技术职称，这意味着那些转化成果贡献突出的科技人员，可以破格转为副教授、教授、研究员等职称。

促进科技成果转化实施细则

为落实湖北省人民政府《促进高校、院所科技成果转化暂行办法》（鄂政发〔2013〕60号），特制定本实施细则。

一、完善统一规范、开放共享的科技成果转化服务工作体系。建设集展示、共享、交易、咨询、合作为一体的一站式、全流程、专业化的"网上技术交易服务平台"；建立健全集成果信息、质押融资、评估、担保、出资入股及交易于一体的"技术转让服务应用平台"。

二、省级及国家科技计划支持形成的科技成果，在两年内以技术入股或转让授权等形式在省内实施转化的，优先列入省科技重大专项或支撑计划予以支持。

三、高校、院所科技人员创办科技型企业，对本省形成的科技成果进行转化开发，申请省级科技创新计划、科技支撑计划、科技型中小企业创新基金，不受申报指标限制，同等条件优先支持。

四、设立湖北省天使投资基金。2014—2017 年省财政每年安排一定规模资金设立天使投资引导基金，引导社会资本每年形成 4 亿元天使投资基金。通过创业投资、股权投资等多种形式，重点支持高校院所、项目团队和科技人员在省内科技企业孵化器注册企业并实施科技成果转化。

五、设立科技成果转化投资基金。2015—2017 年省财政每年安排一定规模资金，按 1∶4 比例撬动社会资本，形成 80—100 亿元规模的成果转化投资基金，重点投资高校院所、项目团队和科技人员成果转化项目。

六、成果转化投资基金对于运用省内重大科技成果转化的项目以财务投资的形式跟进投资，投资比例不低于新设立企业法人实际到位货币资本的 30%，5 年内按原始投资加银行定期利息退出。

七、重点培育 100 家科技成果转化中介服务机构，支持其向经营专业化、功能投行化、收益股份化、信誉品牌化方向发展。

八、设立科技成果转化中介服务补助专项，每年安排不少于 1000 万元，对受托组织承担本省重大科技成果转化任务的中介机构，省科技厅采取政府购买服务的方式予以支持。

九、支持中介服务机构在省内转化本省高校院所的科技成果，对经认定登记的年技术合同成交额达 2000 万元以上且促成不低于 5 项重大科技成果转化的中介机构，省科技厅给予中介服务工作经费补贴，最高 50 万元。

十、中小企业、高新技术企业以技术开发、技术转让方式承接本省科技成果，自技术合同认定登记年度之后起两年内，按成果所形成的新产品累计销售收入 2% 的比例给予后补助，单项补贴上限为 500 万元。

十一、发挥科技奖励评价的导向作用。进一步加大对企业独立研发和以产学研结合形式开发的技术创新成果的奖励力度。省级科技进步奖 90% 以上奖励在鄂实现产业化或具有较强省内就地转化潜力、产业化前景的科技成果。

十二、完善科技成果转化绩效考评机制。将科技成果转化率和技术合同成交额作为高校、院所的重要考核评价指标（省教育厅）。进一步完善科技成果、技术交易登记制度，发布年度科技成果产出报告，建立科技报告制度，对在成果转化、技术交易、科技创业、中介服务中作出突出贡献的高校、科研院所、企业、中介服务机构及科技人员给予表彰和奖励。

以上内容除特别注明外，均由省科技厅负责组织落实。

本实施细则由省科技厅解释。

湖北省科技厅　湖北省教育厅
2014 年 5 月 23 日

附录四 湖北省加强专利创造运用保护 暂行办法

　　为大力实施创新驱动发展战略和国家知识产权战略，促进专利技术在鄂实施转化并实现产业化，特制定本办法。

　　一、加大专利创造的政策性投入。全省县级以上人民政府、各类开发区、企事业单位均应制定政策和办法，鼓励专利创造和产业化；实行发明专利申请补助、授权奖励以及专利质押贷款贴息；对在专利创造和实施等方面作出突出贡献的专利权人和发明人等给予奖励。

　　二、鼓励专利技术在鄂实施转化。对在鄂实施专利转化并产生一定经济效益的企事业单位，申报符合有关专项管理办法和专项支持方向的项目，由省财政厅统筹省发改、经信、科技等部门在相应专项资金计划中，给予合同成交额 20% 的资金支持；对在鄂实施专利技术创业的发明人，省人社厅按政策规定给予创业扶持；对发明人在鄂实施专利技术申报的科技项目，省科技厅在同等条件下优先支持；对发明专利拥有量大及实施率高的单位，在各类科技计划立项时给予优先支持；对国有企业职务发明人，由被授予专利权的单位给予一次性奖励和不低于 20% 的专利实施转让收益。在政府采购计划中，优先支持有专利的项目和产品。

　　三、创新专利考核评价机制。将发明专利授权量作为对高等院校（理工农医类）、科研机构和产业技术研究院等各类创新平台考核的重要指标。在政府科技奖励评选中，对非基础研究类项目向含有授权发明专利的成果倾斜。在享受省政府专项津贴人员选拔、高级专业技术职务评审、在校研究生评价等考核体系中，将其研究领域或相近专业的授权发明专利与 SCI 文章同等对待。获得中国专利金奖可作为破格申报高级专业技术职务的依据之一，获得中国专利优秀奖可作为职称评审的重要指标。

四、支持企业创造运用专利。鼓励企业加大对专利创造运用的投入，培育一批湖北省千件、百件授权发明专利企业。对开展知识产权战略制定、实施《企业知识产权管理规范》的企业，在申请各类项目计划时，由省发改、经信、科技部门优先给予支持。对上述省出资企业申请省级国有资本经营预算资本性支出时，省国资委在同等条件下优先给予支持。对开展知识产权评议的企业，县级以上人民政府及各类开发区要给予资金支持。

五、健全专利运营转化体系。在武汉东湖国家自主创新示范区建设知识产权交易平台，支持企业、科技园区、高校、产业联盟与服务机构联合成立专利运营机构。建立专利技术转化和投融资风险补偿机制，对在专利运营方面作出突出贡献的服务机构，省知识产权局要在现有专项中给予项目支持。

六、加大知识产权行政保护力度。健全省、市、县三级专利行政执法工作体系。在全省支柱产业、战略性新兴产业等领域建立专利预警和侵权快速处理机制，在各类开发区建立专利维权援助工作站，对重点企业在涉外维权过程中发生的费用给予适当补助。

七、发展知识产权服务业。鼓励社会力量围绕特定区域、产业创办知识产权服务机构，大力引进高水平知识产权服务机构进驻湖北，支持服务机构开展面向中小企业及协作创新载体的专利托管、战略制定、预警分析和法律援助等服务。

八、建立专利创造运用保护的保障机制。各地各有关部门要依据本办法，制定促进专利创造运用保护的实施细则。各企事业单位要结合实际，认真抓好贯彻落实。

本办法由省知识产权局负责解释。

2014 年 4 月 18 日

附录五　调研报告

加快自主创新立法　助推战略驱动发展
——《湖北省自主创新促进条例》立法调研报告
（2014 年 3 月 20 日）

为贯彻落实十八届三中全会 "全面深化改革" 精神和湖北省委十届四次全会关于 "建立健全创新驱动发展体制机制，制定自主创新促进条例和东湖国家自主创新示范区建设条例" 的要求，根据省人大常委会五年立法规划和年度立法计划，省人大常委会副主任周洪宇带领教科文卫委员会部分组成人员和省科技厅、武汉市政府法制办、东湖开发区管委会、武汉大学、中南财大等单位有关人员，于 2014 年 2—3 月份，在开展《东湖国家自主创新示范区条例》立法调研的同时，开展了《湖北省自主创新促进条例》立法调研。现将有关情况报告如下。

（一）调研的基本情况

制定《湖北省自主创新促进条例》和《东湖国家自主创新示范区条例》是本届人大常委会两项重要的立法任务。省人大常委会对此非常重视，主任会议、主任办公会议听取了相关工作汇报，提出了明确要求。按照主任会议要求，周洪宇副主任迅即主持召开了省人大教科文卫委员会、法制委员会、省科技厅、武汉市政府法制办、东湖开发区管委会等单位负责同志协调会，研究了相关工作方案，作出了具体工作部署。随后带领调研组分赴北京、上海、深圳、珠海、合肥、蚌埠等地开展调研，先后召开由人大、示范区、试验区、开发区有关人员参加的座谈会6次，实地察看了北京中关村、上海张江国家自主创新示范区等5个展示中心以及展讯科技、科大讯飞等多家高科技企业，对上述地区自主创新立法及执行情况进行了全面、深入的了解。此次调研，协调多方共同参与、带着多个议题集中调研，提高了调研实效，达到了"一次调研、多次受益"目的。

通过调研和考察，我们认为，提高湖北省自主创新能力是应对国际竞争形势的迫切需要，是加快科技发展的必然要求，是加快经济发展方式转变、推动经济结构战略性调整的中心环节，与社会发展、改善民生密切关联。但在实践中，自主创新在我省经济社会发展中还未真正发挥突出作用。大力推动我省自主创新，既是形势所迫，也是大势所趋。制定《湖北省自主创新促进条例》，加强科技创新顶层设计，既是省人大常委会围绕省委中心工作的积极回应，更是省人大常委会主动投身深化科技体制改革大局，以改革创新精神推动工作与时俱进的积极担当，必须抓紧落实。

（二）调研区域在自主创新方面的主要经验和做法

通过对调研区域围绕推动自主创新工作，特别是率先出台自主创新地方法规的广东、辽宁省经验和做法的深入分析，调研组认为有以下五个方面值得我省学习借鉴。

1. 突出企业技术创新主体地位。调研区域在促进自主创新中均突出了企业在技术创新中的主体地位，主要根据企业发展规模大小和创新层次差异，制定对象性更明确的规定。具体而言，对大中型企业，主要采取重大项目引导、创新基地建设等方式，引导企业加大自身研发投入，带动人才、技术、资本等创新要素向企业聚集；对科技型中小企业，则通过设立科技型中小企业创新基金、完善科技创业公共服务、加强科技投融资扶持等方式建立支持机制。如：上海市开展中小企业信用互助、统贷统还、知识产权质押、投贷联盟试点。安徽省实施科技"小巨人"扶持计划，设立政府主导的风险投资公司，对中小科技型企业参股投资。北京、广东等国有经济比重较大的地区，还特别制定了"引逼"国有企业技术创新的规定，将创新投入、创新能力建设、创新成效等情况纳入国有企业负责人业绩考核范围，规定国有资本经营预算应当安排适当比例的资金用于国有企业技术创新，建立健全有利于技术创新的分配制度，完善激励约束机制。

2. 强调科技成果转化关键环节。成果转化和产业化是自主创新的关键环节。调研区域无一例外地将促进自主创新成果的转化和产业化作为重点，建立利益驱动机制，通过一次性奖励、股权、分红权、期权等各种激励手段，促进科技人员转化职务科技成果。如：广东省规定高校、科研机构应从技术转让所得净收入或者职务创新成果作价所得股份中提取不低于30%的比例奖励给成果完成人和为成果转化作出突出贡献的人，并采取股权和分红权激励的方式促进成果转化和产业化。中关村国家自主创新示范区实行中央级事业单位科技成果处置权和收益权改革，建立了重大科技成果转化和产业化股权投资专项资金，引导被投资企业采取股权奖励、股权出售、股份期权、科技成果收益分成等方式，对科技人员和管理人员进行激励。

3. 体现推动产业转型根本目的。自主创新的根本目的是推动产业转型升级，带动经济社会发展。在相关立法中，调研区域都贯穿了"转型升级、科技先行"的发展理念，发挥自主创新在调整产业结构与建立现代产业体系中的核心作用。如：北京市围绕"优化一产、做强二产、做大三产"的产业发展思路，围绕产业链部署创新链，组织实施八大科技振兴产业工程，围绕基础研究、应用基础研究、共性技术研发、成果转化等技术链环节和要素整合、研发创造、商品化等创新链环节，实现推动自主创新的"资金与政策"合力。广东省根据产业和技术政策，编制鼓励引进先进技术装备指南和自主创新技术产业化重点领域指南，鼓励和支持县级以上人民政府促进主导产业集聚发展，提高专业化配套协作水平，建设专业镇或者产业集群。安徽省设立省级创新型专项资金，省市县财政分别对国家重点新产品研发、企业建立研发机构、购置关键仪器设备、承担重大科技项目等给予一定比例的补助，满足省主导产业和各市首位产业的创新需求。

4. 注重发挥政府宏观统筹职能。政府职能转变对推动自主创新关系密切。调研区域注重发挥各级政府的宏观统筹职能，努力建立适应市场经济条件和自主创新要求的科技宏观管理体制。一是建立自主创新监测统计制度，政府部门或由委托的第三方机构对本地自主创新发展状况进行监测、分析和评价，并定期向社会公布自主创新能力、水平和绩效。二是积极推进政府主导建立公共科技服务体系，如：广东省、上海市将"建立和完善公共技术服务平台"、"建立健全大型科学仪器协作共享制度"纳入政府职能，建立和推行政府购买公共科技服务制度。三是注重发挥财政科技投入的引导、示范、放大效应。如《广东省自主创新促进条例》规定"人力资源成本费可占政府自主创新项目经费的30%，软科学研究项目和软件开发类项目最高可占50%"。《中关村国家自主创新示范区条例》明确建立科技项目储备库制度、科技项目信用评价管理制度、行政决策与专家咨询相结合的科技计划管理与责任体系。上海市建立创业投资引导基金、创业投资风险救助专项资金，用于补偿创业投资企业对高新技术成果转化项目和高新技术企业投资失败的部分损失，对财政科技资金使用方式进行了大胆的探索和改革。

5. 重视营造自主创新社会环境。自主创新需要广泛的基础。调研区域在着力加强知识产权保护、建设科普和创新文化方面做了大量工作。如：

广东省不仅规定"利用财政性资金资助的自主创新项目，项目立项部门应与承担者就项目形成的创新成果约定知识产权目标和实施转化期限，并在项目验收时对约定事项进行考核评价"，同时还规定"自主知识产权首次在本省转化使用的，项目所在地县级以上人民政府应当在项目立项、土地、场所等方面给予支持"。上海市建立科学技术普及评估指标体系，构建科普监测工作网络，定期对市民科学素质进行测评，对科普场馆、科普项目、科普活动开展情况进行考核评估。安徽省加强科普教育与交流平台建设，鼓励和支持群众性技能竞赛、技术创新和发明创造活动，提高公众科学素质。

（三）启示及建议

借鉴调研区域经验，结合我省实际，调研组对制定《湖北省自主创新促进条例》提出以下意见和建议。

1. 运用"三级思维"模式，建立立法总体思路。一是树立"科技大思维"。推动我省自主创新需要调动各种科技要素的有效整合、汇集，取得制度创新、技术创新、知识创新全方位的突破。避免立法"头痛医头"、政策重复的局限和束缚，必须按照"整体推进、同步实施"的立法工作思路，着眼明年、后年及十二五规划实施的部署，统筹考虑科技法规的进一步完善。要将制定自主创新促进条例，在支撑经济社会发展中布局，在实施创新驱动战略中审视，在促进湖北科技进步"一盘棋"中谋划。在制定出台《东湖国家自主创新示范区条例》的基础上，将《湖北省自主创新促进条例》列入明年常委会立法计划，并同步推进科技相关工作的立法进程，该制定的制定，该修订的修订，打出政策"组合拳"，力争在本届任期内形成科技法规"3+2+2"（以科技进步条例、自主创新促进条例和东湖国家自主创新示范区条例为"主"，以成果转化条例和专利条例为"支"，以科协条例和科普条例为"辅"）相互支撑的战略格局。二是破除"居中思维"。湖北区域位置处于全国的中间，但位置居中不代表观念中游、工作中流，而必须找准定位，立中部、吹海风、观世界。条例的制定必须以确立自主创新全国核心地位为目标，充分体现中央、省委的决策和上位法精神，充分汲取东西南北中各方向成功经验为我所用。要立足当前、着眼长远，理念更超前一些，视野更开阔一些，定位更高一些，使条例更具前瞻性、科学性、时效性。三是坚持"小而精思维"。以实用性为原则，不片面追求大而全、面面俱到、例例完整的综合性法规，是已率先制定出台自主创新条例的广东、辽宁省立法经验之一。制定我省自主创新条例应侧重通过短小精悍的单项法规，集中反映我省现有法规、规章、制度中的"亮点"，集中反映各类创新主体的愿望和诉求，巩固改革发展的成果，强化根源问题导向，解决突出矛盾和共性难题，创新独特风格，打造一部务实法、浓缩法、管用法。

2. 把握"三个关键词"，确立立法宗旨和原则。一是创新。政府是制度创新的主体。要实现十八届三中全会提出的推动人民代表大会制度与时俱进，就必须在立法工作中，以提高立法质量为目标，力求工作方式创新、法规内容体现创新精神。应将改革创新精神贯穿立法的各个环节，创新调研方式，创新民意集中手段，创新评估宣传机制，以创新眼光起草、修改和审议法规。通过自主创新条例建立制度、规范行为、保障权益，下一场创新驱动政策"及时雨"，着力形成"全社会参与、全方位推进、全产业链条"的创新格局，打通从科技强到产业强、经济强的整体发展、持续发展，具有强大竞争力发展的通道。二是促进。我省科教资源富集，区位优势明显，但缺少调动创新主体积极性、激励创新要素有机融合的有效方式。制定促进条例，意在"促进"而非"强制"。将"软法"变"硬"的根本措施，就要鼓励、引导和支持创新要素向企业集聚，促进创新要素的有效互动和创新资源的开放共享。要多一些引导，少一些强制；多一些鼓励，少一些禁止；多一些驱动，少一些干涉。在引导中规范，在促进中完善，在驱动中创新。三是导向。坚持问题导向是立法的基础，充分发挥自主创新机制、政策、环境等驱动要素功能，更需要发挥立法的导向作用。应坚持"市场配置科技资源、政府引导资源聚合"的原则，在创新链、产业链、资本链、人才链的融合上下功夫，以推进自主创新的体制机制突破为导向，发挥政府在公共科技服务供给、优化区域产业布局、加强发展空间规划等方面应有的职能；以注重成果转化和历史性评价为导向，改革科研评价和奖励机制；以优化拴心留人环境为导向，探索建立人才特区机制并加快聚集高端创新创业人才；以形成创新至上的氛围为导向，在全社会营造"勇于创新、敢于创业、开放包容"创新发展文化。

3. 突出"三项内容"，彰显立法重点。一是市场。创新价值要通过市场实现。健全技术创新市场导向机制，释放市场配置科技创新资源的决定性力量，是牵科技"一发"而动发展"全身"的关键。要通过条例制定，建立健全由市场起决定作用的应用型科技项目立项、实施和评价机制，建立健全社会化、专业化、网络化的科技中介市场服务体系，建立健全有利于创新资源要素价格、转移、交易的市场化机制，建立健全市场化、多元化、多渠道的自主创新投融资体系。二是主体。企业是技术创新的主体。技术创新活动具有高投入、高风险的特点，需要特殊的激励机制和政策支持。立法中应创新环境、创新条件，真正让企业有长期创新的冲动、激励，产生"内动力"。应借鉴外省的经验，设定一定标准，按企业发展规模大小和是否适用原始创新、集成创新和引进消化吸收再创新的层次差异，分门别类制定指向性更明确的条款。建立利益补偿机制，完善财税政策，解决企业不想创新的问题；完善风险分担机制，营造良好的市场环境和创新氛围，解决企业不敢创新的问题；完善创新合作机制，鼓励大中小微企业战略联盟，实效有效产学研合作，让不同类型和规模的企业在互惠共生的环境中提高创新能力，解决企业不会创新的问题。三是转化。科技创新是手段，转化应用是目的。创新成果如果不能有效转化，则只能是实验室的样品和展品。因此，条例中应突出提高科技成果的转化利用率，明确高校、科研机构、企业在自主创新中的角色定位、权利义务，明确各类创新主体在财政、税收、金融、土地、人才等方面享有的政策优惠。2013

年我省颁布实施了《促进高校、院所科技成果转化暂行办法》，其中将职务科技成果70%—99%的知识产权授予研发团队，授予科技人员和研发团队职务科技成果的使用权、经营权、处置权等，在科技成果转化的激励方式、收益分配等方面作出了创新性和突破性的规定，应在条例中予以充分反映。

4. 处理好"三种关系"，提高立法质量和效率。一是改革与遵循的关系。对某些不合时宜的旧体制、旧机制的否定和突破，是地方立法的难点和不容回避的问题。遵循不是照搬照抄，更不是守旧不变，而是要在立法"不抵触"的原则下，建立"负面清单"，对实践证明行之有效的改革创新举措，只要符合上位法的立法精神和原则，只要不突破上位法的禁止性规定，就应当确认、支持。同时，对立法中的重大问题，做好与国家有关方面的协调沟通。二是专业化与公开化的关系。通过委托专业化的组织机构人员起草条例，可以更好发挥其专业特长，以专业视角深度把握自主创新的制度需求。应通过招投标的方式委托大专院校、科研机构或律师事务所等实务部门为主进行起草。同时，发挥人大立法主导作用，通过座谈、听证、评估、公布法律草案等，扩大公民有序参与立法途径，综合运用网络、微博、微信、手机客户端等各种新传媒技术，拓宽立法公开的渠道，将草案拟设定的主要制度、内容向社会公开，允许社会公众、专家特别是利害关系人以适当方式发表意见，做到兼听则明，体现协商民主精神。三是质量与效率的关系。在"科技大思维"指导下，我省推动自主创新需要完成的立法项目很多，有许多空白需要填补，如科技金融问题、科技文化问题，产业技术研究院、创新战略联盟等新型合作组织的法律地位和权利责任问题，都亟须尽快完善。要坚持以科技创新为发展根本驱动力的政策导向，将相关立法"提速"。但"增量"不能"降质"，而是要树立"良法"观念，把是否"不抵触、有特色、重实效、可操作"作为衡量地方法规立法质量的重要标准，这也是调研组在立法工作中需要进一步思考的问题。

（四）下一步主要工作安排建议

根据省委决定要求，省人大将切实发挥立法主导作用，做好《湖北省自主创新促进条例》立法各项工作。

1. 成立立法领导小组。由省人大常委会党组书记、常务副主任李春明任组长，常委会副主任周洪宇、王建鸣任副组长，省人大教科文卫委员会、法制委员会、省政府法制办、省科技厅等为成员单位，统筹推进立法工作。

2. 广泛开展调研。继续赴省内外开展立法调研，跟踪掌握全国自主创新立法进展情况，学习借鉴成功经验，广泛征求企业、高校、科研机构、科研人员、人大代表以及社会各方面的意见。

3. 认真起草法规草案。坚持开门立法、科学立法、民主立法，实施由人大、政府与专家学者"三结合"的法规起草制度，成立由省人大教科文卫委员会、省科技厅、中南财大等单位组成的具体起草班子，先行起草法规草案。草案完成后，征求立法领导小组、省直相关部门、市州人大以及人大代表、政协委员、专家学者、实际工作者的意见，进行反复修改。法规起草过程中，应对现行我省科技方面的法律法规、政策进行梳理，加以提炼和归纳，积极吸收成为法规条款。

4. 扎实做好协调工作。省人大教科文卫委员会、法制委员会提前介入，加强法规草案起草、征求意见及审议过程的协调。省政府提交议案后，及时召开会议进行研究，提出审议意见，向省人大常委会主任会议汇报。法规颁布实施后，加强法规的宣传、理论研究和立法后评估等工作。将此次立法过程，作为主动思考科技创新问题的过程，作为人大创新工作开展的过程，作为向全民宣传科技法律法规的过程。

5. 将《湖北省自主创新促进条例》列入省人大常委会2015年度立法计划，并制订出工作计划和进度表，确保按期提请省人大常委会审议。

《东湖国家自主创新示范区条例（草案）》
立法调研报告

（2014 年 9 月）

制定出台《东湖国家自主创新示范区条例》是省委贯彻十八届三中全会精神、加快湖北"建成支点、走在前列"的重要举措，省委、省人大常委会、省人民政府高度重视，积极推动该条例的立法工作。今年 8 月中旬，省人民政府常务会议原则通过《东湖国家自主创新示范区条例（草案）》（以下简称《条例（草案）》），拟提请今年 9 月召开的省十二届人大常委会第十一次会议审议。随后，省政府法制办向省人大常委会党组书记、常务副主任李春明同志，副主任周洪宇、王建鸣同志，秘书长乔余堂同志等作了专题汇报。根据会议安排，为做好《条例（草案）》制定工作，省人大常委会副主任周洪宇带领省人大教科文卫委员会和省人大常委会法规工作室联合调研组一行于 8 月 27 日至 29 日在东湖高新区和上海自贸区进行了调研，听取了东湖高新区管委会对《条例（草案）》的意见与建议，参观了上海自贸区外高桥商品交易中心、综合服务大厅，与上海市人大常委会、市政府法制办及自贸区管委会等座谈了《中国（上海）自由贸易试验区条例》立法情况。现将有关情况报告如下：

（一）东湖高新区对《条例（草案）》的主要意见和建议

1. 关于开发区的管理职能。东湖高新区管委会提出，管委会虽不是一级政府，却实际上承担了一级政府的经济社会事务管理职能，但缺少明确的法律授权。管委会本身的法律地位不明确带来了一系列的问题。可否根据党的十八届三中全会与省委十届四中全会深化改革、简政放权、先行先试的精神，借鉴《珠海经济特区横琴新区条例》，通过立法授予管委会市级经济管理权限和区级社会行政管理职能，以列举的方式确定管委会的职权范围，明确管委会的法律地位。

2. 关于干部队伍。东湖高新区管委会提出，管委会事业编、聘用制干部均是严格按照程序和要求选拔，一大批优秀的聘用制干部已经走上科级、处级领导岗位，但由于发展空间和出路问题，人才流失时有发生。西安高新区、无锡高新区聘任的处级干部可以对外交流到省市其他区或行政机关，相关部门为其办理公务员上编等手续。比照《中华人民共和国公务员法》第六十四条"国有企业事业单位、人民团体和群众团体中从事公务的人员可以调入机关担任领导职务或者副调研员以上及其他相当职务层次的非领导职务"的规定，示范区聘任的副处级及以上干部可在区外交流，不受身份限制。管委会建议，将《条例（草案）》第十二条中"省、市人民政府及其有关部门应当关心、支持示范区优秀人才的交流和使用"的内容，相应修改为"管委会聘任的处级干部可以在全省范围内交流，不受身份限制"。

3. 关于税收的返还。东湖高新区管委会提出，高新区目前仍然处于大投入、大建设时期，每年科技新城、基础设施建设投入大致在200亿左右，产业发展、科技创新、人才引进等投入100亿左右。按照省委、省政府及市委、市政府学习上海自贸区在东湖高新区开展先行先试的战略部署，高新区正全面深化改革，扩大开放，处于超常规、跨越式发展的黄金发展时期，也需要大投入的支撑。可否比照珠海横琴新区及其它省市支持高新区发展的做法，对示范区内征收的各项税收收入中留存省、市财政部分予以返还。

4. 关于科技投入。东湖高新区管委会提出，示范区目前处于"爬坡期"，可否通过立法明确省市对科技研究发展的资金支持。管委会建议，将《条例（草案）》第四十条第一款中"省、市人民政府应当为示范区自主创新活动提供经费支持。每年拨付科技研发专项资金，支持示范区开展创新能力建设、科技成果转化、创新创业平台建设、产学研协同创新、科技创新奖励"的内容，相应修改为"省、市人民政府为示范区自主创新活动提供经费支持，省、市科技研究发展资金向示范区支持比例不低于百分之三十"。

（二）《中国（上海）自由贸易试验区条例》的特点与启示

为贯彻国务院批准《中国（上海）自由贸易试验区总体方案》提出的关于"上海市要通过地方立法，建立与试点相适应的试验区管理制度"的要求，加快形成条例国际化、市场化、法治化的国际投资、贸易规则基本制度体系与监管服务模式，进一步整合全市资源、形成合力和调动各方主体参与建设自贸区试验区的积极性，上海市人大常委会于今年7月25日审议通过了《中国（上海）自由贸易试验区条例》。

自贸区条例以国务院总体方案为基础，以制度创新为核心，以转变政府职能为主导，定位为综合性立法，内容涉及管理体制、投资开放、贸易便利、金融、税收、综合监管和法治环境等自贸试验区改革试点相关的领域，既体现了党中央、国务院对自贸试验区的制度创新要求，又体现了上海自贸试验区先行先试的实践情况和特点：一是抓住简政放权这个关键。以转变政府职能为重点，要求自贸试验区加快推进政府管理体制创新、模式创新；积极推进社会参与，鼓励公民、法人和其他组织参与自贸试验区改革创新、市场监督；对接国际投资贸易通行规则，对提高贸易便利化、支持新型贸易业态发展、增强行政透明度、提高公众参与度等作了相关规定。二是处理好中央事权与地方事权的关系。对涉及金融、税务、海关等国家事权的内容，从配合国家管理部门推进相关改革创新的角度，对相关内容进行完善；对涉及地方事权的管理体制、综合监管、法治环境建设等内容，从深化自主改革、加强事中事后监管的角度作了规定，并在相关章节中明确改革方向，发挥立法对改革发展的引领和推动作用。三是预留制度创新空间。对国务院批准的《中国（上海）自由贸易试验区总体方案》已经明确、具体举措相对成熟且可复制可推广的事项，如制定负面清单、企业准入单一窗口机制、自贸试验区信息共享和服务平台等制度创新，在条例中予以确认和固化；对一些改革创新还在持续深化的内容，如海关监管制度创新等，通过"概括加列举"等方法进行表述，增强立法的前瞻性，为未来的制度创新预留空间。

东湖开发区和上海自贸区的功能定位、实施条件不同，立法调整的主要内容、侧重点也不尽相同，但上海自贸区立法不建政策洼地，建设创新高地，重在制度创新，特别是在政府职能转变，推行负面清单管理模式，扩大服务业和金融业开放等方面为我们提供了有益的借鉴。在立法宗旨上，要体现省委、省政府贯彻三中全会精神，推动改革创新、先行先试的要求，发挥市场在资源配置中的决定性作用；要体现立法的引领和推动作用，为改革提供法制支撑，使开发区的重大改革创新于法有据；要体现问题导向、需求导向，解决好开发区改革发展中遇到的实际问题，促进开发区的跨越式发展。同时，要处理好立法与改革的关系，既要将有关改革措施以法规的形式确定下来，又要为今后的改革留有必要的空间。在立法重点上，东湖开发区既是国家高新技术产业开发区，又是国家自主创新示范区、我省学习借鉴上海自贸区的先行先试区。建议以促进开发区的发展为目标，以自主创新为核心，按照国务院批复的《东湖国家自主创新示范区发展规划纲要（2011—2020年）》有关开发区的战略定位，将国家有关自主创新的政策予以具体化，保障其贯彻实施，先行先试，使开发区成为依靠创新驱动发展、推动资源节约型和环境友好型社会建设的典范。在制度创新上，既要将开发区成立以来的一些好的做法以立法的形式予以肯定，又要积极借鉴上海自贸区等国内其他开发区比较成熟的经验，特别是充分借鉴上海自贸区在加快政府职能转变、促进投资自由化和贸易便利化等方面好的经验和做法，做到兼容并收，增强立法的张力和前瞻性。在法制完善上，打好自主创新政策"组合拳"，按"整体推进，同步实施"的立法工作思路，在制定出台《东湖国家自主创新示范区条例》的基础上，逐步将湖北省自主创新促进条例、科技成果转化条例以及实施专利法办法修订等纳入立法计划，着力为我省科技创新和"创新湖北"建设营造良好的法制环境。

（三）调研组的几点建议

1. 关于管委会的法律地位和管理职责问题。调研中，围绕管委会的法律地位和管理职责问题，有许多不同的意见。我们研究认为，要推动示范区自主创新，取得制度创新、技术创新、知识创新全方位的突破，关键就是要创新制度，按照省委、省政府关于加快东湖国家自主创新示范区建设的若干意见中的"三个有利于"，解放思想，明确简政，彻底放权。在条例中，对管委会的法律地位可不作规定，但应明确授权，对管委会的主要职权予以具体化。将《条例（草案）》第九条相应修改为"武汉东湖新技术开发区管理委员会（以下简称"管委会"）依法行使市级经济管理权限和区级社会管理职能，以管委会的名义作出行政行为，并承担相应的法律责任"。同时，借鉴上海自贸区条例经验，制定公布管委会行政权力清单，公布依法行使的审批权、处罚权等行政权力事项，以利于管委会依法行使职权，加快开发区改革发展。

2. 关于管委会干部交流问题。建立高层次的干部队伍，对于开发区的改革发展至关重要。由于涉及"党管干部"原则，地方立法对于干部使用和交流等一般不作规定。但对于东湖开发区管委会的优秀干部，可由有关方面依据公务员法有关规定，根据实际需要酌情予以解决。目前，开发区管委会开始探索实行员额管理模式，形成了去行政化、去官僚化，淡化编制和身份，以事权配置员额，"淡化身份、强调能力"的良好氛围。应认真总结员额管理模式的经验，以提高干部的能力、素质为重点，完善干部选拔任用制度和管理制度，积极探索干部在不同体制之间的流转方式改革。

3. 关于税收返还、科技投入问题。抢抓发展机遇需要大投入的支撑。鉴于开发区目前正处于大发展的黄金时期，为加大支持力度，建议借鉴《珠海经济特区横琴新区条例》的经验，对《条例（草案）》第十三条作相应修改，对示范区征收的各项税收收入中留存省、市财政部分，按照国务院批复的《东湖国家自主创新示范区发展规划纲要（2011—2020年）》示范区建设期限，全额返还示范区，主要用于设立科技创新、人才引进、产业发展、开放合作、基础设施建设等。同时，为鼓励开发区科技创新，按照《湖北省科学技术进步条例》对科技资金投入相关规定，在《条例（草案）》中增加"省、市人民政府为示范区的自主创新活动提供经费支持，省、市科技研究发展资金向示范区予以适当倾斜"的内容。

省人大教科文卫委员会
立法调研组
省人大常委会法规工作室

中国台湾科技园区管理体制调研考察报告

（2013 年 3 月 1 日）

在台湾地区近几十年来的经济发展过程中，依托于几大科技园区的科技创新与发展扮演了不容忽视的角色。为全面了解台湾地区教育科技方面的发展经验，推动大陆地区尤其是湖北省的教育科技工作，2012 年 12 月 25 日至 31 日，应台湾地区"中华文教经济发展学会"之邀，我率湖北省教育科技代表团一行赴台湾地区进行访问考察。我们由北到南再向东北上返回台北市，环绕台湾整整一圈，先后考察了台湾新竹科学园区等机构，拜访了新竹科学工业园区同业公会张致远秘书长等人，并沿途顺访台湾"清华大学"、"东海大学"、"逢甲大学"、"中山大学"、"东华大学"、"花莲教育大学"等高校，重点对台湾新竹科技园区的管理模式进行了实地调研考察，得到诸多有益启示。

（一）台湾科技园区发展概况

台湾科学工业园区自20世纪80年代创立以来，经过三十多年的经营，结合产学合作、产业群聚、奖励措施的发展模式，已建立起极具竞争力的产业群落。台湾北、中及南部三个核心园区，共计有13个园区基地，2010年营业额占台湾整体制造业产值的17%，对园区地方及台湾整体的经济贡献相当可观。台湾地区科学工业园的建设在亚洲地区中率先取得成功，特色鲜明，成效卓著。

新竹科学工业园区位于新竹市，被誉为"台湾硅谷"。由于行政部门鼓励发展高科技产业，台湾从20世纪60年代由劳动密集的轻工业，渐渐迈向发展技术密集科技产业与高附加值产业。1980年，第一家科学工业园区在新竹诞生，由于新竹拥有许多知名的大专院校与研究机构，具备高科技产业所需要的知识和资源支持以及交通便利等有利条件，成功造就了新竹科学工业的发展。从1998年至2009年，行政部门共投入836亿新台币支持新竹科学工业园的软硬件建设与研究发展。2010年资料显示，入驻科学园的厂商数达443家，员工高达14万人。许多产品如监视器、鼠标、主机板等世界占有率第一，芯片产值达全球70%。新竹科学工业园区独特的群聚效益，让工业园区多次创造许多项世界第一，成为世界第三大科学园区。

南部科学工业园区位于台南市，1995年筹备设立，此后依次建设了台南园区（1043公顷）、高雄园区（570公顷）以及高雄生物科技园区（30公顷）。其产业发展方向为形成完整的光电产业，完善电路产业供应链，生物技术医疗器材产落。至2010年已有173家厂商，57020名员工。

中部科学工业园区位于台中市，是台湾为促进中部区域产业升级、平衡南北发展差距，在新竹、南部两个科学工业园区之后，在中部设置的第三个科学工业园区，精密机械产业为其主要特色。至2010年共有79家企业。中部科学工业园虽为后起之秀，但作为中部区域科技产业核心基地，深具潜力和活力，曾创造了3年时间营业额突破1000亿新台币的发展记录。

内湖科技园区位于台北市，由轻工业区改造而来，行政部门建立了弹性的土地使用管理机制，核准了企业总部在园区内的设置，由民间建设公司推动，加速了厂商聚集，其园区的发展是"市场法则的最佳典范"。现进驻厂商超过3000家，总产值突破207亿新台币，并以近17%的速度持续增长。

南港软件工业园区位于台北市，1994年在出口加工区的基础上升级而建。园区主要提供软件工业及生物技术业等，并允许支持性服务产业进驻，且保留了引进新兴产业的功能，并以生物科技、IC设计和数码内容三大知识产业为主。

台湾主要科学园区基本资料一览表（2011年2月数据）

	新竹	南部	中部	内湖	南港
成立时间（年）	1980	1995	2003	2001	1999
规划面积（公顷）	1310	1613	1396	149	10
厂商家数	443	173	79	4025	320
从业人数	144147	57020	23380	90612	15037
开发模式	政府主导	政府主导	政府主导	民间投资	政府主导

上述科学工业园中，最早建立、最具代表性、也最为成功的是新竹科学工业园区，其作为全球半导体制造业最密集的地方之一，是台湾北部的科技中心和高科技产业聚集地。该园区虽然占地面积不大，却聚集了400多家高科技企业，台湾信息电子业的总营业额中，有三分之一以上由新竹科学工业园创造。

新竹科学工业园区是以研究、生产和出口高新技术产品为主要目标的科技型经济特区。20世纪80年代的台湾，设区条件并不优越，不仅技术缺乏，而且科技人才也不足，教育与产业需求相脱节的情况也颇为严重。然而，新竹科学工业园区却获得成功并成为其他地区的效仿对象。究其原因，不仅在于它遵循了设区建区的一般原则与借鉴了先进国家和地区的经验，更重要的是它办出了自身的特色，其发展历程可分为以下四个阶段。

第一阶段，基础设施建设阶段。该阶段从筹划建园开始到20世纪80年代中期为止。这一时期起主导作用的是行政部门，它一方面投入大量资金于园区公共基础设施建设，另一方面积极采取一系列优惠措施，设"单一窗口"行政服务体系，着力创造一个"优惠、便利"的"高科技企业特区"，以吸引园区外的高科技公司来投资设厂。

第二阶段，科技产品标准化生产主导阶段。20世纪90年代前后，民间资本开始大量涌入园区。这一阶段的主要特征是：园区的基础设施初具规模，企业数量增长迅速，企业活动主要以高科技产品的标准化生产为主。跨国公司在园区内占有重要的地位，他们把园区作为其在东南亚生产或销售的据点。

第三阶段，研发与标准化生产平分秋色阶段。这一阶段从20世纪90年代初开始直到90年代末。新竹园区经过几年的开发建设，创业环境有了很大的改善，行政部门支持的部分研发项目也在园区取得了巨大的成功。民间资本的大举进入使行政部门不再是唯一先进技术资源的拥有者与主要资本引导者。跨国公司的地位在削弱，园区内已成熟的技术和资金也开始向国外输出，进行各种跨国联盟合作。

第四阶段，研发活动为主阶段。经过二十多年的迅速发展，园区企业所需的土地、水电已不敷使用。台湾地方行政部门反思过去过分强调"制造"导向的高科技产业发展战略，转而倡导研发设计类产业的发展，力图通过南北两个核心园区的建设，使台湾地区成为以高科技产业为主的科技岛。

新竹科学工业园区之所以成功，窃以为主要有如下原因：一是科学选址与精心规划。新竹地势平坦，林木茂盛，气候宜人，距离台北70公里，至桃园国际机场55公里，距台中、基隆两大国际海港90公里，有陆（铁路、高速公路）海空立体交通网络。新竹周边拥有台湾著名的"清华大学"、"交通大学"、"工业技术研究院"等众多高校和科研机构。二是高度重视人才引进和培养。一方面，制定积极的人才管理规定，增加专利权和专门技术入股比例，实行高薪或增加员工持股；另一方面，重视本土人才的培养。园区规定，园区企业雇佣台湾本地科技人员的人数必须占企业科技人员总数的50%以上，以保证把更多的台湾科技人员培养成高科技人才和高级管理人才。同时，为了开发科技人力资源，园区先后成立了人力资源管理协会、科学管理学会等团体组织，通过整合，最大限度满足科技产业对人力资源的需求。三是建立了完善的行政服务支撑体系。园区的工作由园区指导委员会和园区管理局共同负责。指导委员会为综合性的、跨部门的最高领导机构，负责有关园区宏观重大问题的决策。园区管理局负责具体规划和日常业务管理，拥有对进驻园区的税务、海关、邮电、电力、供水、金融、警察、地政等部门的指导、督办之权，对园区各项事务进行统一协调管理，简单、高效的管理方式以及完善的支撑配套服务体系，为投资者创业营造了良好的服务环境和发展氛围。四是适时制定和完善有关规定，严格依法治园，使园区管理逐渐走上科学化、规范化轨道。如1979年的《科学工业园区设置条例》，对投资商的权利义务、园区的优惠政策、行政管理内容等都作了明确而详尽的规定。随着园区的建设发展，这一规定经过了多次修订，现行条文为2004年修订本。园区还先后制定和修订了《科学工业园区外汇管理办法》、《科学工业园区贸易管理办法》等一系列有关规定，使园区管理真正做到了有法可依。五是充分发挥新竹科学工业园区同业公会的作用。新竹科学工业园区同业公会作为一个重要的行业组织，在推动园区发展方面发挥了强大作用，作出了重要贡献。这一点值得重点关注。

1983年由宏基电脑董事长施振荣等人，本着服务会员厂商的精神，同时本着作为行政部门与业者之间沟通的桥梁、处理业者共同事务、共谋园区事业稳健发展的理念，发起成立了"台湾科学工业园区科学工业同业公会"。为配合南部、中部科学园区的业务需要，分别于1999年及2004年成立了南部园区办事处、中部园区办事处。该会由厂商自行发起，厂商交纳一定会员费（10000元新台币），并经审核后可入会。会员代表有发言权、表决权、选举权、被选举权及罢免权，每一代表为一票。同时，凡与公会业务相关的任何学术、研究单位，也可申请加入，并经审核通过后成为赞助会员。该会现任理事长为台扬科技股份公司副董事长谢其嘉（第十届），现有理监事36席，专业会务人员27人。其主要职责为：第一，公会与园区会员厂商主管及业务经理人保持密切联系，会员厂商如有意见或需公会、行政部门协助办理事项，都可以由公会完整的平台开展业务交流与沟通。第二，各项专业业务。公会划分了企划与公共事务、人力资源、安全联防、职工福利、财务、进出口保税、安全卫生、环境保护、水电气供应、资讯通讯等15个专业委员会，并根据南部园区和中部园区的特点，分别设立了的11个和6个专业委员会，以解决及推动会员厂商的专业性议题，专业人做专业事。第三，担负社会职责。在北、中、南三个园区所在地承担各个社区相关责任，推动地方优良传统与新科技文化的融合，建立维持与当地民众良好的互动关系。第四，成立了教育训练中心，长期举办产业人员教育训练，提升会员企业管理能力。同时，利用所在地大学优势，提供了大量在职教育进修的机会。公会成立以来，在园区发展上起到了积极的推动作用。如针对会员提出保税的问题，公会直接向行政部门最高层反映问题，使问题得到很好解决；在科技成果转化方面，发挥周边的大学、科研院所等公会赞助会员的作用，由企业、学校共同开发，成果共享；在引进人才方面，同业公会积极与行政部门协调待遇、奖励及子女入学等问题，以吸引人才入园；在大力推动园区文化建设方面，通过举办联谊会、辩论社等活动，创造拴心留人的环境。

新竹科学工业园区（2011 年台湾"行政院"数据）

子园区	新竹	竹南	铜锣	龙潭	生医	宜兰
营运时间	1980	1999	2011	2004	2011	2012
厂商数	403	36		4		
重点产业	光电 半导体	光电 生技	集成电路	光电 太阳能	生医	知识服务

（二）台湾与世界高科技产业园区管理体制比较分析

1951 年世界上第一个高科技园区"硅谷"诞生至今，高科技园区得到了迅速的发展，已遍布世界各地，总数逾千。但由于各国与地区在社会制度、文化传统、经济实力上的差异，以及园区发展处于不同阶段，不同园区在具体管理模式和体制的选择上存在差异。一般说来，直接参与开发区运行的主体主要有三个：政府和科研教育机构、开发区的管理机构、企业或民间组织。这三大活动主体在开发区管理中以谁为主的问题，直接对开发区的管理模式选择与效率发挥产生影响。按这个标准进行划分，高新区管理模式可分为三类：学校或民间非营利机构管理型，政府部门管理型和政府、大学、企业组成联合机构管理型。

第一类，学校或民间非营利机构管理型。学校办的高新区大都采用这种方式，具体做法是由学校设立专门的机构和人员进行管理。其优点在于：消除了来自政府的一些不必要的行政干预，实行自主管理，发展自由度较大，对中小型投资者有较大的吸引力。其不足是：在没有政府充分参与和宏观调控的前提下，这些小公司得不到大公司或政府部门的资助，彼此之间联络太少、协同性差，因此发展缺乏后劲，兼并活动增加，许多小公司被大公司接管。

第二类，政府部门管理型。纯由政府投资兴办的高新区都采用这种管理体制。其优点是：它为园区的发展提供了较为宽松的物质环境和智力环境。其不足是：政府行政色彩过于明显，园区权力过大。政府嫁接而没有和当地很好融合，不能促成园区与当地经济发展有效的结合。园区与当地的行政分离造成了某些冲突，明显的如税收问题，导致地方政府不热衷于与其合作。

第三类，政府、大学、企业组成联合机构管理型。这种"官、学、产"共同管理的模式，一方面利用政府力量弥补了企业发展中后劲不足的缺陷，为企业的发展提供了良性的科研智力环境；另一方面，共同管理也避免了政府行政权力的过多干预，激发了大学和企业界的活力。

上述三种管理模式，很难说哪一种绝对合理，占有绝对的优势，在实际运行中总会表现出种种弊端和长处，各有可取之处。从各国与地区科技园管理体制的经验来看，没有统一模式，也没有优劣之分。至于采取何种体制，必须考虑到整个经济发展环境、社会文化传统、经济体制约束以及园区发展阶段等因素。并且，应根据变化了的条件，以推动产业升级和科技创新为核心依据，对管理体制不断进行革新。

通过实地考察与比较，可以得到如下启示。

一是不同的管理体制适用于不同的发展阶段，但政府的作用不可或缺。科技园只是市场经济中的一个微观层面，并不始终要求有强大的政府力量予以介入。在不同的时期和条件下，政府的作用不同，并在不断变化。政府管理的必要性和内容应根据条件变化而变化。从一些国家兴建高新区的历史来看，在开发区创建初期，一般采取前两种管理体制。比如，欧美国家主要采用民间管理形式，政府仅从政策，法规上进行控制；亚洲一些国家和地区则以政府管理为主，民间机构一般不参与管理，当开发区进入成熟阶段，并具有一定规模以后，开始采取官、学、产共管体制。不管处于何种模式阶段，都离不开政府的支持和干预。一方面，开发区对外界的吸引力取决于其环境，如生活物质环境、投资环境、智力环境等的素质，这往往需要政府的参与才能营造；另一方面，政府营造的政策软环境在开发区运行中至关重要。政府通过制定税收、金融、土地、规划、人才等方面的优惠政策，可以更好地吸引国内外的资金、技术人才，推动开发区的发展。

　　台湾新竹科学工业园区从建立之初，行政部门即开展了深入调研，在产业结构、选址等方面发挥了主导作用，进行了科学规划，确定了高科技化、学院化、社区化、国际化的建区方针；同时，投入大量资金加大园区公共基础设施建设，颁布了一系列优惠政策，加大了行政服务体系建设，形成了优惠、便利的"单一窗口"行政服务体系。在园区发展步入正轨之后，成立了园区指导委员会和园区管理局，按照"厂商服务、区内完成"的原则，负责有关园区的宏观重大问题的决策，并对园区建设和运行事宜进行沟通和处理，园区简单、高效的管理方式以及完善的支撑配套服务体系，为投资者创业营造了良好的服务环境和发展氛围。

　　二是公司化管理是科技园管理体制的发展趋势。随着园区的发展，为了提高园区管理效率，充分发挥市场机制作用，减少政府部门的职能越位，必须推动园区走向公司化管理。公司化管理的核心是以管理促服务，以服务谋收益。管理公司提供的管理和服务主要包括：审定、筛选和批准企业或机构入园；制定租金水平，收取租金建设园区基础设施，提供优良的环境及相关服务；根据产业发展状况，制定和实施优惠政策；通过各种方式，促进园区内部和内外技术交流，推动成果转化，为园区企业提供商务、金融、市场营销等方面的收费咨询服务，充当企业的经纪人进行人力资源培训。科技园区采用公司化管理具有很大优点，即管理公司为了自身获利，会不断改进管理，提高服务水平，进而推动园区发展。从各国科技园区管理体制的演变趋势看，管理体制具有一定的趋同性，即实行"公司化管理、协会协调促进、政府扶持推动"模式。台湾新竹工业园内律师事务所、会计师事务所、管理顾问公司、银行金融机构等，不仅为园区内企业提供资金、技术、人才、信息等创新要素支持，还在企业之间或企业与行政部门之间的沟通协调方面以及企业员工的公共福利等方面起着积极作用。

　　公司化管理是目前各国与地区科技园争相效仿并实施的一种高级管理模式。但其对发达的市场机制和良好的社会环境依赖度相对较高，主要要求：园区具备良好的发展规划和基础设施；政府职能适应市场经济的内在要求，部门设置合理，具有完备的法律法规体系；企业产权能得到有效保护，经济秩序良好，市场机制完善，企业是真正的市场主体。因此，必须充分考虑园区现有基础，完善改革创新现有体制机制，打牢公司化管理的基础。从大陆地区目前的形势来看，可先行试点，将大量的中介与劳务等社会性服务工作交由社会机构或相应的公司承担，其服务范围不仅包括开发区的建筑、技术转让、企业开发、风险投资等许多方面，还可涉及信息提供、专利申请、出口服务等领域。这样不仅可以减轻开发区管理机构的管理压力和财政负担，而且还可以促进社区服务业等第三产业的发展。

三是应充分发挥行业协会的功能，协调园区整体和个体发展。协会是园区企业在市场机制中自发成立的民间组织，包括行业协会、综合协会。行业协会的任务是帮助科技园区企业进行行业沟通，推动行业自律，解决行业问题促进科研成果转化，推动会员的技术转让，进行产业咨询等。综合协会的功能是在园区企业、社会各界和国内外政府间建立连接并沟通联系协调园区内部企业之间以及园区与非园区企业的关系，为企业发展提供帮助，与外部科技园建立连接机制，促进园区横向交流。

台湾新竹各行业协会将台湾与世界紧密联系起来，形成了一整套的中介机构，包括科技成果和技术咨询服务机构、人才中介机构、管理咨询机构、金融机构、各类评估机构和信息服务机构，以及提供法律、财务管理等服务的其他中介机构。特别是台湾新竹科学工业园同业公会在代表园区厂商对外争取及维护权益、维持会员厂商间和谐关系、发挥政府与会员之间交流平台功能、推动地方优良传统与新科技文化相结合等方面，很值得我们借鉴。

大陆地区学会、协会众多，但行政化色彩过重，有些仅仅充当政府的助手，在一定范围内行使政府管理经济事务的职能，只能依赖行政部门搞活动；有些行业协会只收会费，却不为会员企业提供服务，成为企业的"二政府"，失去了行业协会的本色，致使行业协会无法正常发挥应有的功能。因此，应借鉴先进科技园区的经验，加强协会的建设。要转变观念，变协会"行政化"为"民间化"，在许多政府部门不应管又不便管，管不了也管不好的事情上，发挥监督、协调和信息服务作用，为本行业中的企业提供各种有关经营方面的服务，包括咨询服务、员工培训服务、市场调研服务、信息服务、产品展览服务、国际商务联络服务等。在企业与社会有关方面发生矛盾时，行业协会代表企业与有关方面进行求同存异的友好协商，以维系社会经济的稳定发展。从世界范围来看，协会发展的理想模式是：协会可以通过各种方式向立法机构或政府反映本行业企业的总体利益要求及愿望，并以民间组织的身份参与国家有关法律及政策的讨论和制定，甚至参与到政府同别国政府所进行的双边及多边贸易协定的谈判等活动中去。

四是企业和科研机构的参与至关重要。在举世闻名的硅谷，政府在提供各种优惠政策的同时，出面组成由地方政府、银行家、企业家、大学构成的顾问委员会，进行重大决策，确定商业贷款项目，为不同工业区和企业制定各种鼓励政策，甚至还设立专门机构帮助企业找到合适的员工。在这种管理体制下，开发区既能得到政府的扶持，又能发挥民间机构的积极性。目前国外已建立了由政府牵头，大学科研界和企业界三方合作兴办高新区的机制。

台湾新竹科学园区周边拥有著名的台湾"清华大学"、"交通大学"、"工业技术研究院"、"中华工学院"，附近地区还有"中央大学"、"中原大学"、"中山科学研究院"、"中正理工学院"、"交通部电信研究所"等众多高校和科研机构。园区管理局主动促进园区企业与当地大专院校、学术机构挂钩，共同从事高科技产品研究开发工作，制定了《科学工业园区研究发展、人才培训、建教合作奖励及辅导办法》等有关规定，允许科技人员以高达25%的比例，用其专利权或专门技术作用股份投资；同时举办各种研讨会，以提高企业高层主管人员在制定和执行企业经营策略、竞争策略、市场开拓策略等方面的能力，通过企业与科技机构的广泛合作，使得行政部门不再是唯一先进技术资源的拥有者与主要资本引导者，促进了园区发展的良性循环。

反观大陆地区的科学园区，在科学园区的建设上多是政府主导的"拿来主义"，对市场需求与院校、企业、科研院所的优势"良性嫁接"和规划不足，造成各机构彼此之间割裂，对科学交流和创新造成了无形的障碍。因此，在保持政府适度参与的前提下，应加强企业与教育科研机构的联合。一方面，可以把高新区建成为真正基于高科技之上的产学研一体化的园区，提高企业的科技含量和园区的竞争力；另一方面，让三者经过长期自然积聚与融合，形成自己独特的社会文化，如社会网络、企业文化和制度等，成为创新环境生存和发展的基本要素。

2011 年《世界科学园区协会调查报告》18 个科学园区排名选录

排名	科学园区	环境竞争力	园区竞争力	产业竞争力	企业竞争力	园区综合实力
1	美国硅谷	99.000	96.483	99.000	99.000	98.118
2	台湾新竹	97.983	96.029	98.532	94.893	95.054
16	东湖高新区	74.549	63.956	50.000	67.380	62.823

（三）　对东湖高新区管理体制改革创新的思考和建议

面对未来黄金十年，在我国市场机制逐步完善，法制经济基本健全和科技园激烈竞争的条件下，东湖高新区管理体制必将进入重大调整期。合理借鉴世界知名科技园的成功管理经验，以开放的视角和长远的眼光推动东湖高新区管理体制改革与创新具有重要意义。

改革现阶段东湖高新区管理体制的主要思路，应该是继续按照精简、高效、减少层次的原则，深入改革并理顺园区各级政府部门关系，完善管理框架，减少政府设置的结构耗散与体制摩擦，建立起高效、廉洁、透明的政府工作机制；转变政府职能，规范行政行为，优化管理方法，更新管理理念，提高服务质量，推动园区政府由管理型向服务型转变。管理体制要符合科技园发展的客观规律，有利于提高科技园区的综合竞争力和推动高新技术企业创新，有利于充分发掘和利用高新区智力密集的优势，有利于带动全市、全省高新技术产业发展，实现产业结构高级化。

一是在当前及今后一段可以预见的时期，政府主导依然是园区发展的关键因素，必须进一步加强政府扶持推动力度。无论采取哪种管理体制，政府部门始终对园区的发展和管理具有重大影响。因此，各级政府应科学界定自己的职能，依法行政，并成为科技园区创新网络的组织、建设和维护者。从国内外经验看，政府的职能基本可以界定为，为园区发展提供公共产品保护、投资者权利、制定产业政策，引导园区企业投资维持市场秩序，杜绝园区之间的不正当竞争，在关键或重大事项上协调各园区关系，必要时给予直接帮助。政府不再对园区进行直接管理，而是成为园区发展的外部推动者。在创新活动中，政府通过法律、经济和组织管理手段在制度、环境和政策层面，引导创新活动的方向，刺激创新主体之间的协同创新。东湖高新区管委会的职能最终可以限定在：规划园区发展，协调关系；掌握并争取国家政策，检查监督法规落实情况；根据全市产业政策，制定园区发展优惠政策；为国内外高新技术企业入园，提供信息引导和宣传推介个性化服务；创造极具竞争力的投资环境，推动园区管理体制改革和创新。

二是应积极借鉴先进科学园区发展趋势和经验，逐步实现公司化管理。要在时机成熟时，改变旧有管理方式、方法、架构和内容，推动东湖高新区管理体制实现质的转变。建议逐步开展公司化管理的试点。在过渡期，淡化政府直接管理科技园区的色彩，把一些可以由企业完成的职能交与有关企业。如果需要，也可以在部分科技园区先行公司化管理试点。试点中，政府的作用应局限在最小范围内，只是给予科技园区发展必要的扶持和帮助。最终建立"公司化管理、协会协调促进、政府扶持推动"模式。管理和服务的主要内容，由科技园区入园企业和园区管理公司在市场上进行博弈最终确定。但基本内容可包括为企业提供专业驻园服务，满足其个性化需求，负责环境优化，后期开发宣传和招商引资等。

三是进一步完善现有协会的职能，充分发挥其作用，条件成熟时使之向同业公会转化，发展科技园行业公会等专业中介机构。行业协会与同业公会，作为非营利、独立的组织，在将市场中分散的各利益主体力量凝聚在一起，发挥整合功能上具有一致性。行业协会的性质，是由同一行业的企业、相关的事业单位和社会团体自愿组成的，不以营利为目的的社会经济团体。同业公会的性质，是由同行企业自愿组成的具有法人地位的民间自治经济团体。大陆地区行业协会大多数是由政府兴办或由政府专业经济职能部门转型而来，使其具有许多政府管理职能，致使其独立性不强，缺乏代表性，社会整合力量不足，无法更好地为企业提供服务。而台湾的同业公会自治性、灵活性、专业性更强，如台湾科学工业园区科学工业同业公会准确定位于集成电路、电脑周边、通讯、光电、生物科技及精密机械6大领域，由园区厂商发起，其服务范围大到政策的参与制定，小到水电气的维护，是一种"保姆式"、全方位的服务。东湖高新区尽管发展日益蓬勃，科技实力随着时间积累已达到一定水平之上，但就科技发展而言，高等院校、科研院所的科技成果产业化功能却无法及时发挥。虽然设有创业中心、大学科技园等机构，但仍旧缺乏科技发展过程中相应的高水平中介机构。建议全国人大加强科技中介组织立法调研，并适时制定相关法律，完善协会职能，加快成立科技中介机构，促进厂商以会员身份对外争取及维护共同权益、处理厂商共同问题、维持会员厂商间的和谐关系，加强政府与会员之间的交流，并担负政府与会员之间的中介委托事务。

四是进一步创新机制，深入推进产学研合作。激励高校、科研院所服务企业，建立对高校的科学评价制度，制定高校服务区域经济发展的评估方法；进一步改革教师考核评价机制与职称评定机制，科学评价科技人员的贡献；进一步加大奖励的力度，对为企业的创新和发展作出突出贡献的科技人员实施重奖。完善产学研合作机制，改革现有对企业的资助办法，引导企业增加科技投入，提高技术创新的市场导向、企业需求导向；加快推动和引导产业技术创新战略联盟建设；积极调整支持方式，引导高校、科研院所与企业共建研究院、研发中心、实验室，优先支持面向企业需求的产学研合作开发项目。

五是推动两岸科技交流合作具有广泛的基础，建议搭建两岸科学园区联盟，共同提升两岸经济的国际竞争力。加强两岸科学园区的交流，可以设立两岸科技交流合作专项资金，搭建两岸科研信息及科技资讯分享、交易平台、专利联盟。台湾半导体产业推动办公室 2010 年的研究表明，若要在台湾半导体产业基础上快速推进生物医药产业，医疗器材是绝佳的切入点。可建立武汉光谷生物城，与新竹科学园区建立姊妹园区，共同打造医疗器材园区。

六是深入贯彻中共十八大精神和 2013 年全国"两会"精神，全面提供法制保障。要把深入实践中共十八大精神与贯彻《中华人民共和国科学技术进步法》、《中华人民共和国知识产权法》、《中华人民共和国科学普及法》结合起来，与贯彻省委、省政府一系列关于提高自主创新能力、建设创新型湖北的精神结合起来，紧密结合自身实际，对本地区本部门"十二五"发展进行认真梳理，确定下一步符合实际的发展战略、发展目标、发展规划和发展重点，力争"十二五"规划各项指标的顺利实现。省人大要加强科技领域的立法和监督，为全省科技工作创造良好的法制环境。

周洪宇

参 考 文 献

白晓荣:《促进高新技术产业发展的税收政策研究》,《北方经济》2009 年第 11 期。

包健:《高新技术产业发展的税收优惠政策分析》,《科学管理研究》2008 年第 5 期。

财政收支分类改革后科技投入政策研究课题组:《我国与主要创新型国家科技投入的比较分析》,《安徽科技》2008 年第 12 期。

曹慧:《简述建国后我国科技体质发展历程》,《科技管理》2006 年第 2 期。

陈宝明:《我国当前产学研结合中存在的若干问题与政策》,《中国高校科技与产业化》2009 年第 11 期。

陈汉欣:《新中国高科技园区的建设成就与布局》,《经济地理》2009 年第 11 期。

陈慧琴:《技术引进与技术进步研究》,经济管理出版社 1997 年版。

陈柳钦:《高新技术产业发展的资本支持研究》,知识产权出版社 2008 年版。

陈乃醒:《中小企业信用担保》,南开大学出版社 2004 年版。

陈云翔:《我国高新技术产业发展的机制与环境研究》,学位论文,河海大学,2003 年。

陈至立:《加强自主创新促进可持续发展》,《中国软科学》2005 年第 9 期。

程恩富:《马克思主义制度经济理论探讨》,《学习与探索》2009 年第 3 期。

程桂云:《芬兰国家创新系统解析》,《学术论坛》2006 年第 7 期。

崔赵辉:《北京市高新技术产业政策实施效果评价研究》,学位论文,中国地质大学,2007 年。

丁冰:《简析新经济增长论及其对我国经济增长方式转变的启示》,《学术月刊》1997 年第 5 期。

董永涛：《中国高新技术企业生长发展问题研究》，辽宁大学出版社 2004 年版。

弗雷德·布洛克、马修·凯勒：《1970 年后美国科技创新主要源自政府推动》，《国外理论动态》2010 年第 5 期。

付美榕：《美国移民政策动因分析》，《哈尔滨工业大学学报》2003 年第 5 期。

傅家骥：《技术创新学》，清华大学出版社 1998 年版。

高书国：《进入人力资源强国行列的战略意义》，《中国教育报》2010 年 3 月 13（4）日。

高文博：《技术创新经济学述评》，学位论文，吉林大学，2004 年。

高毅蓉、林玳玳：《高新技术产业人才资本产权激励障碍因素的实证分析》，《科技管理研究》2007 年第 2 期。

高云峰：《中国货币需求稳定性的实证研究——基于 1994 至 2005 年的协整分析》，《财经问题研究》2006 年第 6 期。

郭九成、朱孔来：《论自主创新能力的概念、内涵及构成要素》，《生产力研究》2008 年第 21 期。

郭戎：《科技金融结合需要更深层次的制度》，《中国科技产业》2004 年第 2 期。

郭熙保、孔凡保：《国际资本流动与"卢卡斯悖论"》，《福建论坛》（人文社会科学版）2006 年第 5 期。

郭艺：《美国风险投资倒退 20 年》，学位论文，《解放日报》2009 年 6 月 6 日。

国家统计局：《中国高技术统计年鉴 2008》，中国统计出版社 2009 年版。

国家中长期科学和技术发展规划战略研究专题报告之十七科技投入及其管理模式研究专题报告。

韩君：《我国高新技术产业融资模式创新研究》，学位论文，中国海洋大学，2008 年。

郝正非：《浅谈美国资本利得税对风险投资的影响》，《全国商情（经济理论研究）》2009 年第 4 期。

胡艳、吴新国：《对高新技术产业定义的理解》，《技术经济》2001 年第 3 期。

华斌：《我国自主创新能力研究理论综述》，《重庆工商大学学报》2007 年第 17 期。

黄海：《芬兰高科技发展战略》，《全球经济瞭望》2000 年第 1 期。

姜达洋：《国外产业政策研究的新进展》，《天津商业大学学报》2009 年第 9 期。

姜新军：《日本科技发展战略研究》，《企业科技与发展》2007 年第 16 期。

金麟洙：《从模仿到创新——韩国技术学习的动力》，新华出版社 1998 年版。

柯轩:《三十年来科技体制改革的主要阶段与成效,学习时报》2008 年 12 月 1 日。

孔欣欣:《部门创新体系:一个影响当今产业创新政策的重要概念》,《科学学与科学技术管理》2008 年第 24 期。

雷平:《辽宁省自主创新政策研究》,学位论文,沈阳理工大学,2008 年。

黎峰:《中国自主创新能力影响因素的实证分析:1990—2004》,《世界经济与政治论坛》2006 年第 5 期。

李保林、张伟:《周洪宇视察武汉光谷生物城》,《湖北日报》2012 年 12 月 12 日。

李锦慧:《黑龙江省自主创新政策研究》,学位论文,哈尔滨工程大学,2008 年。

李萍、郑旭:《美英日大学科技园创新创业人才培养特点及启示》,《科技管理研究》2012 年第 6 期。

李志军:《当代国际技术转移与对策》,中国财政经济出版社 1997 年版。

梁鹏、滨田康行:《日本风险投资的新发展及其对我国的启示》,《科技进步与对策》2008 年第 6 期。

梁晓娅:《基于国内外 R&D 投入发展对比的我国自主创新行为研究》,学位论文,长安大学,2009 年。

林崇诚:《中国创业风险投资的现况与挑战》,《河北法学》2008 年第 7 期。

林耕:《世界各国创新政策的特点》,《科技成果纵横》2006 年第 2 期。

林毅夫:《"后发优势"与"后发劣势"——与杨小凯教授商榷》,《红旗文稿》2002 年第 20 期。

刘国新、李兴文:《国内外关于自主创新的研究综述》,《科技进步与对策》2007 年第 2 期。

刘辉:《政府在高新技术产业发展中的作用》,学位论文,吉林大学,2005 年。

刘慧、时光:《日本政府采购制度与实践》,《中国政府采购》2001 年第 5 期。

刘力:《美国产学研合作模式及成功经验》,《教育发展研究》2006 年第 7 期。

刘芹、张永庆、樊重俊:《中日韩高科技园区发展的比较研究》,《科技管理研究》2008 年第 8 期。

刘昱:《论政府与后发优势》,《世界经济研究》1998 年第 6 期。

刘志奇:《"在赛马中相马"》,《经济日报》2007 年 3 月 8 日。

柳海民:《近十年来美国教育经费投入的研究》,《比较教育研究》1994 年第 6 期。

卢焱群:《高新技术产业的增长极机理研究》,学位论文,武汉理工大学,2004 年。

鲁礼瑞、屈昌涛、张心怡、王晓东：《芬兰产业技术转移的政策演进》，《华东科技》2010 年第 7 期。

吕薇：《高新技术产业政策与实践》，中国发展出版社 2003 年版。

吕薇：《我国创新政策的未来趋势》，《中国发展观察》2008 年第 37—39 期。

马国川：《自主创新的观点论争》，《中国改革》2006 年第 54—56 期。

曼纽尔·卡斯特：《网络社会：跨文化的视角》，周凯译，社会科学文献出版社 2009 年版。

苗蕾：《优化税收政策环境，促进高新技术产业的发展》，《企业技术开发》2007 年第 7 期。

倪绪平：《美国的科技税法》，《税收与企业》1994 年第 6 期。

诺斯等：《西方世界的兴起》，华夏出版社 1989 年版。

诺斯：《经济史中的结构与变迁》，上海三联书店 1991 年版。

彭江波：《以互助联保为基础构建中小企业信用担保体系》，《金融研究》2008 年第 2 期。

彭斯达：《不完全竞争与高新技术产业发展》，《湖北大学学报》（哲学社会科学版）2000 年第 5 期。

綦良群：《高新技术产业政策管理体系研究》，学位论文，哈尔滨工程大学，2005 年。

秦涛：《从近年科技投入变化看美国科技政策的变化》，《世界科技研究与发展》2004 年第 1 期。

秦岩、杜德斌、代志鹏：《从科学园到科学城：瑞典西斯塔 ICT 产业集群的演进及其功能提升》，《科技进步与对策》2008 年第 5 期。

《三十年来科技体制改革的主要阶段与成效》，《中国科技产业》2008 年第 85 期。

史及伟：《我国高新技术产业发展的规律研究》，人民出版社 2007 年版。

史蕾、路正南：《高新技术产业知识产权证券化融资研究》，《科技管理研究》2009 年第 7 期。

史维涛：《高新技术产业发展的人才战略》，学位论文，广西大学，2003 年。

史艳：《国外产学研合作创新模式对我国中小企业发展的启示》，《科技情报开发与经济》2009 年第 19 期。

舒红娟：《公共研发机构资助形式的变与不变》，《光明日报》2008 年 12 月 31 日。

宋健：《现代科学技术基础知识》，中共中央党校出版社出版 1994 年版。

苏东水主编:《产业经济学》,高等教育出版社 2000 年版。

苏鹭:《日本 JASDAQ 市场的发展及对我国的启示》,《现代日本经济》2010 年第 1 期。

唐曙光:《我国科技成果转化中的体制创新对策》,《湖南社会科学》2007 年第 2 期。

田雪飞、罗利、宋绍峰:《易逝性高新科技产品更新速度研究》,《科技进步与对策》2007 年第 3 期。

屠新泉:《日本参与〈政府采购协议〉的经验与启示》,《国际经济合作》2009 年第 10 期。

汪凌勇、杨超:《国外创新政策评估实践与启示》,《科技管理研究》2010 年第 15 期。

汪瑞林:《周洪宇代表访谈:教育如何应对第三次工业革命》,《中国教育报》2013 年 3 月 7 日。

王昌林:《高新技术产业发展战略与政策研究》,北京理工大学出版社 2007 年版。

王德禄、赵慕兰:《硅谷产学研的创新循环》,清华大学出版社 2012 年版。

王海燕:《充满人文关怀的科技政策导向——2003 年印度科技政策要点评析》,《科学与科学技术管理》2004 年第 6 期。

王宏峰:《高技术产业融资论》,学位论文,中国社会科学院研究生院,2002 年。

王玲:《浅析日本政府科技相关预算体制》,《世界科技研究与发展》2008 年第 4 期。

王珅:《政府采购扶持自主创新产品将有据可依》,《中国财经报》2009 年 12 月 2 日。

王小兰、赵弘:《突破融资瓶颈,民营科技企业发展与金融创新》,社会科学文献出版社 2006 年版。

王新风:《周洪宇率队调研自主创新》,《湖北日报》2010 年 8 月 28 日。

王元等:《中国创业风险投资发展报告 2008》,经济管理出版社 2009 年版。

闻竞:《日本农村义务教育的经验与启示》,《教学与管理》2008 年第 9 期。

闻岳春、苏云:《美国解决技术创新融资难题的经验及启示》,《金融理论与实践》2009 年第 2 期。

《我国高技术产业现状研究》课题组:《我国高技术产业现状研究》,《中国国情国力》2007 年第 4 期。

吴珂、王霞:《张江国家自主创新示范区的有关政策及其应用研究》,《科技进步与对策》2012 年第 6 期。

夏国藩:《技术创新与技术转移》,北京航空工业出版社 1993 年版。

夏有华:《风险投资基金:高新技术产业融资新途径》,《金融理论与实践》1999 年第

3 期。

向梅:《低调的天使，梦想的翅膀》,《中国科技财富》2009 年第 3 期。

肖鹏、国建业、王雄辉:《我国财政科技投入现状分析与调整策略》,《中央财经大学学报》2004 年第 2 期。

徐世刚:《论日本科技发展战略的转换》,《社会科学战线》2006 年第 3 期。

徐顽强:《我国高科技园区发展中的突出问题及对策分析》,《中国软科学》2005 年第 8 期。

徐侠、李树青:《高新技术产业政策初探》,《经济师》2003 年第 4 期。

薛伟:《美国人才立国的文化传统》,《人才资源开发》2009 年第 7 期。

言斌:《银行主导下的日本高科技产业化融资问题研究》,学位论文，苏州大学，2008 年。

杨公朴、夏大慰:《产业经济学教程（修订版）》，上海财经大学出版社 2002 年版。

杨健:《法国在科技创新中的政府作用及对我国的启示》,《世界经济情况》2010 年第 2 期。

杨杨、成思危:《创业板时机恰当》,《21 世纪经济报道》2008 年 2 月 29 日。

姚建春、雷兴长:《美国知识产权保护制度的特点分析》,《社科纵横》2007 年第 10 期。

尹国俊:《日本风险资本后期投资的制度分析》,《日本问题研究》2004 年第 4 期。

[英] 克里斯·弗里曼、罗克·苏特:《工业创新经济学》，华宏勋等译，北京大学出版社 2004 年版。

[英] 帕萨·达斯库帕塔等编:《经济政策与技术绩效》，徐颖等译，长春出版社 2008 年版。

游达明、陈凡兵:《产业自主技术创新能力突变评价模型研究》,《科技管理研究》2008 年第 11 期。

于颖:《高新技术产业政策评估方法的系统研究》，哈尔滨理工大学 2008 年版。

喻均林:《完善我国中小企业信用担保体系研究》，学位论文，南昌大学，2005 年。

张柏春:《中苏科学技术合作中的技术转移》,《当代中国史研究》2005 年第 12 期。

张出兰:《基于技术演化的引进式技术跨越研究》，天津大学，2009 年。

张纪:《人才需求特征与高新技术产业增长的相关性研究》,《特区经济》2009 年第 5 期。

张珏:《解读日本的"产学官"协作》,《教育发展研究》2003 年第 8 期。

张昆仑:《"产业"的定义与产业化——从马克思的"产业"思想论起》,《学术界》2006 年第 1 期。

张明龙:《从引进技术走向自主创新——韩国科技创新路径研究》,《科技管理研究》2008 年第 7 期。

张明龙:《德国创新政策体系的特点及启示》,《理论导刊》2008 年第 2 期。

张明龙:《区域政策与自主创新》,中国经济出版社 2009 年版。

张树良、马建华:《中国创新政策述评(11)》,《科学观察》2009 年第 2 期。

张文春:《税收政策在促进高新技术产业发展中的作用及其机理分析》,《中国人民大学学报》2006 年第 1 期。

张义梁、王君:《影响我国自主创新能力的内外部环境分析》,《科学研究》2006 年第 52 期。

赵晓龙:《中国高新技术产业发展研究》,学位论文,中国人民大学,2006 年。

赵昕:《我国高新技术产业融资方式创新研究》,《经济论坛》2004 年第 17 期。

赵新社:《北京民营担保公司为何争戴"红帽子"》,《瞭望东方周刊》2009 年第 30 期。

赵永新:《让第一生产力充分释放》,《人民日报》2008 年 11 月 8 日。

郑兴、王丕屹:《中国正成为引智大国》,《人民日报》(海外版)2003 年 1 月 8 日。

中国驻德国使馆科技处:《创新让德国成为"思想工厂"》,《科技日报》2006 年 8 月 29 日。

《重温毛泽东邓小平江泽民关于科技和创新的论述》,《科技日报》2006 年 1 月 8 日。

周洪宇等:《武汉市科教优势与人才优势转化为发展优势的研究》,《武汉市教育科学研究院学报》2006 年第 11 期。

周洪宇:《湖北武汉的区域创新能力及其进一步发展》,《孝感学院学报》2003 年第 1 期。

周洪宇:《中部教育论(湖北区域创新能力及其发展)》,湖北人民出版社 2007 年版。

周欣宇:《中国仍在扮演科技人才输出大国角色》,《中国青年报》2008 年 5 月 7 日。

朱九田:《中国财政科技资金投入体制研究》,中国农业大学,2005 年。

宗新:《中国高科技人才因美移民策略纷纷回流》,《新快报》2009 年 3 月 5 日。

邹治平、石晓庚:《20 世纪 80 年代以来日本技术创新的特点及启示》,《河北大学成人教育学院学报》2001 年第 1 期。

Adler. P. S., Shenbar, A., "Adapting Your Technological Base: The Organizational Challenge", *Sloan Management Review*, 1990.

ALARCON R, *From servants to engineers*: "*Mexican immigration and labor markets in the San Francisco Bay Area*", Chicano/Latino Policy Project Working Paper, 1997.

Arrow, K. J., "The Economic Implications of Learning by Doing", *Reviews of Economic Studies*, 1962.

Burgelman, R, *Strategic Management of Technology and Innovation*, New York: McGraw-Hill, 2004.

Government of Ireland, *Strategy for Science Technology and Innovation* 2006—2013.

Grossman, G. M. and Helpman, E., "Endogenous Innovation in the Theory of Growth", *Journal of Economic Perspectives*, Winter 1994.

Guan, "Innovative Capability and Expo-Performance of Chinese Firms", *Technovation*, 2003.

HAGEL J, BROWN J S, *The only sustainable edge: why business strategy depends on productive friction and dynamic specialization*, Harvard: Harvard Business School Press, 2005.

Lord Sainsbury of Turville, *The race to the top a review of government fs science and innovation policies*, 2007.

Ministry of Communications and Information Technology, Government of India, *Information Technology Annual Report* 2006-2007.

Naushad Forbes, David Wield, "Managing R&D in Tefollowers", *Research Policy*, 2000.

Pawan Sikka, "Analysis of Inhouse R&D Centers of Innovative Firms in India", *Research Policy*, 1998.

Rafael Alarcon, "Recruitment processes among foreign-born engineers and scientists in Silicon Valley", *American Behavioral Scientist*, 1999 , 42(9).

Rafael Alarcon, "Recruitment processes among foreign-born engineers and scientists in Silicon Valle", *American Behavioral Scientist*, 1999(42).

Rainer Anderdassen, Franco Nardini, "Endogenous Innovation Waves and Economic Growth", *Structural Change and Economic Dynamics*, 2005.

Rothwell, "Successful Industrial Innovation: Critical Factors for the 1900s", *R&D Management*, 1992.

Saxenian A, "Silicon Valle/s new immigrant high-growth entrepreneurs", *Economic Development Quarterly*, 2002, 16(1).

Saxenian A., "Silicon Valley's new immigrant entrepreneurs: skills, networks, and careers", Task Force Working Paper, 1999.

Uzawa, Hirofumi, "Optimum Technical Change in an Aggregative Model of Economic Growth", *International Economic Review*, 1965.

William Fry Solicitors, *Investing and living in Ireland*, 2005.

Zhang J F, *High-tech starts-ups and industry dynamics in Silicon Valley*, California: Public Policy Institute of California, 2003.

Zhang J F, "Access to venture capital and the performance of venture-backed start-ups in Silicon Valley", *Economic Development Quarterly*, 2007, 21(2).

关键词及人名索引